Glück ist, was du täglich tust

Alan Epstein

Glück ist, was du täglich tust

365 gute Ideen für Lebensfreude und Glücklichsein

SCHERZ

Einzig berechtigte Übersetzung aus dem
Englischen von Hedda Pänke

Schutzumschlag von Zembsch' Werkstatt

Erste Auflage 1994
Die Originalausgabe erschien unter dem Titel
«How to Be Happier Day By Day»
bei Viking Penguin, New York.

Januar

Glück kann man lernen

Jeder Mensch möchte glücklich sein. Aber allzu häufig suchen wir Glück und Zufriedenheit außerhalb von uns selbst: im Beifall anderer, im Beherrschen unserer Umgebung oder im Anschaffen neuer, teurerer Besitztümer. Und dann wundern wir uns, wenn uns das Leben nicht die Befriedigung bringt, nach der wir suchen.

Glück kommt nicht von außen. Glück kommt aus der Erfüllung unserer Träume, dem Erreichen unserer Ziele, aus einem sinnvoll gelebten Leben. Vor allem aber kommt Glück aus der Einstellung, die wir all unseren Aktivitäten gegenüber einnehmen. Am glücklichsten sind wir, wenn wir uns dem, was das Leben zu bieten hat, offen, positiv, flexibel und respektvoll nähern. Wir sind am glücklichsten, wenn wir alles, was wir tun, mit Leib und Seele tun – selbst wenn es uns höchst belanglos erscheint. Wir sind dann am glücklichsten, wenn wir bewußt handeln.

Dieses Buch zeigt, wie uralte Erkenntnisse genutzt werden können, um zu einem glücklicheren und befriedigenderen Leben zu finden. Es fordert dazu auf, eingefahrene Verhaltensmuster abzuschütteln, um auf eine neue Weise zu denken und zu handeln. Mit 365 anregenden und aufregenden Vorschlägen führt es Tag für Tag durch ein – erstes – Jahr neuen Glücksempfindens ...

Die Ideen reichen vom einfachen «Feiern Sie etwas Kleines ganz groß» über das aufregende «Planen Sie ein Abenteuer» zum provokativen «Genießen Sie die Dunkelheit». Folgen Sie den Vorschlägen systematisch oder nach Belieben, wiederholen Sie jene, die Ihnen etwas bringen, und lassen Sie die weg, die Sie nicht ansprechen. Sie können das Buch natürlich auch «nur» lesen. Doch was Sie auch damit anfangen – dieses Buch wird Ihnen zeigen, daß Sie auf «das Glück» nicht warten müssen wie auf das Große Los. Die Fähigkeit zum Glücklichsein ist auch kein Talent, das einem in die Wiege gelegt wird. Glück kann man lernen.

Manche der Ideen könnten unter Umständen Gefühle auslösen, mit denen Sie sich im Augenblick nicht auseinandersetzen möchten. Tun Sie nichts, was Ihnen widerstrebt, zeigen Sie aber doch ein bißchen Risikofreude. Der Schlüssel zu mehr innerer Befriedigung und Genugtuung liegt auch in einer Erweiterung Ihres Handlungsspielraums. Sobald Sie regelmäßig mehr wagen als gewohnt, erkennen Sie, daß Sie auch zu weit mehr fähig sind. Der Prozeß ähnelt dem Entschluß, durch ein wenig Sport endlich etwas mehr für den Körper zu tun: Anfangs tut es ein bißchen weh, aber je mehr man sich daran gewöhnt, desto weniger Muskelkater tritt auf, und Körper wie Psyche spüren die Vorteile.

Wenn Sie sich bewußt und offen an möglichst viele der Ideen heranwagen, werden Sie feststellen, daß Sie Ihr Leben als glücklicher und erfüllter empfinden. Sie werden erkennen, daß der Weg zum Glück keine riesige, überwältigende Aufgabe ist, sondern aus einer Abfolge kleiner, leicht machbarer Schritte besteht. Wagen Sie den ersten Schritt!

1. Januar

Grüßen Sie jeden, dem Sie begegnen. Warten Sie nicht darauf, daß man Ihnen einen guten Tag wünscht – grüßen Sie zuerst. Bekannte werden über Ihre neue Freundlichkeit erstaunt sein. Fremde werden Sie außerordentlich liebenswürdig finden.

6. Januar

Holen Sie den Sport in Ihren Alltag. Essen und Trinken halten Leib und Seele zusammen – Sport auch. Sie können nicht aufs Essen verzichten, also geben Sie Ihrem Körper gefälligst auch die Bewegung, die er braucht. Wählen Sie etwas, das Ihnen möglichst viel Spaß macht: Schwimmen, Laufen, Radfahren, Gymnastik, Tanzen, Wandern, was auch immer. Fangen Sie mit einer dieser Aktivitäten an, und zwar mindestens dreimal in der Woche zwanzig Minuten lang.

Selbst wenn Sie vergessen haben sollten, wann Sie zum letzten Mal Sport getrieben haben, werden Sie überrascht sein, wie schnell Sie wieder in Form sind. Falls Sie bereits regelmäßig Sport treiben, sollten Sie überlegen, ob Sie Ihr bisheriges Pensum beibehalten oder vielleicht noch einen Zahn zulegen. Körperliche Betätigung reguliert den Stoffwechsel, macht den Kopf klar und sorgt für emotionale Ausgeglichenheit.

Nutzen Sie jede Möglichkeit zur Bewegung – oder schaffen Sie sich diese selbst. Stellen Sie Ihren Wagen in einiger Entfernung von Ihrer Haustür ab – falls das nicht ohnehin durch die großstädtische Parkplatznot erzwungen wird – und gehen Sie ein Stück zu Fuß. Noch besser: Verzichten Sie ganz auf das Auto! Gehen Sie nie zum nächsten Briefkasten, sondern immer zum übernächsten und tragen Sie den Mülleimer hinunter, anstatt mit Ihrem Nachwuchs eine ohnehin müßige Grundsatzdiskussion über häusliche Pflichten zu beginnen. Wann haben Sie Ihre weitere Umgebung zum letztenmal bewußt wahrgenommen? Unternehmen Sie einen Erkundungsgang – Sie werden erstaunt sein, wieviel sich inzwischen verändert hat. Anstatt in der Mittagspause im Büro herumzusitzen, fragen Sie Ihre Kollegen, ob nicht jemand Sie auf einem kleinen Spaziergang begleiten möchte.

7. Januar

Erklären Sie dieses Jahr zu Ihrem bislang erfolgreichsten. Stellen Sie sich alle Dinge vor, die Sie gern einmal tun würden, an denen Ihnen selbst nach Stunden noch nicht der Spaß vergeht, die Sie selbst dann machen würden, wenn man Sie nicht dafür bezahlen würde ... Halten Sie diese Punkte auf einer Liste fest und überprüfen Sie, was davon in Ihrem Alltag Wirklichkeit und was Wunschvorstellung ist.

Finden Sie heraus, ob das Leben, das Sie führen, Ihnen wirklich entspricht, ob es das ist, was Sie immer wollten. Schreiben Sie all die Dinge auf, die Sie glücklich machen. Sollten Sie nicht recht wissen, was Sie wirklich glücklich macht, rufen Sie sich die Momente zurück, in denen Sie sich am wohlsten gefühlt haben und welche Umstände dafür verantwortlich waren.

Sollten Sie jedoch zu jenen Glückspilzen gehören, die bereits tun, womit sie sich am liebsten beschäftigen, dann geben Sie es sofort und auf der Stelle zu und gratulieren sich zu Ihren so überaus klug getroffenen Entscheidungen.

Falls Sie das Gefühl haben, aufs falsche Gleis geraten zu sein, sollten Sie darüber nachdenken, wie Sie Ihren augenblicklichen Arbeitsalltag verändern können. Welche Aufgaben zum Beispiel lassen sich delegieren, damit Sie sich jenen zuwenden können, an denen Sie Freude haben? Wenn Sie Ihre Arbeit nicht Ihren Vorstellungen entsprechend verändern können, sollten Sie vielleicht einen Wechsel des Arbeitsplatzes ins Auge fassen – eventuell sogar den des Berufs. Derart schwerwiegende Veränderungen dürfen nicht übers Knie gebrochen werden. Beginnen Sie mit Überlegungen, Vorstellungen, einer Vision. Die Taten werden zu gegebener Zeit folgen.

8. Januar

Rufen Sie Leute an, mit denen Sie schon lange mal wieder reden wollten, und sagen Sie ihnen, Sie hätten gerade an sie gedacht. Wünschen Sie so vielen wie möglich ein glückliches neues Jahr. Unterstützen Sie Ihre Bekannten und Freunde nicht nur in ihren guten Vorsätzen, sondern bestärken Sie sie auch in ihren Wünschen und Träumen.

Versichern Sie ihnen, daß sie erreichen können, wonach ihr Herz verlangt, und daß sie sich jederzeit auf Sie verlassen können, wenn sie Rückhalt und Ermutigung nötig haben. Menschen unterstützen und stützen zu können, die man schätzt oder liebt, ist eine seltene und großartige Begabung.

9. Januar

Nehmen Sie all die kleinen unangenehmen Dinge in Angriff, vor denen Sie sich so gerne drücken. Melden Sie sich beim Zahnarzt für die längst fällige Routineuntersuchung an. Bringen Sie Ihren Wagen zur Inspektion, obwohl diese noch gar nicht fällig ist.

Kleine Dinge zu erledigen ist oft der Auftakt zu größeren und wichtigeren Aktivitäten. Haben Sie sich erst einmal zu Entschlüssen im kleinen durchgerungen, werden die großen Entscheidungen nicht mehr unüberwindlich sein.

10. Januar

Bitten Sie jemanden um Hilfe – ganz gleich, was Sie vorhaben. Sie glauben vielleicht, je größer und aufwendiger Ihr Vorhaben ist, desto näher müßte Ihnen der Mensch stehen, den Sie um Hilfe bitten – das ist durchaus nicht immer der Fall. Manchmal sind Menschen, mit denen man nur sporadisch in Kontakt steht, spontan bereit, sogar beim Umzug in eine Sechs-Zimmer-Wohnung Hand anzulegen.

Einen anderen um Hilfe zu bitten, darin kennt sich jeder glückliche Mensch aus. Es ist eine Kunst, und man verbessert seine Fähigkeiten darin wie in allem anderen auch – durch Übung. Machen Sie sich keine Gedanken darüber, dem hilfsbereiten Geist seine Güte vergelten zu müssen. Das Leben hält vielfältige Möglichkeiten der Wiedergutmachung bereit.

Wenn Sie Ihre Bitte um Hilfe in möglichst zuversichtlichem Ton vorbringen, nimmt die Wahrscheinlichkeit zu, auf Ihre Frage ein fast begeistertes: «Natürlich helfe ich dir beim Adressenschreiben für deine Einladung!» zu hören.

Bei dieser Übung geht es vor allem darum, einen anderen Menschen ohne Scheu um etwas zu bitten, und gar nicht so sehr darum, diesen Wunsch auch erfüllt zu bekommen – wenigstens nicht diesmal. Lassen Sie sich durch Absagen also nicht entmutigen.

11. Januar

Erweisen Sie einem Bekannten unaufgefordert einen Gefallen. Das muß nicht unbedingt jemand sein, den Sie besonders gut kennen. Ganz im Gegenteil: Mit einer Gefälligkeit gegenüber einem Menschen, den man noch nicht so gut kennt, beginnt häufig eine lange und tiefe Freundschaft.

Überlegen Sie sich, wer sich aus Ihrem Bekanntenkreis darüber freuen könnte, wenn Sie ihm auf diese oder jene Weise behilflich sein würden. Gefunden? Gut, dann rufen Sie an. Oder noch besser: Gehen Sie hin und verkünden Sie: «Hier bin ich und habe für die nächsten drei Stunden Zeit. Wobei kann ich dir helfen?»

Wenn Sie das Pech haben sollten, sich eine Zurückweisung einzuhandeln, lassen Sie sich es nicht verdrießen.

12. Januar

Unternehmen Sie etwas für Sie absolut Ungewöhnliches. Wenn es Ihnen beispielsweise bisher prinzipiell gegen den Strich ging, einem Bettler oder Obdachlosen auch nur eine Mark zu geben, dann springen Sie einmal über Ihren Schatten und trennen Sie sich von fünf Mark – selbst wenn Sie glauben, daß er damit nichts Sinnvolles anfängt. Sollten Sie Hüte ablehnen, weil Sie damit einfach schrecklich aussehen – dann kaufen Sie sich einen und tragen Sie ihn, als sei es die natürlichste Sache der Welt.

Das Leben ist viel aufregender, wenn man hin und wieder von der Norm abweicht.

13. Januar

Denken Sie an einen Menschen, den Sie bewundern. Das muß weder eine zeitgenössische Berühmtheit noch eine Persönlichkeit der Geschichte sein. Machen Sie sich bewußt, was Ihnen an diesem Menschen gefällt, welche Eigenschaften Sie besonders an ihm schätzen. Ist es die Art, wie Ihr bester Freund oder Ihre beste Freundin Konflikte bewältigen, ist es die Virtuosität eines berühmten Cellisten, die Sie besonders anzieht?

Versuchen Sie mehr über diese Persönlichkeit herauszufinden. Sie müssen nicht alle Details kennen, aber etwas mehr als das, was Sie bereits wissen, sollten Sie schon in Erfahrung bringen. Handelt es sich um eine Berühmtheit, dann haben Sie es leicht. Sie brauchen lediglich deren Biographie zu lesen. Ist es jemand aus Ihrem Bekanntenkreis, dann sagen Sie ihm einfach, Sie würden gern ein bißchen mehr über ihn wissen.

Überlegen Sie, was Sie tun müßten, um selber die Eigenschaften zu entwickeln, die Sie an diesem Menschen so bewundern.

14. Januar

Lesen Sie eine alte Zeitung oder Illustrierte. Sie braucht nicht gleich aus dem letzten Jahrhundert zu stammen, eine Ausgabe, die ein paar Jahre alt ist, erfüllt ebenfalls ihren Zweck.

Es ist immer wieder verblüffend, wie sehr sich Bewertungen mit der Zeit verändern, und selbst Ereignisse, die so lange nun auch nicht zurückliegen, lesen sich angesichts unserer schnelllebigen Welt wie Geschichten aus uralten Zeiten.

Wenn Sie Gefallen an dieser Beschäftigung mit der Vergangenheit finden, dann vertiefen Sie sich doch einmal in einer Bibliothek oder in einem öffentlichen Archiv in historische Publikationen. Dabei können Sie durchaus von persönlichen Daten ausgehen. Lesen Sie die Zeitungen aus dem Jahr Ihrer Geburt, Ihres Schulabschlusses oder aus der Zeit, zu der Ihre Eltern oder Großeltern geheiratet haben.

Das Studium alter Zeitungen ist eine hervorragende Möglichkeit, die Unterschiede zwischen unserem heutigen Leben und dem von damals kennenzulernen, und ein Anstoß zu Überlegungen, was wir seitdem gewonnen – oder verloren – haben.

15. Januar

Kommen Sie einem Vorurteil auf die Spur. Sei es im Hinblick auf Hautfarbe, Nationalität, Geschlecht, Sexualität – irgend jemand hat irgendwo mit Sicherheit gegen irgendeinen irgendwas. Vielleicht haben Sie etwas gegen Politiker? Oder gegen kläffende Pudel? Dann versuchen Sie einmal herauszufinden, ob wirklich alle Politiker bestechlich sind. Ob alle Pudel tatsächlich ununterbrochen kläffen ...

Fragen Sie – nein, keinen Pudelbesitzer, aber vielleicht jemanden, der einen Pudelbesitzer zum Nachbarn hat. Oder rufen Sie einmal Ihren Abgeordneten an und unterhalten Sie sich mit ihm – wenn das möglich ist.

Bemühen Sie sich um Objektivität. Sind alle Ihre Vorurteile berechtigt? Sind *alle* Kinder laut und wild? Sind *alle* Anwälte Gauner? Sind *alle* Beamten faul? Oder sind das vielleicht nur Klischees, die wir bereitwillig weitertragen, wenn wir eine negative Erfahrung gemacht haben?

16. Januar

Versuchen Sie einen Tag lang zu schweigen. Finden Sie heraus, wie es ist, nicht unbedingt auf alles reagieren, zu allem seine Meinung sagen zu müssen, seine Energien mit Reden zu verschwenden.

Verbringen Sie den Tag wie immer – ohne einen Ton von sich zu geben. Wenn das an Ihrem Arbeitsplatz nicht möglich ist, dann vertagen Sie es auf das Wochenende. Wenn Sie unbedingt kommunizieren müssen, tun Sie's schriftlich.

Wie wirkt sich Schweigen auf Ihre Stimmung aus? Was vermissen Sie? Was gewinnen Sie? Vor allem: Wie viele Ihrer sonstigen Äußerungen sind Füllsel für ein gefürchtetes Vakuum, wie viele dienen dazu, mögliche Gefühle und Empfindungen abzuwehren?

Achten Sie auf die Reaktionen Ihrer Umgebung. Irritieren Sie mit Ihrem Schweigen die Menschen? Unterstützt man Sie in Ihrem Vorhaben?

Beobachten Sie Ihr Energiepotential. Fühlen Sie sich unternehmungslustiger, reagieren Sie bewußter auf Ihre Umwelt? Oder läßt Ihr allgemeines Interesse ohne das Bindemittel der Sprache nach? Steht Ihnen plötzlich mehr Zeit als sonst zur Verfügung?

17. Januar

Schicken Sie jemandem Blumen. Denken Sie an den Menschen, den Sie mit dem Strauß erfreuen möchten, und versuchen Sie sich vorzustellen, welche Blumen ihm am meisten gefallen würden. Gehen Sie in ein Blumengeschäft und suchen Sie den Strauß selbst aus. Ratschläge des Floristen sind erlaubt – die eigentliche Wahl sollten jedoch Sie treffen.

Fragen Sie sich, warum Sie sich gerade für diese Person entschieden haben. Wollten Sie ihr danken? Sie umwerben? Hatten Sie etwas gutzumachen? Sollte es eine Überraschung sein? Oder wollten Sie sie verblüffen? Beeindrucken? Was auch immer der Grund sein mag – schicken Sie Ihre Gefühle mit den Blumen mit.

18. Januar

Beginnen Sie ein Tagebuch. Tägliche Eintragungen sind nicht notwendig. Sie können zur Feder greifen, wenn Ihnen danach ist, doch eine gewisse Kontinuität sollte schon sein. Zwei Bemerkungen im Jahr sind mit Sicherheit ein bißchen wenig, eine pro Tag vielleicht zu anstrengend. Drei bis fünf Einträge im Monat sind ein guter Durchschnitt, aber mehr schadet auch nichts.

Ein Tagebuch ist kein Terminkalender. Ein dürres Auflisten Ihrer Termine bringt Ihnen nicht viel. Zeichnen Sie Bedeutsames auf – vor allem warum Ihnen etwas wichtig erscheint. Achten Sie darauf, daß Ihre Eintragungen datiert sind. Und wenn Sie kein Heft oder Buch verwenden, sondern eine Zettelsammlung anlegen oder in den Computer schreiben – produzieren Sie kein Chaos, sorgen Sie für eine gewisse Ordnung.

Schreiben Sie auf, was Ihnen einfällt. Genauigkeit, Grammatik und Folgerichtigkeit sind bei Ihren Eintragungen eher nebensächlich. Wenn Sie etwas für wichtig oder bedenkenswert halten, vertrauen Sie es erst Ihrem Tagebuch an, ehe Sie mit anderen Menschen darüber sprechen. Nach kurzer Zeit wird es Ihnen leichtfallen, Ihre Ansichten und Gefühle über Ihr Leben aufzuzeichnen – und später werden Sie froh sein, diese festgehalten zu haben.

19. Januar

Verbringen Sie einen Tag mit einem Kind und betrachten Sie die Welt einmal mit seinen Augen. Lassen Sie das Kind den Ton angeben. Tun Sie alles, was es will und so lange es das möchte. Bewerten Sie die kindlichen Aktivitäten nicht mit Erwachsenenmaßstäben. Empfinden Sie die Wichtigkeit nach, mit der ein kleiner Junge Steine sammelt oder mit der ein fünfjähriges Mädchen so tut, als wäre es eine große Ballerina. Machen Sie mit, tun Sie so als ob und vergessen Sie für den Augenblick, daß Sie ein Erwachsener mit Verpflichtungen, Sorgen, Problemen und Nöten sind.

20. Januar

Nehmen Sie ein ausgedehntes, wohliges, warmes Bad. Bleiben Sie in der Wanne, so lange es Ihnen gefällt. Lassen Sie sich in Ihrem Wohlgefühl von nichts und niemandem stören. Wenn Sie nach einer Stunde noch immer im Bad sind, gratulieren Sie sich zu Ihrer Ausdauer. Sich zu verwöhnen, faulenzen zu können, ist eine wahre Kunst.

21. Januar

Werfen Sie einen Blick in Ihr Portemonnaie und kaufen Sie sich etwas wirklich Extravagantes. Gönnen Sie sich ausnahmsweise einmal etwas, ohne auf den Pfennig zu sehen. Wenn Sie gern lesen, dann besorgen Sie sich das Buch, das Sie schon lange besitzen wollten. Schreiben Sie gern Briefe, dann kaufen Sie sich so edles Briefpapier, daß es für Sie die reine Freude ist, sich an den Schreibtisch zu setzen. Vergessen Sie Ihren Kugelschreiber und kaufen Sie sich einen Füllfederhalter mit goldener Feder. Wenn Sie gern frische Blumen um sich haben, dann kaufen Sie eine Vase, in der sie besonders gut zur Geltung kommen. Wichtig ist, daß Sie sich für etwas wirklich Extravagantes entscheiden, daß Sie sich ein Geschenk in einem Lebensbereich machen, der für Sie von großer Bedeutung ist.

22. Januar

Hören Sie den Menschen Ihrer Umgebung besonders aufmerksam zu. Gehen Sie nicht davon aus, diese Menschen und ihre Ansichten schon genau zu kennen, auch wenn Sie täglich mit ihnen zusammen sind. Tun Sie einfach so, als wäre Ihnen plötzlich die Gabe eines besonders feinen Gehörs geschenkt worden.

Hören Sie ihnen nicht nur mit den Ohren und dem Verstand zu, sondern auch mit dem Herzen. Versuchen Sie die Wahrheit hinter den Äußerungen Ihres Gegenübers zu erkennen. Stellen Sie sich vor, Sie könnten zwischen den Sätzen heraushören, was in dem anderen Menschen tatsächlich vorgeht, und Sie könnten seine innere Stimme verstehen.

23. Januar

Verbringen Sie einen ganzen Tag ohne Nachrichten aus dem Fernsehen, dem Radio oder der Zeitung. Bemühen Sie sich nach Kräften, die Außenwelt auszuschalten, um sich statt dessen auf Ihre eigene Welt zu konzentrieren. Wenn jemand Sie auf aktuelle Geschehnisse oder die politische Lage anspricht, dann teilen Sie ihm oder ihr höflich mit, Sie würden sich gerade eine kleine Pause in der Beschäftigung mit Ereignissen gönnen, auf die Sie ohnehin keinen Einfluß hätten.

Nutzen Sie die Zeit, die Sie normalerweise mit der Aufnahme von Nachrichten und Neuigkeiten verbringen, für Dinge, die Sie besonders gern tun: Treffen Sie sich mit Freunden, lesen Sie ein Buch, hören Sie Musik, gehen Sie spazieren oder in Ihr Lieblingsrestaurant essen. Und achten Sie am Abend darauf, ob Sie sich vielleicht anders fühlen als an rundum informierten Tagen.

24. Januar

Speisen Sie bei Kerzenlicht. Dabei ist es nebensächlich, ob Sie sich mit einem ganz bestimmten Menschen oder vier Tanten und Onkel sowie sechs Kindern an den Tisch setzen, oder ob Sie allein dinieren. Wie viele Gäste Sie auch um sich versammeln: Zünden Sie mindestens zwei Kerzen an und beachten Sie, wie verändert jedermann aufeinander reagiert.

Nehmen Sie das flackernde Licht auf dem Gesicht eines Freundes wahr und registrieren Sie, daß sich Ihre Kinder bei Tisch sehr viel höflicher aufführen als sonst und daß Ihnen Tante Inge erzählt, wann sie das letztemal bei Kerzenlicht gespeist hat.

25. Januar

Planen Sie Ihre Geburtstagsfeier. Sollte Ihr Geburtstag schon vorüber sein, verlegen Sie diese Aktivität auf einen früheren Zeitpunkt. Beziehen Sie alle, mit denen Sie Ihren großen Tag verbringen wollen, in Ihre Vorbereitungen mit ein.

Lassen Sie sich für diesen Geburtstag etwas Ungewöhnliches einfallen. Statt sich einladen zu lassen, führen Sie andere zum Essen aus. Oder laden Sie Menschen, denen Sie sich verbunden fühlen, zum Mittag- oder Abendessen ein und legen für jeden ein kleines Präsent neben seinen Teller. Nehmen Sie diesen Geburtstag zum Anlaß, der Schenkende zu sein und nicht der Beschenkte.

26. Januar

Schließen Sie sich einer Selbsthilfegruppe an. Falls Sie in persönlichen Schwierigkeiten stecken, könnte Ihnen dies zu der Erkenntnis verhelfen, daß es Ihnen nicht allein so ergeht, Ihre Probleme nicht einmalig sind und daß andere Menschen mitunter das, was Sie denken und empfinden, besser ausdrücken können als Sie, wodurch auch für Sie selbst manches klarer wird.

Wenn es Ihnen unangenehm oder peinlich ist, Ihre ganz privaten Sorgen Fremden anzuvertrauen, dann vergessen Sie nicht, daß es in diesen Gruppen zunächst und vor allem um die Bewältigung des Problems geht und daß es den meisten Teilnehmern anfangs nicht anders erging als Ihnen.

27. Januar

Schauen Sie sich live oder im Fernsehen ein Tennisspiel, Fußballmatch oder einen anderen Wettkampf an. Achten Sie nur auf Geschick und Talent der einzelnen Spieler oder Wettkämpfer, auf den Teamgeist, auf Gefühle, die sich in den Gesichtern abzeichnen, wie Sieger und Verlierer sich verhalten.

Beobachten Sie das Ganze wie einen Tanz, an dem Sie nicht beteiligt sind, auf den Sie auch keinen Einfluß haben. Sie üben damit Ihre Selbstkontrolle, Ihre Toleranz und Objektivität und den Blick für Details im Ausdruck anderer Menschen.

Beim nächsten Spiel werden Sie merken, wieviel wacher und schärfer Sie alles sehen!

28. Januar

Benutzen Sie öffentliche Verkehrsmittel. Lassen Sie Ihr Auto zu Hause und nehmen Sie den Bus, den Zug, die U-Bahn, die Fähre oder die Straßenbahn. Falls es für Sie allzu schwierig sein sollte, ein öffentliches Verkehrsmittel zu erreichen, bitten Sie einen Bekannten, Sie abzuholen und vor einer Haltestelle abzusetzen.

Lassen Sie Ihrer Imagination freien Lauf und überlegen Sie, welche Botschaft oder Erfahrung Ihnen Ihre Mitreisenden möglicherweise vermitteln könnten – oder Sie ihnen.

Lassen Sie Ihre Phantasie spielen. Versuchen Sie über den Moment hinauszublicken. Teilen Sie Ihren Mitreisenden verschiedene Rollen zu. Sehen Sie sich als Regisseur und die Mitfahrenden als Ihre Schauspieler. Was für ein Film würde es werden? Eine Liebesgeschichte? Eine Komödie? Ein Krimi? Ein Horrorstreifen?

29. Januar

Beobachten Sie bewußt und konzentriert die Vögel. Wie sie im Wind schweben oder in den kahlen Bäumen von Ast zu Ast hüpfen. Ihr Schweben und ihre Leichtigkeit können Erinnerungen in uns wachrufen. In Augenblicken des Glücks haben wir das Gefühl zu schweben, zu fliegen, schwerelos uns einfach im Sein zu wiegen. Nutzen Sie einen solchen Augenblick, um im Geist der Freude dahinzuschweben und daraus Kraft für andere, schwerere Momente des Lebens zu gewinnen.

30. Januar

Gewöhnen Sie sich etwas ab, das Ihnen nachweislich schadet. Wenn Sie täglich zehn Tassen Kaffee trinken, zu viele Zigaretten rauchen oder Bier im Übermaß trinken, üben Sie einen Tag lang Enthaltsamkeit und sehen Sie, wie Sie sich am Abend fühlen. Wie lebt es sich ohne diese Aufputschmittel? Schmeckt das Essen nach einem solchen Tag anders?

Wollten Sie schon immer damit aufhören, auf Ihren Fingernägeln herumzubeißen, anderen Leuten ins Wort zu fallen, allzu rasant zu fahren? Geben Sie es wenigstens einen Tag lang auf.

31. Januar

Führen Sie eine Liste Ihrer Erfolge. Halten Sie stets Papier und Stift oder ein kleines Aufnahmegerät parat und zeichnen Sie alles Wichtige auf, das Sie tun. Erfolg ist individuell. Entscheiden Sie, was festgehalten wird. Das müssen nicht unbedingt die großen Dinge sein. Haben Sie nach dem Essen auf ein zweites Stück Kuchen verzichtet? Alle notwendigen Telefongespräche am Arbeitsplatz erledigt?

Achten Sie darauf, daß Ihre Liste im Lauf des Tages immer länger wird. Wenn Sie zehn Erfolge verzeichnen können, peilen Sie fünfzehn an. Haben Sie fünfzehn erreicht, streben Sie zwanzig an. Lesen Sie abends Ihre Liste und freuen Sie sich darüber, was Sie geschafft haben. Die Kriterien für Leistung bestimmen Sie, Sie allein. Stellen Sie fest, ob Ihre heutige Erfolgsliste üblich oder eher ungewöhnlich für Sie ist. Wenn Sie an einem ganz normalen Tag fünfundzwanzig Leistungen vorweisen können, denken Sie einen Moment lang darüber nach, wie gut Sie Ihr Leben doch im Griff haben.

Februar

Geben Sie Freude und Vergnügen eine Chance

Allzu große Vorsicht ist der häufigste Fehler, den Menschen begehen, wenn sie ihr Leben glücklicher gestalten wollen. Aber wenn Sie stets auf Nummer Sicher gehen, stets nur die Dinge tun, von denen Sie von vornherein wissen, daß sie Sie befriedigen, verzichten Sie freiwillig darauf, Dinge an sich zu entdecken, von denen Sie vielleicht gar nicht wußten, daß sie existieren – Dinge, die entwickelt und gefördert werden können, und die nur darauf warten, Ihnen Freude zu bereiten.

Vorhersehbarkeit und Genügsamkeit sind Feinde des Glücks. Ein Leben läßt sich durchaus mit der Führung eines Unternehmens vergleichen, und jemand, der täglich bestimmte Entscheidungen darüber zu treffen hat, welche Waren eingekauft, welcher Kundenkreis gepflegt und welche Verkaufstaktiken angewandt werden sollten, weiß das. Wenn das Geschäft nicht wenigstens in Teilbereichen floriert, wird es eingehen. Vielleicht nicht sofort, aber bestimmt nach einiger Zeit. Ohne Wachstum kann kein Unternehmen gedeihen.

Genauso ist es mit dem Glück. Wenn Sie Jahr für Jahr nur auf das Sichere und Vertraute bauen, wenn Sie ausschließlich auf alten, eingetretenen Pfaden wandeln, werden Sie irgendwann feststellen, daß das Leben für Sie immer weniger Glück und Befriedigung bereithält. Leben muß überprüft, revitalisiert und mit der Spannung des Neuen und Ungewohnten angeregt werden.

1. Februar

Stellen Sie sich vor, Sie hätten nur noch sechs Monate zu leben. Was würden Sie tun? Welche Veränderungen würden Sie vornehmen? Wo würden Sie leben? Mit welchen Menschen und Dingen würden Sie sich umgeben?

Verbringen Sie den Tag so, als wüßten Sie es schon länger, als hätten Sie den ersten ungläubigen Schock nach der Eröffnung bereits überwunden. Stellen Sie fest, ob Sie Ihren Alltag anders als gewohnt gestalten, ob Sie mit den Menschen in Ihrer Umgebung Ihre letzten Monate verbringen möchten.

Verhalten Sie sich gegenüber den Menschen in Ihrem Umfeld aufrichtig, aber freundlich. Bemühen Sie sich darum, mit jedem Frieden zu schließen, der Ihnen Ihrer Meinung nach Unrecht getan hat oder dem Sie seiner Ansicht nach geschadet haben. Falls Sie glauben, diese Aufgabe sei zu groß für Sie, konzentrieren Sie sich auf wenigstens einen Menschen. Drücken Sie Ihr Bedauern darüber aus, daß Ihre Beziehung nicht besser gewesen ist. Suchen Sie nach Möglichkeiten der Wiedergutmachung. Vergeben und vergessen Sie das Vergangene.

2. Februar

Tun Sie einem Tier etwas Gutes. Spielen Sie mit einem Hund, streicheln Sie eine Katze oder kümmern Sie sich einen Tag lang um das Haustier eines Freundes.

Machen Sie sich mit dem Leben des Tieres vertraut, mit seinen Bedürfnissen sowie seinen Beziehungen zu Ihnen, zu seinen Artgenossen und seiner Umgebung. Was bereitet ihm Freude und Wohlbefinden? Wann reagiert es am deutlichsten auf Sie?

Achten Sie darauf, wer den Kontakt aufnimmt: Sie oder das Tier? Haben Sie den Eindruck, daß es Ihre Gesellschaft mehr genießt als Sie seine? Versuchen Sie herauszufinden, warum das Tier so und nicht anders reagiert.

3. Februar

Schlafen Sie über dem Lesen Ihres Lieblingsbuches ein. Nehmen Sie das Buch mit ins Bett und lesen Sie bis zu dem Punkt, an dem Sie die Augen kaum noch offenhalten können. Dann legen Sie Ihre Lektüre beiseite, schalten das Licht aus und schließen entspannt und mit einem Lächeln auf den Lippen die Augen.

4. Februar

Kümmern Sie sich um Ihre Steuererklärung. Wenn Sie einen Steuerberater haben, vereinbaren Sie einen Termin mit ihm; machen Sie Ihre Erklärung allein, dann setzen Sie sich für diese Aufgabe ein Datum und tragen es in Ihren Kalender ein.

Suchen Sie alle notwendigen Unterlagen zusammen, damit Sie nicht erst lange suchen müssen, wenn der Steuerberater oder Sie selbst die Formulare ausfüllen wollen.

5. Februar

Schmieden Sie Ihre Urlaubspläne. Überlegen Sie, wohin Sie gern fahren würden, wann und mit wem, und diskutieren Sie die verschiedenen Möglichkeiten mit allen, die daran interessiert sein könnten. Lassen Sie sich mit Ihrer Entscheidung nicht zu lange Zeit und informieren Sie sich rechtzeitig über die Reisemöglichkeiten.

Versetzen Sie sich in Gedanken schon jetzt an Ihren Urlaubsort, stellen Sie sich vor, was Sie dort erleben, sehen, essen und tun wollen. Entscheiden Sie, ob Sie etwas Neues kennenlernen oder an einen Ort zurückkehren wollen, mit dem Sie angenehme Erinnerungen verbinden. Besorgen Sie sich Broschüren und Prospekte Ihres Urlaubsziels, damit Sie schon jetzt von Ihren Ferien träumen können.

6. Februar

Gestatten Sie sich Tränen. Weinen ist eine großartige Möglichkeit, innere Anspannungen abzubauen, und es kann eine ungeheuer belebende Wirkung haben, leise vor sich hin zu weinen oder auch laut herauszuschluchzen.

Bringen Sie sich zum Weinen, drücken Sie auf die Tränendrüsen. Der beste Auslöser ist noch immer ein sentimentales Buch oder ein rührseliger Film. Auch wenn Sie die Geschichte bereits kennen oder zumindest wissen, wie sie ausgeht, wird sie Ihnen höchstwahrscheinlich doch wieder zu Herzen gehen. Versuchen Sie es mit *Love Story* oder *Zeit der Zärtlichkeit*.

Geben Sie sich nach der Lektüre oder dem Film ganz den Gefühlen hin, die die Geschichte in Ihnen wachgerufen hat. Machen Sie sich bewußt, welche Energien das Weinen in Ihnen freisetzt, wie erschöpft, aber auch erleichtert Sie sich danach fühlen, wie stark Ihre Empfindungen sind. Falls Sie einen unbewältigten Kummer mit sich herumtragen, nehmen Sie die Chance wahr, sich endlich mit ihm auseinanderzusetzen.

7. Februar

Verzichten Sie einen Tag lang auf Fleisch und Fisch. Erleben Sie am eigenen Leib, was es heißt, Vegetarier zu sein. Verzichten Sie zum Frühstück auf die Wurst und den Schinken, nehmen Sie zu Mittag einen Salat zu sich und essen Sie abends vielleicht ein Stück ofenfrisches Brot zu einem Gemüseeintopf.

Es gibt unendlich viele und einfallsreiche Möglichkeiten, fleischlose Mahlzeiten zuzubereiten. Machen Sie sich keine Sorgen darüber, zu wenig Proteine zu sich zu nehmen. In vielen Teilen der Welt essen die Menschen kaum oder gar kein Fleisch, sind aber trotzdem gesund und munter.

8. Februar

Führen Sie jede angefangene Arbeit auch zu Ende, bevor Sie sich etwas anderem zuwenden.

Planen Sie Ihre Tätigkeiten der Zeit entsprechend, die Ihnen dafür zur Verfügung steht. Bleiben Ihnen nur fünf Minuten, bis Sie etwas anderes tun oder woanders sein müssen, dann sollte das begonnene Vorhaben auch innerhalb von fünf Minuten abgeschlossen werden können.

Genießen Sie nach jeder bewältigten Aufgabe das Gefühl, etwas zu Ende geführt zu haben.

9. Februar

Stellen Sie sich ganz in den Dienst eines anderen Menschen. Wählen Sie sich jemanden aus, den Sie wirklich mögen, und widmen Sie den ganzen Tag ausschließlich seinen Wünschen und Launen. Dabei sollte keine der Anforderungen zu aufwendig oder zu banal, zu kompliziert oder zu lächerlich sein.

Achten Sie darauf, welche Empfindungen Sie haben, wenn Sie sich ausschließlich einem anderen Menschen widmen, wenn Sie Ihre eigenen Wünsche und Bedürfnisse verdrängen. Welche Gefühle haben Sie? Widerwillen? Oder ist es leichter, als Sie gedacht hatten?

10. Februar

Bitten Sie jemanden, Ihnen ganz zur Verfügung zu stehen. Es kann der Mensch sein, dem Sie sich gestern gewidmet haben, muß aber nicht. Wichtig ist das Gefühl, umhegt und umsorgt zu werden.

Finden Sie heraus, ob Sie einem anderen Menschen Ihre Wünsche und Bedürfnisse auf eine Weise vermitteln können, die weder Ihre Integrität noch die Würde Ihres «Hüters» verletzt. Wie fühlt man sich, wenn man umfassend umsorgt wird, wenn man sich unverbrüchlicher Loyalität erfreuen kann, wenn man ein Gegenstand absoluter Hingabe ist? Vermittelt es Ihnen ein gewisses Wohlbefinden oder glauben Sie, diese Form der Zuwendung eigentlich nicht verdient zu haben?

Sprechen Sie mit dem Menschen, der Ihnen seine Zuneigung so deutlich zeigt, über Ihre Empfindungen. Sollte es der sein, dem Sie gestern zu Diensten waren, dann vergleichen Sie die wechselseitigen Erfahrungen.

11. Februar

Lassen Sie sich mehr Zeit mit allen Dingen. Ganz gleich, ob Sie an einem Projekt arbeiten, ob Sie unterwegs sind oder ob Sie nur die Zeit bis zum nächsten Termin totschlagen: Fügen Sie der veranschlagten Zeit ein paar Extraminuten oder auch Extrastunden hinzu.

Wenn Sie normalerweise für Ihren Weg zur Arbeit zwanzig Minuten brauchen, räumen Sie sich eine halbe Stunde ein. Genießen Sie das Vergnügen, sich Zeit lassen zu können. Wenn Sie für eine Mahlzeit in der Regel fünfzehn Minuten brauchen, dann gestatten Sie sich dafür eine Dreiviertelstunde. Lernen Sie das Gefühl kennen, eine Aufgabe mit einem eingeplanten Zeitpuffer erledigen zu können. Haben Sie das Gefühl, daß die Zeit so schneller oder langsamer vergeht? Haben Sie jetzt größere Freude an der Bewältigung Ihrer Routineaufgaben oder fühlen Sie sich aus dem Gleichgewicht gebracht?

12. Februar

Verbessern Sie Ihre Geschichtskenntnisse. Es muß nicht unbedingt die Geschichte Ihres Landes sein, aber sie könnte immerhin ein guter Einstieg sein. Schlagen Sie im Lexikon nach, leihen Sie sich einen Videofilm aus, lesen Sie einschlägige Zeitungsartikel, beginnen Sie mit der Lektüre eines historischen Romans oder eines Sachbuchs zum Thema Geschichte. Sorgen Sie auf jede Sie ansprechende Weise dafür, daß Sie etwas mehr Wissen ansammeln, die Vergangenheit ein wenig besser verstehen lernen.

13. Februar

Planen Sie zwischen dem Erwachen und dem Aufstehen Ihren Tagesablauf. Überlegen Sie sich die Kleidung, die Sie tragen möchten, die Aufgaben, die Sie bewältigen wollen, mit welchen Menschen Sie dabei zusammentreffen werden – und bewerten Sie die Wichtigkeit Ihrer einzelnen Vorhaben. Nehmen Sie sich vor, sich für alles ausreichend Zeit zu lassen, und fassen Sie den Entschluß, sich während des ganzen Tages durch nichts aus der Ruhe bringen zu lassen.

14. Februar

Stellen Sie diesen Tag unter das Motto Liebe. Beschäftigen Sie sich ausschließlich mit Gedanken, Tätigkeiten und Menschen, die Ihre romantische Ader fördern.

Lesen Sie Liebesgeschichten und tun Sie so, als hätten Sie

Ihren Partner gerade erst kennengelernt und würden ihn oder sie noch immer nach allen Regeln der Kunst umwerben.

Denken Sie sich Dinge aus, die Sie hinreißender, verführerischer, sexier und attraktiver machen. Setzen Sie Blumen, kleine Geschenke und Komplimente ein, um Liebe zu verströmen und zu empfangen. Nehmen Sie mit Ihrem Geliebten das Abendessen im Bett ein. Zünden Sie Kerzen an, entfachen Sie das Feuer der Leidenschaft. Schaffen Sie eine romantische Atmosphäre, die Sinnlichkeit von Tausendundeiner Nacht. Sprechen Sie über ihre intimen Vorstellungen und Wünsche. Spielen Sie die Musik, die Ihren Partner und Sie in die richtige Stimmung bringt.

15. Februar

Suchen Sie alle Ihre Schätze zusammen, deren Verlust Sie am meisten schmerzen würde – ganz unabhängig von ihrem finanziellen Wert.

Nehmen Sie die Auswahl nach rein gefühlsmäßigen Kriterien vor. Es ist völlig unwichtig, wie häufig oder ob Sie die Dinge überhaupt benutzen: ihr erstes Armband, einen Metro-Fahrschein von einem Paris-Aufenthalt vor zwanzig Jahren, Ihren ersten Teddybären oder Ihre erste Puppe.

Wenn Sie mit Ihrer Vergangenheit in engeren Kontakt treten wollen, sich an eine andere Zeit Ihres Lebens erinnern möchten, wenn Sie sich ganz Ihren Emotionen hingeben wollen, dann ist es an der Zeit, diese Erinnerungsschätze hervorzuholen. Regentage eignen sich besonders gut für dieses Schwelgen in Nostalgie.

16. Februar

Veranstalten Sie ein Film-Marathon. Leihen Sie sich mindestens zwei tatsächlich oder unwillkürlich komische Videofilme aus, laden Sie ein paar Freunde – je mehr, desto lustiger – zu sich ein, machen Sie Zwiebelkuchen oder Pizza und lachen Sie sich scheckig.

17. Februar

Besuchen Sie eine nahegelegene Stadt, in der Sie noch nie gewesen sind. Tun Sie so, als wären Sie in einem ganz fremden Land und betrachten Sie Ihre Umgebung mit unvoreingenommenen, neugierigen Augen. Finden Sie heraus, was es dort zu unternehmen und zu sehen gibt, wo man am besten essen kann, welche Geschichte die Stadt hat.

Laufen Sie durch die Straßen und betrachten Sie die Auslagen in den Geschäften. Ist der Ort mit der Umgebung zu vergleichen, in der Sie leben? Wie ist die Atmosphäre? Freundlich und einladend oder eher abweisend und kalt? Könnten Sie sich vorstellen, hier zu leben?

18. Februar

Reparieren Sie einen häufig benutzten Gebrauchsgegenstand. Vielleicht haben Sie einen Sessel, der neu bezogen werden müßte? Würde Ihr Kupferkessel nicht besser aussehen, wenn er endlich einmal wieder geputzt würde? Zerfällt Ihre Straßen- oder Wanderkarte in ihre Bestandteile? Dann ist sie mit ein bißchen Klebeband vielleicht zu retten.

Erinnern Sie sich an den Zeitpunkt, als Sie den Gegenstand zum ersten Mal benutzt haben, wie sehr Sie sich über ihn gefreut haben, wie wichtig er für Sie war.

19. Februar

Laden Sie jemanden, den Sie bewundern, zum Essen ein. Die Gründe für Ihre Bewunderung sind völlig belanglos. Vielleicht stehen Sie mit Ihrer Wertschätzung allein auf weiter Flur da, und Ihre Motive sind anderen unverständlich. Aber das ist unerheblich. Wichtig ist nur, daß Sie diesen Menschen bewundern.

Wenn Sie mit dem Objekt Ihrer Bewunderung speisen, geben Sie ihm zu verstehen, was Sie für ihn empfinden und warum. Indem Sie Ihrem Gegenüber Ihre Wertschätzung mitteilen, fördern Sie seine Eigenschaften, die Sie so bewundernswert finden.

20. Februar

Werden Sie aus positiven Gründen aktiv, nicht aus negativen. Anstatt sich die Zähne nur aus Angst zu putzen und zu pflegen, damit sie nicht erkranken und ausfallen, denken Sie daran, welch ein gutes Gefühl es doch ist, einen sauberen und gesunden Mund zu haben. Anstatt sich an die Geschwindigkeitsbegrenzung zu halten, weil die Polizei Ihnen sonst einen Strafzettel verpassen könnte, überlegen Sie sich, wieviel sicherer es ist, langsamer zu fahren, wieviel verantwortungsbewußter gegenüber der Umwelt.

Aktivität aus positiven Motiven heraus bewirkt positive Reaktionen, Handlungen aus negativen Gründen führen zu negativen Konsequenzen.

21. Februar

Achten Sie genau auf das, was Sie essen und trinken. Man ist, wie man ißt – Quantität und Qualität Ihrer Nahrung haben Auswirkungen auf Ihre Gesundheit, Ihr Wohlergehen, Ihre Geisteshaltung sowie Ihre Verantwortung für Ihr Leben. Zuviel Nahrung mit zu wenig Nährwert kann sich auf Ihre Stimmung und Einstellung ebenso schädlich auswirken wie auf Ihren Körper.

Essen und trinken Sie nur, was Ihnen wirklich schmeckt. Essen Sie langsam und mit Genuß, schlingen Sie nicht. Hören Sie auf, wenn Sie das Gefühl haben, satt zu sein. Halten Sie Maß. Essen Sie nur in den dafür vorgesehenen Räumen – im Eßzimmer oder in der Küche –, und setzen Sie sich dazu an den Tisch. Machen Sie jede Mahlzeit zu einem besonderen Bestandteil Ihres Tages und vermeiden Sie es, zwischendurch zu naschen. Sorgen Sie für eine ruhige, gelassene Atmosphäre. Fernsehen, Unruhe und Streit vertragen sich schlecht mit einer Mahlzeit. Warten Sie, bis Ihre Umgebung ruhig und friedlich ist, bevor Sie sich an den Tisch setzen.

22. Februar

Stellen Sie sich vor, wie die Erwachsenen, denen Sie heute begegnen, als Kinder ausgesehen haben. Dabei wird Ihnen vielleicht manches klar, was Sie an anderen bisher nicht gesehen oder verstanden haben. Waren die Wangenfurchen Ihres Chefs vielleicht einmal Lachgrübchen? War der verkniffene Mund der Kassiererin im Supermarkt zum Lächeln gemacht, das ihr im Lauf des Lebens zur Maske gefror?

Sich das Kind im anderen vorzustellen – und irgendwo tief drinnen ist es ja immer noch vorhanden – öffnet oft einen ganz neuen Weg des Zugangs und der Kommunikation und schärft den Blick für das Wesentliche im Charakter des anderen Menschen.

23. Februar

Besuchen Sie eine öffentliche Bibliothek. Nehmen Sie sich genug Zeit, um sich der Atmosphäre inmitten all der Bücher zu überlassen.

Sie können sich zehn oder mehr Bände greifen, um sie schnell durchzublättern, oder einen einzigen von der ersten Seite an intensiv lesen. Sie können an den Regalen entlangschlendern, um die Fülle der Information, die Vielfalt der einzelnen Sachgebiete zu bewundern, oder sich an einem Punkt fesseln lassen, um die Menge an Wissen zu erkunden, die zu einem einzigen Thema zusammengetragen wurde.

Bitten Sie einen Bibliothekar, Ihnen bei der Suche nach einem bestimmten Buch zu helfen. Machen Sie sich die unendliche Vielfalt an Ansichten und Leidenschaften klar, die durch das geschriebene Wort vermittelt werden – und daß Sie jederzeit Zugang zu diesem Schatz menschlicher Erfahrungen haben.

24. Februar

Suchen Sie einen vermißten oder verlegten Gegenstand – aber nicht erst, wenn Sie ihn brauchen. Überlegen Sie genau, warum er Ihren Blicken entzogen sein könnte. Sorgen Sie dafür, daß Sie genügend Zeit für eine sorgfältige Suche haben.

Versuchen Sie sich daran zu erinnern, wo und wann Sie den vermißten Gegenstand zum letzten Mal gesehen haben. Stellen Sie sich vor, Sie wären acht Jahre alt und wären auf der Schatzsuche. Öffnen Sie jede Schublade, sehen Sie in jedem Schrank nach, durchsuchen Sie jede Kommode. Mit Sicherheit werden Sie bei Ihrer Suche auch auf andere Dinge stoßen, die Sie längst vergessen hatten und die nun Erinnerungen zurückbringen.

Haben Sie den gesuchten Gegenstand endlich entdeckt, legen Sie ihn an eine Stelle, an der Sie ihn mit Sicherheit wiederfinden können.

25. Februar

Nehmen Sie einen ganzen Film von einer Person oder einem Gegenstand auf. Das kann Ihr Freund sein, Ihre Freundin, Ihre Tochter, Ihre Katze, Ihr Lieblingssessel, eine Blume oder ein Kochtopf.

Achten Sie darauf, daß jede Aufnahme anders ist. Fotografieren Sie aus jedem denkbaren Blickwinkel. Nehmen Sie Ihr Motiv von unten und von oben sowie von der Seite auf. Beleuchten Sie es, lichten Sie es vor unterschiedlichem Hintergrund ab. Gehen Sie ganz nah an Ihr Motiv heran, nehmen Sie es dann aus der Ferne auf.

Achten Sie auf die unterschiedliche Wirkung jedes Fotos, wenn Sie den entwickelten Film betrachten. Stellen Sie fest, wie das Motiv sich verändert – je nachdem, aus welchem Blickwinkel es betrachtet wird. Erkennen Sie daraus, daß es bei jeder Betrachtungsweise immer nur auf den Standpunkt ankommt.

26. Februar

Stellen Sie eine Liste Ihrer heutigen Vorhaben auf und haken Sie jeden Punkt ab, den Sie erledigt haben. Je länger die Liste, desto besser. Je mehr Pläne Sie am Morgen machen, desto erfolgreicher werden Sie sich am Abend fühlen, wenn Sie die meisten oder alle in die Tat umgesetzt haben.

Freuen Sie sich im Verlauf des Tages über die ständig steigende Zahl der Haken, mit denen Sie Ihre Leistungen markieren.

Falls Sie häufiger solche Listen anfertigen, sollten Sie diese in einem Ordner aufbewahren. Und wenn Sie sich das nächste Mal über Ihre Faulheit ärgern, holen Sie den Ordner hervor und erfreuen sich an Ihren früheren Erfolgsbilanzen.

27. Februar

Schreiben Sie Ihre Lebensziele auf. Machen Sie eine Bestandesaufnahme Ihrer augenblicklichen Lebenssituation und denken Sie darüber nach, was Sie in Zukunft gern erreichen würden. Werden Sie nicht nervös, wenn Ihnen zunächst nichts einfallen will. Erforschen Sie ruhig und gelassen Ihr Inneres und denken Sie darüber nach, was Ihnen wirklich Freude bereitet – dann kommen die entsprechenden Möglichkeiten von selbst.

Jetzt schreiben Sie Ihre Vorstellungen auf. Wie soll Ihre Situation in einem Jahr aussehen? In fünf Jahren? In einem Jahrzehnt?

Formulieren Sie positiv, nicht negativ. Also: «Ich komme meinen finanziellen Verpflichtungen mit Leichtigkeit nach», und nicht: «Ich mache mir um mein Geld keine Sorgen mehr.» Oder: «Ich lebe mit meinem Traumpartner in der Toskana und lasse es mir bei Pasta und selbstgekeltertem Wein wohlergehen.»

28. Februar

Feiern Sie etwas Kleines ganz groß. Hat Ihr kleiner Sohn seinen ersten Milchzahn verloren? Haben Sie für eine knifflige Arbeit das Lob Ihres Chefs eingeheimst? Haben Sie endlich den Keller aufgeräumt? Feiern Sie es. Jetzt ist der richtige Zeitpunkt dafür.

Machen Sie aus dem Anlaß etwas Besonderes. Kochen Sie Ihr Lieblingsessen. Laden Sie Leute ein, die Sie gern an Ihrer Freude teilnehmen lassen. Werfen Sie sich groß in Schale und lassen Sie alle Puppen tanzen.

Wenn Sie sich das zur Gewohnheit machen, gewinnen auch die kleinen Ereignisse in Ihrem Leben eine größere Bedeutung und bringen Ihnen mehr Freude.

29. Februar

Aktivieren Sie Ihre Dankbarkeit. Zählen Sie alles auf, wofür Sie Grund haben, dankbar zu sein. Betrachten Sie alles unter dem Aspekt, was wäre, wenn Ihre Situation anders, weniger gut wäre. Sie werden erstaunt sein, wieviel Positives und Schönes Ihr Leben enthält, was Ihnen selbstverständlich vorkommt.

Achten Sie auch darauf, heute jedem Menschen besonders zu danken, wenn er etwas für Sie tut, und seien es auch nur ganz kleine, alltägliche Dinge.

Dankbare Menschen sind wie fruchtbare Felder: Sie geben das Empfangene zehnfach zurück!

März

Die Absicht ist entscheidend

Die meisten Menschen verschwenden zuviel Zeit mit der Bewertung ihrer Handlungen und zuwenig mit der Erforschung ihrer Motive. Das Verlangen, alles so perfekt wie möglich zu machen, konzentriert sich meist zu sehr auf das Ergebnis statt auf die ursprüngliche und auslösende Absicht. Wenn Sie etwas perfektionieren wollen, dann perfektionieren Sie Ihre Motivationen.

Intentionen sind die ersten Schritte in Richtung auf ein glückliches Leben und die Quelle, der alle folgenden Handlungen entspringen. Wenn es Ihnen gelingt, Ihre Motivationen so zu veredeln, Ihre Absichten so zu verbessern, daß Sie in Ihrem Innersten davon überzeugt sein können, daß das, was Sie tun, tun wollen oder gerade getan haben, von Liebe und weniger von Angst oder Eigennutz bestimmt ist, dann brauchen Sie sich über die Auswirkungen Ihrer Handlungen keine Sorgen mehr zu machen. Ganz gleichgültig, wie sich die Dinge entwickeln, wenn der Ursprung Ihrer Absichten absolute Aufrichtigkeit ist und Sie ehrlich und ehrenhaft danach handeln, können sie gar nicht schlecht ausgehen.

1. März

Schreiben Sie einem Ihnen wichtigen Menschen einen Brief. Er braucht nicht lang zu sein. Qualität geht vor Quantität. Wählen Sie sich jemanden aus, mit dem Sie sich wirklich gern unterhalten würden, und schreiben Sie ihm alles, was Sie ihm sagen oder ihn fragen möchten.

Nehmen Sie sich Zeit, setzen Sie sich nicht selbst unter Druck. Sammeln Sie in aller Ruhe Ihre Gedanken. Stellen Sie sich vor, daß der Empfänger des Briefes direkt neben Ihnen sitzt. Was möchten Sie ihr oder ihm als erstes mitteilen?

Wenn Sie erst einmal den Anfang gefunden haben, ergibt sich der Rest fast von selbst. Falls Sie dennoch vorübergehend den Faden verlieren, halten Sie inne und schicken Sie Ihren Geist auf Wanderschaft. Schließlich werden Ihnen die Worte einfallen, die Sie in Ihrem Brief noch sagen wollten.

Wenn Sie fertig sind, überlegen Sie nicht lange: Bringen Sie das Schreiben so schnell wie möglich zum nächsten Briefkasten.

2. März

Dokumentieren Sie Ihr Leben in einem Fotoalbum. Suchen Sie sich aus all Ihren Fotos die heraus, die Sie für besonders repräsentativ, bedeutsam oder emotional wichtig halten. Entscheiden Sie sich für Aufnahmen, die eine besondere Zeitspanne oder einen bestimmten Ort darstellen. Mit wem waren Sie zusammen? Was haben Sie unternommen? Welcher Urlaub war für Sie von entscheidender Bedeutung?

Sie können sich für ein Foto pro Lebensjahr entscheiden, für fünf Aufnahmen pro Jahr oder eines für alle fünf Jahre.

Dann besorgen Sie sich so viele Alben wie nötig und versuchen, so gut es geht, Ihre Fotos in chronologischer Reihenfolge einzukleben.

Wenn Sie das Album Ihres Lebens zusammengestellt haben, betrachten Sie sich in aller Ruhe die Abbildungen. Wie hat sich Ihr Leben im Laufe der Jahre verändert? Lassen sich gewisse Verhaltensmuster aufspüren anhand der Menschen, mit denen Sie zusammengekommen sind, und anhand der Situationen, in denen Sie sich befunden haben? Halten Sie Ihr Album künftig auf aktuellem Stand.

3. März

Trennen Sie sich von einer Quelle ständiger Verärgerung. Das kann ein Mensch, aber auch ein Gegenstand sein. Dabei ist es nebensächlich, ob Ihre Irritation objektiv berechtigt ist oder nicht. Tun Sie, was Sie zur Beseitigung des Problems für nötig halten.

Das kann bedeuten, einen Brief schreiben zu müssen, ein Telefongespräch zu führen, etwas wegzuwerfen, eine Entscheidung zu treffen, einem anderen Menschen Ihre Gefühle zu erklären ...

Dabei ist es unwichtig, ob das Problem zehn oder sogar dreißig Jahre alt ist. Handelt es sich um einen Menschen, ist es sogar nebensächlich, ob Sie ihn unter Umständen nicht mehr ansprechen können. Nicht seine Anwesenheit ist entscheidend, Ihre Absicht ist es. Lassen Sie sich einfach nicht länger durch dieses Problem irritieren.

4. März

Machen Sie etwas ganz anders als sonst. Wenn Sie sich beispielsweise immer nach dem Duschen die Zähne putzen, dann erledigen Sie es heute vorher. Wenn Sie regelmäßig um halb sieben aufstehen, dann lassen Sie sich früher oder später wecken und verändern Ihren Tagesablauf entsprechend.

Schlafen Sie ausnahmsweise einmal auf der anderen Seite Ihres Bettes, oder besser: Betten Sie Ihren Kopf dort, wo normalerweise Ihre Füße ruhen. Noch besser: Stellen Sie Ihre Lagerstätte um.

Schon die geringste Abweichung von der Norm kann Ihnen eine völlig neue Perspektive vermitteln. Das Bewußtwerden der alten, eingefahrenen Gewohnheiten kann dazu beitragen, daß Sie größere Möglichkeiten in Ihrem Leben entdecken. Wie Ihre Gepflogenheiten auch sein mögen – ändern Sie sie.

5. März

Enthalten Sie sich jeder Selbstkritik. Anstatt alle Ihre Handlungen, Worte, Gedanken oder Reaktionen zu kommentieren oder zu bewerten, verzichten Sie ausnahmsweise einmal darauf, jede Ihrer Aktivitäten als gut, schlecht, richtig, falsch, klug, dumm, übereilt, verspätet oder was auch immer zu bezeichnen.

Betrachten Sie Ihre Äußerungen und Handlungen mit Abstand – ganz so, als kämen sie von einem anderen Menschen. Stellen Sie sich neben sich und beobachten Sie Ihre Äußerungen und Handlungen, ohne sich mit ihnen zu identifizieren.

Fungieren Sie als Zeuge Ihres eigenen Lebens. Anstatt sich schuldig zu fühlen, ärgerlich zu werden oder ungeduldig zu reagieren, betrachten Sie die Geschehnisse wie ein Zuschauer. Haben Sie ein Gefühl der Befreiung? Können Sie sich nach gewisser Zeit besser einschätzen als zuvor?

6. März

Eröffnen Sie ein Sparkonto für eine besondere Anschaffung. Sorgen Sie dafür, daß dieses neue Konto ausschließlich dieser Ausgabe dient – ganz gleich, ob es sich dabei um ein neues Auto handelt, eine Reise nach Griechenland, ein neues Kleidungsstück, ein Fahrrad oder einen Tennisschläger.

Nehmen Sie sich fest vor, wöchentlich oder monatlich eine bestimmte Summe zu überweisen, damit das Konto wächst. Selbst wenn Sie nur zehn Mark erübrigen können, sollten Sie darauf achten, daß diese regelmäßig eingezahlt werden. Und falls Sie am Ende des Monats ein bißchen Geld übrig haben, sollten Sie auch das auf Ihrem Sparkonto anlegen.

7. März

Legen Sie einen kleinen Kräutergarten an. Überlegen Sie, mit welchen frischen Kräutern Sie am liebsten kochen, und halten Sie Ausschau nach einem Platz für Ihre Setzlinge. Sollten Sie einen Garten besitzen, dann ist es kein Problem. In einer Wohnung können Sie die Kräuter in Töpfen auf dem Balkon oder vor dem Küchenfenster ziehen.

Erkundigen Sie sich, welche Pflanzen für Ihre klimatischen Bedingungen am günstigsten sind. Küchenkräuter in kleinen Töpfen werden fast überall angeboten, und Sie können die Pflanzen zum besseren Gedeihen in größere Töpfe umsetzen.

8. März

Unternehmen Sie etwas Besonderes mit einem Kind. Es kann sich um Ihre Nichte, Ihren Neffen, den Nachwuchs von Freunden oder Nachbarn handeln, es darf nur eins nicht sein: Ihr eigenes Kind.

Gehen Sie mit ihm in ein Museum oder fahren Sie in die Stadt und kaufen Sie dem Kind eine wohlüberlegte Kleinigkeit. Behandeln Sie es, als wäre es etwas ganz Besonderes, nehmen Sie das Kind wichtig. Unterhalten Sie sich mit ihm über Ihr Leben, als wäre es eine gute Freundin oder ein guter Freund von Ihnen.

Nehmen Sie sich genügend Zeit, damit Sie einander wirklich kennenlernen können. Suchen Sie mit dem Kind die Orte auf, die Sie selbst schätzen, machen Sie mit ihm all das, was Sie selbst am liebsten taten, als Sie in seinem Alter waren. Beenden Sie den Tag mit einer großen Portion Eis oder einem Riesenstück Kuchen.

9. März

Listen Sie die Dinge auf, die Ihnen an sich selbst am meisten gefallen. Dabei ist es völlig gleichgültig, ob diese Eigenschaften bedeutend oder belanglos sind. Wichtig ist, daß Sie ausführlich über sich selbst nachdenken.

Versuchen Sie, dabei so offen und ehrlich wie möglich zu sein. Listen Sie nur die Eigenschaften auf, die Ihnen wichtig sind. Kümmern Sie sich immer rechtzeitig um notwendige Reparaturen in der Wohnung, an Geräten, am Auto? Haben Sie vielleicht einen besonders sicheren Geschmack bei der Auswahl Ihrer Kleidung? Stehen die Türen Ihres Heims stets für Freunde, Bekannte und Nachbarn offen?

Stellen Sie Ihr Licht nicht unter den Scheffel. Übersehen oder unterschätzen Sie keine Ihrer guten Eigenschaften. Sind Sie ein guter Zuhörer? Verfügen Sie vielleicht über Führungsqualitäten?

Halten Sie Ihre «Liste der Vorzüge» stets auf dem aktuellen Stand.

10. März

Setzen Sie sich mit einem Menschen Rücken an Rücken und reden Sie sich alles von der Seele. Nehmen Sie sich eine halbe Stunde Zeit und schließen Sie mit Ihrem «Gegenüber» das Abkommen, daß jeder von Ihnen fünfzehn Minuten lang ohne Unterbrechung über das sprechen kann, was ihm durch den Kopf geht. Ihre Nöte und Kümmernisse brauchen durchaus keinen direkten Bezug zu der Person zu haben, mit der Sie sich Rücken an Rücken setzen.

Häufig wird unsere Kommunikationsfähigkeit durch die unbewußte Körpersprache unseres Gegenübers beeinflußt. Doch Rücken an Rücken wird das Bewußtsein, eine Viertelstunde lang ohne Unterbrechung von den Dingen sprechen zu können, die Ihnen am Herzen liegen, Ihrer Ausdrucksfähigkeit Flügel verleihen.

Falls in Ihnen durch diese neue Offenheit auch unbehagliche Emotionen geweckt werden – geben Sie trotzdem nicht auf. Die Phase des Unbehagens wird vorübergehen.

11. März

Tauchen Sie in die Welt der Farben ein. Kaufen Sie sich ein paar Acrylfarben – mit Rot, Blau, Gelb, Weiß und Schwarz können Sie sich jeden Farbton mischen – und malen Sie ein Bild in den lebhaftesten Farben, die Sie sich vorstellen können.

Verschwenden Sie keine Gedanken an Ihr Motiv, denken Sie nur an die Farben oder Farbkombinationen. Fragen Sie sich: Wie bringe ich die farbenfreudigste Komposition zustande? Dann mischen Sie die einzelnen Farben so lange, bis Sie die Nuancen getroffen haben, die Ihrer augenblicklichen Stimmung am besten entsprechen.

Achten Sie darauf, welche Töne Sie auf diese Weise zustande gebracht haben, welche Gefühle und Reaktionen sie in Ihnen wachrufen. Denken Sie bei Ihrer Tätigkeit nicht über das fertige Produkt nach. Lassen Sie sich von Ihren Empfindungen treiben.

12. März

Stellen Sie Ihre Zeit zur Verfügung. Es gibt viele Organisationen, die Ihnen mehr als dankbar dafür sind, wenn Sie ihnen ein paar Stunden bei ihren gemeinnützigen Aufgaben helfen.

Überlegen Sie sich, in welcher Form Sie der Organisation helfen möchten, welche Tätigkeit Ihnen am meisten zusagen würde. Könnten Sie alte Menschen besuchen, ihnen ein bißchen die Zeit vertreiben und sich von ihnen aus ihrem Leben erzählen lassen? Oder würden Sie lieber in einer Suppenküche für Obdachlose helfen? Vielleicht übernehmen Sie den Telefondienst für ein Sammelprojekt Ihrer Gemeinde? Es gibt immer irgendein Projekt, für das Sie sich einsetzen können, das Ihre Hilfe braucht. Wenn Sie nur eine Stunde erübrigen können, dann «verschenken» Sie diese sechzig Minuten.

13. März

Beginnen Sie eine angeregte Diskussion. Denken Sie zuvor über die Kunst der Unterhaltung nach. Achten Sie darauf, daß Ihre Fähigkeiten im Zuhören ebenso ausgeprägt sind wie die im Reden.

Von entscheidender Bedeutung sind die Umgebung und die Gesprächspartner. Es muß ein Ambiente sein, in dem Sie sich wohl fühlen. Das kann ein Café sein, eine Bar, ein Restaurant, ein Park, Ihr Arbeitsplatz oder – in besonderen Fällen – Ihr Schlafzimmer. Zum Auftakt sagen Sie einfach, was Ihnen gerade so durch den Kopf geht. Benutzen Sie dabei Formulierungen, die eine Reaktion herausfordern. Halten Sie keinen Monolog. Gegen rhetorische Ausschweifungen ist nichts einzuwenden – doch stellen Sie sicher, daß Ihre Gesprächsteilnehmer damit einverstanden sind, bevor Sie Ihre Gesprächskanonade loslassen.

Bei der Diskussion geht es vor allem ums Diskutieren. Sie sollten Ihren Geist und Ihr Herz öffnen, gut zuhören, Ihre Meinungen mitteilen und so aufrichtig wie möglich sein.

14. März

Suchen Sie nach Zusammenhängen. Stellen Sie sich vor, daß nichts in Ihrem Leben rein zufällig geschieht, daß sich alles nach einem bestimmten Plan abspielt – auch wenn er Ihnen nicht bekannt ist.

Machen Sie sich die Zusammenhänge zwischen scheinbar unzusammenhängenden Begebenheiten und Dingen bewußt. Widmen Sie einen ganzen Tag diesen Zufälligkeiten, rechnen Sie mit ihnen und merken Sie sich jede einzelne. Haben Sie beispielsweise irgendwann im Lauf des Tages ganz fasziniert auf die Abbildung eines Stück Apfelstrudels in einer Zeitschrift gestarrt, um dann abends beim Essen bei Freunden Apfelstrudel zum Nachtisch serviert zu bekommen? Oder stoßen Sie an der Tür des Fahrstuhls beinahe mit einem Unbekannten zusammen und treffen ihn später drei Straßen weiter in der Bäkkerei wieder, in der Sie sich ein Stück Kuchen für die Mittagspause kaufen?

Erzählen Sie anderen von diesen merkwürdigen «Zufällen», die Sie heute erlebt haben, und achten Sie auf deren Reaktion. Versuchen Sie herauszufinden, ob andere Menschen an bestimmte Zusammenhänge glauben oder ob sie diese für eine Form von Aberglauben halten.

15. März

Kleiden Sie sich einmal ganz ungewöhnlich. Ganz gleich, welchen Stil Sie bevorzugen – verändern Sie ihn für einen Tag. Ob Sie sich aufwendiger oder schlichter als üblich kleiden, ist völlig unwichtig. Wenn Sie in Anzug oder Kostüm im Büro erscheinen müssen und dort keinesfalls im Jogginganzug antraben können, dann entscheiden Sie sich für einen sportlichen Sakko oder einen schlichten Pullover. Wenn selbst diese kleine Abwechslung nicht in Frage kommt, nehmen Sie Zuflucht zu einer Fliege anstelle einer Krawatte, oder wählen Sie flache Schuhe anstatt Ihrer üblichen hohen Absätze.

Schon die kleinste Veränderung ist bedeutsam. Machen Sie sich darauf gefaßt, allen Leuten in Ihrer Umgebung erklären zu müssen, was Sie zu den Veränderungen veranlaßt hat, und nennen Sie jedem einzelnen einen anderen Grund.

Verspüren Sie eine gewisse Erregung über die Veränderungen? Einen Hauch von Abenteuer? Sehen Sie die Welt plötzlich mit anderen Augen? Vielleicht vermitteln Ihnen die kleinen Abweichungen schon bald die Sicherheit für größere Veränderungen in Ihrem Leben.

16. März

Tauschen Sie mit jemandem die Rollen. Das kann Ihr Ehepartner, Ihr Kind, Ihr Kollege, Chef, Freund oder – für die echt Phantasiebegabten – sogar ein völlig Fremder sein. Tun Sie einen Tag lang all die Dinge, die normalerweise der andere tut, und ermuntern Sie diesen, Ihre Aufgaben zu übernehmen.

Erfüllen Sie die für einen Tag übernommenen Tätigkeiten, so gut Sie können. Verlassen Sie sich dabei auf Ihr eigenes Wissen und Ihre Intuition und informieren Sie sich rechtzeitig. Tun Sie so, als wären Sie ganz auf sich gestellt und müßten mit allem allein fertigwerden.

Fühlen Sie sich angeregt oder entnervt in der Rolle eines anderen Menschen? Ist es schwieriger für Sie, ein Kind zu sein, als Sie gedacht hatten? Oder würden Sie liebend gern mit Ihrem Achtjährigen tauschen? Erfüllt Ihr Vertreter Ihre Tätigkeit auf Ihre Weise oder hat er neue kreative Ideen für die Bewältigung Ihrer Aufgaben?

17. März

Machen Sie einem Menschen ein Geschenk. Das braucht nichts Teures zu sein, etwas ganz Bescheidenes genügt völlig. Der Beschenkte sollte jedoch jemand sein, an den Sie häufig denken, mit dem Sie vielleicht in eine engere Beziehung treten möchten, und der sich darüber freuen würde, auf diese Weise von Ihnen bedacht zu werden.

Das Geschenk sollte ein unmißverständliches Zeichen Ihrer Beziehung, Ihrer Freundschaft, der Erinnerungen, Erlebnisse oder Träume sein, die Sie mit dem Empfänger verbinden oder verbunden haben.

Beispielsweise können Sie sich für die Hilfe, die Ihnen ein Freund oder eine Freundin im Laufe der Zeit erwiesen hat, dadurch erkenntlich zeigen, daß Sie ihr oder ihm ein paar professionelle Massagen bezahlen. Oder Sie können Ihrem Ehepartner Ihre Zuneigung zeigen, indem Sie ein Foto von Ihnen beiden mit einem hübschen Rahmen versehen lassen.

18. März

Veranstalten Sie eine Weinprobe. Besorgen Sie sich ein paar Flaschen Wein und laden Sie einige Freunde und Bekannte zum geselligen Verkosten ein. Der Wein, den Sie anbieten, kann von eher bescheidener Qualität sein oder aber aus den feinsten Regionen stammen. In erster Linie geht es um den Spaß an der Sache, weniger um die einschlägigen Kenntnisse der Teilnehmer.

Sorgen Sie für ein bißchen Brot und Käse zur Neutralisierung Ihrer Geschmacksnerven sowie für ein großes Gefäß, in das alle den Wein gießen können, den sie bereits probiert haben. (Wenn Sie jedes Glas leeren, das Sie kosten, werden die verschiedenen Tropfen bald nicht mehr voneinander zu unterscheiden sein.)

Umhüllen Sie die Flaschen mit Papiertüchern und kennzeichnen Sie diese mit Nummern. Bitten Sie Ihre Gäste, ihre persönlichen Eindrücke von jedem Wein zu notieren.

Stellen Sie fest, ob ein Zusammenhang zwischen dem Wohlgeschmack des Weins und seinem Preis besteht. Fordern Sie jeden Gast auf, seinen Lieblingswein zu benennen und zu beschreiben. Setzen Sie einen kleinen Preis für die ansprechendste Klassifizierung aus.

19. März

Schreiben Sie Ihre Träume auf. Notieren Sie gleich nach dem Wachwerden alle Traumsequenzen, an die Sie sich erinnern. Bemühen Sie sich dabei um möglichst viele Einzelheiten. Welche Farbe hatte der Sessel, der plötzlich im Wohnzimmer des Hauses stand, in dem Sie aufgewachsen sind? Was sagte Derrick oder Ihre Nachbarin genau zu Ihnen, als sie in dem Raum auftauchten, in dem Sie Ihre morgendliche Mitarbeiterkonferenz abhielten? Einzelheiten sind wichtig.

Führen Sie ein Traum-Tagebuch. Machen Sie sich keine großen Gedanken über die mögliche Bedeutung Ihrer Träume. Je besser Sie sich erinnern, je mehr Träume Sie aufzeichnen, desto verständlicher werden sie für Sie. Indem Sie Ihre Träume wirklich wahrnehmen, werden sie für Sie plastischer, realer. Träume sind Fenster zu Ihrem Inneren, zu einem Bereich, der aktiv und weise ist, und der Ihnen viel zu sagen hat.

20. März

Unternehmen Sie einen langen Spaziergang – abseits der hektischen Betriebsamkeit der Straßen, Geschäfte und Verkehrsampeln. Verbringen Sie wenigstens zwei Stunden inmitten von Bäumen, von grünem Gras, an Gewässern und in der Nähe von Tieren.

Lassen Sie sich Zeit. Sehen Sie sich einmal gründlich in der Natur um. Stehen die Bäume in einem bestimmten Muster oder wachsen sie ganz zufällig in der Landschaft? Hören Sie das Zwitschern der Vögel? Bleibt ihr Gesang immer gleich oder verändert er sich? Reagieren sie vielleicht aufeinander?

Wie fühlt sich die Luft an, wie riecht sie? Ist es die gleiche Luft, die Sie in Ihrem Alltag atmen, oder ist sie anders? Wie anders? Welche Geräusche können Sie hören? Wirkt die Stille um Sie herum verwirrend oder beruhigend?

Nehmen Sie die Bilder mit nach Hause und lassen Sie sie lange in sich nachwirken.

21. März

Räumen Sie Ihren Kleiderschrank auf. Nehmen Sie jedes einzelne Kleidungsstück zur Hand und entscheiden Sie, ob Sie es behalten oder lieber loswerden wollen.

Gehen Sie rücksichtslos vor. Wenn Sie ein Stück zwei Jahre lang nicht getragen haben, dann sind die Chancen ziemlich gering, daß Sie es im nächsten Jahr anziehen werden. Trennen Sie sich davon. Behalten Sie nur jene Kleidungsstücke, die Ihnen wirklich gefallen und die Sie häufig anziehen. Schaffen Sie Platz für neue Sachen, die zu Ihnen passen.

Geben Sie die Stücke, die Sie nicht mehr brauchen, gemeinnützigen Organisationen.

22. März

Pflanzen Sie einen Baum für einen nahestehenden Menschen. Wenn Sie einen Garten besitzen, dann ist er der ideale Platz dafür. Wenn nicht, nutzen Sie Ihren Einfallsreichtum, um einen passenden Ort für den Baum zu finden.

Es sollte ein Mensch sein, der Ihnen etwas bedeutet. Sorgen

Sie bei der Platzwahl dafür, daß Sie den Baum oft besuchen können, und daß er an einem ungefährdeten Ort steht.

Denken Sie jedesmal, wenn Sie den Baum sehen, an denjenigen, zu dessen Ehren er gepflanzt wurde. Unterhalten Sie sich mit dem Baum, als würden Sie direkt mit dem betreffenden Menschen sprechen und er könnte Sie hören.

23. März

Tragen Sie heute einmal keine Uhr. Verbringen Sie einen ganzen Tag, ohne zu wissen, wie spät es gerade ist.

Ändern Sie nichts an Ihrem üblichen Tagesablauf. Treffen Sie Verabredungen, führen Sie Ihre Vorhaben aus, telefonieren Sie und unternehmen Sie Ihre diversen Gänge und Einkäufe. Versuchen Sie abzuschätzen, wieviel Zeit Sie für jede Ihrer Aufgaben benötigen. Falls Sie einen wichtigen Termin haben, dürfen Sie schon einmal nach der Uhrzeit fragen.

Wie fühlt man sich, wenn man nicht jede Minute des Tages an die Zeit gebunden ist? Geht man anders an die verschiedenen Aufgaben heran? Werden Sie sich Ihrer Handlungen bewußter? Ist es befreiend, keine Uhr zu tragen? Oder beunruhigend? Scheint die Zeit schneller zu vergehen oder langsamer?

Denken Sie darüber nach, ob die Uhr ein unverzichtbarer Bestandteil Ihres Alltags ist oder nur eine Belastung. Überlegen Sie, ob Sie nicht häufiger ohne Ihre Uhr auskommen können.

24. März

Spielen Sie das Datenspiel. Bitten Sie jemanden, dem Sie sich ein wenig mehr anvertrauen möchten, Ihnen Gesellschaft zu leisten. Dann wählen Sie sich ein Datum aus der Vergangenheit aus – beispielsweise Januar 1979, September 1983 oder auch ein früheres Datum wie den Juni 1957.

Jeder von Ihnen erzählt dem anderen, was sich in dem betreffenden Monat in seinem Leben abgespielt hat. Wo haben Sie gearbeitet? Mit wem waren Sie zusammen? Waren Sie glücklich, oder liefen die Dinge nicht besonders gut für Sie? Welche Gefühle haben Sie im Hinblick auf diesen Zeitraum? Befanden Sie sich vielleicht in einer Phase des Übergangs? Haben Sie unter Umständen gerade einen Menschen kennengelernt, der für Sie wichtig und bedeutend werden sollte?

Spielen Sie das Spiel, so lange es Ihnen Spaß macht. Fertig? Juli 1977 ...

25. März

Stellen Sie sich vor, Ihr Leben hätte gerade erst begonnen. Heute ist der allererste Tag, an dem Sie sich die Welt betrachten. Welchen Eindruck macht sie auf Sie? Welche Dinge oder Ereignisse erstaunen Sie, begeistern Sie, vermitteln Ihnen ein Wohlgefühl? Und wie ist es mit dem Gegenteil? Was macht Sie skeptisch, ängstlich, was erschreckt Sie? Wovon fühlen Sie sich unwillkürlich angezogen? Was stößt Sie ab?

Tun Sie so, als wäre dies Ihr erster Tag auf Erden. Als hätten Sie früher auf einem anderen Planeten gelebt und wären nun in einen irdischen Körper geschlüpft, um mit Ihren neuen Sinnen die unbekannten Eindrücke und Informationen zu verarbeiten.

26. März

Hören Sie sich die Musik an, die Sie als Teenager begeistert hat. Legen Sie zu Hause die entsprechenden Platten auf, hören Sie die Bänder oder Kassetten im Auto oder am Arbeitsplatz, falls das möglich ist. Stellen Sie sich dabei vor, es wäre 1965, 1981 oder 1959.

Erinnern Sie sich bei jedem Schlager, jedem Lied daran, was Sie getan haben, als Sie die Musik zum ersten Mal hörten. Warum hat Ihnen gerade dieser Song gefallen? Haben Sie dazu getanzt? Mitgesungen oder mitgesummt? Haben Sie den Schlager im Radio gehört, sich die Platte gekauft, oder ihn bei einer Veranstaltung erlebt? Schwärmten Sie für Elvis Presley oder Melanie? Wen hatten Sie lieber – die Beatles oder die Rolling Stones? Oder war Ihr Lieblingssänger vielleicht Peter Alexander?

Hören Sie diese Musik auch heute noch gern? Ruft sie in Ihnen die Zeit wach, als Sie sie zum ersten Mal hörten? Oder sind die Erinnerungen eher vage?

27. März

Machen Sie allen Menschen Ihrer engeren Umgebung ein Kompliment. Suchen Sie irgend etwas Positives an jeder einzelnen Person (Freunden, Familienangehörigen, Mitarbeitern, Verkäufern, Busschaffnern), das Sie dem Betreffenden gegenüber aufrichtig bewundern können.

Bringen Sie Ihre anerkennenden Worte keineswegs unverständlich an. Sagen Sie laut, daß die junge Buchhändlerin in Ihrem Stammgeschäft ein ausgesprochen hinreißendes Lächeln hat oder daß Ihr Chef heute eine umwerfende Krawatte trägt.

Achten Sie einmal darauf, wie Menschen aufblühen, wenn man ihnen ein kleines Kompliment macht. Aber achten Sie stets darauf, daß Ihre lobenden Worte aufrichtig sind. Lassen Sie sich nicht zu falschen Schmeicheleien hinreißen.

Andere Menschen zu loben kann zu einer – guten – Gewohnheit werden.

28. März

Verwöhnen Sie Ihren Körper. Unternehmen Sie etwas – irgend etwas, das Ihrem Körper guttut. Suchen Sie einen Kosmetiksalon auf, nehmen Sie Massagen, lassen Sie sich mani- oder pediküren. Gehen Sie schwimmen, in die Sauna oder nehmen Sie ein warmes Bad. Melden Sie sich zu einem Gymnastikkurs an und kümmern Sie sich um Ihre Kondition.

Sorgen Sie dafür, daß Ihre sportlichen Betätigungen wohltuend sind und nicht schädlich. Es geht darum, daß Sie ohne Streß, Schmerzen oder übermäßige Anstrengung zu einem guten Körpergefühl kommen. Ziel ist, die Verspannungen loszuwerden, die sich in unserem Alltag ganz zwangsläufig aufbauen.

Bemühen Sie sich darum, jenes Wohlgefühl zu erreichen, das Ihnen ein gesunder und maßvoll-vernünftig trainierter Körper bieten kann.

29. März

Feilschen Sie um irgend etwas. Welches Geschäft, welche Ware oder Dienstleistung es auch ist: Akzeptieren Sie den angegebenen Preis nicht als endgültig. Sehen Sie zu, ob Sie das, was Sie haben wollen, nicht billiger bekommen können.

Aber bleiben Sie fair. Verpatzen Sie sich Ihre Erfolgschancen nicht durch Maßlosigkeit oder Beleidigungen. Handeln Sie mit Überzeugung, denken Sie daran, daß Preise keineswegs «felsenfest» sind. Vergessen Sie nicht, daß Feilschen und Handeln in anderen Kulturen zum festen Bestandteil des kulturellen Lebens gehören.

Erklären Sie dem Verkäufer, daß Ihnen sein Angebot zwar ausnehmend gut gefalle, aber für Ihren Geldbeutel leider ein wenig zu teuer sei. Vermutlich wird der Verkäufer auf Sie eingehen und Ihnen seinen absolut tiefsten Preis nennen. Wenn

Sie die Verhandlungen auf die Spitze treiben wollen, um Ihre Preisvorstellungen durchzusetzen, müssen Sie notfalls bereit sein, ohne das begehrte Objekt – und ohne Verbitterung – den Laden zu verlassen.

Sehen Sie in diesem Handeln und Feilschen ein Spiel, einen Test für Ihre Fähigkeiten, Nerven und Ihre Standfestigkeit. Sie sollten aber zuvor sicher sein, daß Sie das Objekt Ihres Verhandelns auch wirklich und unbedingt haben wollen.

30. März

Schmücken Sie Ihren Arbeitsplatz. Gestalten Sie ihn ganz nach Ihren Wünschen. Dabei ist es völlig unerheblich, ob es sich um einen winzigen Schreibtisch in der Ecke eines Großraumbüros handelt oder um eine Büroflucht mit Vorzimmer. Geben Sie ihm ein persönliches Gepräge, ganz so, als würden Sie dort leben und wohnen. Sorgen Sie dafür, daß Ihr Arbeitsambiente die Atmosphäre hat, in der Sie gern tätig und zu Höchstleistungen fähig sind.

31. März

Tun Sie nur das, was Sie tun wollen. Vergessen Sie einen Tag lang alle Aufgaben, Verpflichtungen – all das, was von Ihnen verlangt und erwartet wird. Verbringen Sie den Tag so, als gäbe es keinerlei Anforderungen an Sie, als wären Sie Herr Ihres Tuns und Handelns. Sie bestimmen, wem oder was Sie sich zuwenden, womit Sie sich vierundzwanzig Stunden lang beschäftigen.

Tun Sie nur das, wonach Ihnen der Sinn steht. Faulenzen Sie. Lesen Sie die Zeitung von der ersten bis zur letzten Seite. Schreiben Sie Briefe, die Sie schon seit langem abschicken wollten. Dieser Tag gehört ausschließlich Ihnen. Wenn Sie etwas beginnen, aber nicht beenden wollen, dann lassen Sie es eben liegen. Fühlen Sie sich zu nichts verpflichtet. Bleiben Sie unter Umständen sogar den ganzen Tag im Bett, wenn Ihnen danach zumute ist. Es gibt keine Autorität, die Ihnen etwas befehlen könnte. Sie allein haben das Sagen.

April

Glück ist ganz individuell

Was Ihren Ehepartner, Ihren Nachbarn, Ihre beste Freundin glücklich macht, muß nicht notwendigerweise auch Sie glücklich machen. Trotz dieser Erkenntnis verfallen wir leicht in bestimmte Verhaltensmuster, die nicht zum persönlichen Glück führen können und werden, weil wir uns dem Zwang zur Anpassung unterwerfen.

Wir alle sind vielfältigen Einflüssen durch Freunde, Familie, Kollegen, Ausbildung und Religion unterworfen, und über diese unmittelbaren Einflüsse hinaus gibt es da noch die Nation, die Medien, die Welt im allgemeinen. Jedes dieser verschiedenen Elemente hat bestimmte Erwartungen an uns – mitunter beharrlich, mitunter widersprüchlich, aber stets überaus mächtig.

Andererseits gibt es aber keinen zweiten Menschen, der Ihnen gliche. Es hat ihn nie gegeben und wird ihn auch nie geben. Wir Menschen sind unverwechselbare Individuen. Die glücklichsten unter uns sind daher jene, die einsehen, daß ihr Glück ihr ureigenes Glück ist.

Unsere Lebensaufgabe (und das ist eine aufregende, wundervolle Aufgabe voller Überraschungen) besteht in der Entdekkung unserer Identität und darin, dieser unvergleichlichen Identität entsprechend zu leben. Wenn Sie Ihr Leben fest im Blick behalten – sowohl dessen individuelle Elemente als auch das große Ganze – werden Sie sehr viel schneller das Bewußtsein dafür entwickeln, wo Sie in dieser Welt stehen, mit welchen Menschen Sie sich umgeben und was Sie tun wollen.

1. April

Überraschen Sie jemanden. Gehen Sie dabei so vor, daß es eine wirkliche Überraschung wird. Tauchen Sie bei Ihrer Herzallerliebsten morgens um sieben Uhr mit Blumen, backwarmen Croissants und einer Thermoskanne frischgebrühten Kaffees auf. Kaufen Sie Ihrem halbwüchsigen Sohn das Poster, das er sich schon lange wünscht und das Sie bisher ablehnten.

Die Überraschung kann groß oder klein sein, von langer Hand geplant werden oder einem spontanen Einfall folgen. Achten Sie darauf, daß Ihr Überraschungsobjekt absolut keine Ahnung hat, was Sie im Schilde führen, und daß es sich künftig an jedem 1. April an Ihre Überraschung erinnern wird, weil sie so untypisch für Sie war.

2. April

Lernen Sie einen neuen Tanz. Überlegen Sie sich einen Tanz, den Sie schon immer einmal lernen wollten oder einen, von dem Sie kürzlich sehr viel gehört haben, und üben Sie ihn ein.

Dafür bieten sich Ihnen viele Möglichkeiten. Sie können sich für die lateinamerikanischen Rhythmen wie Samba, Mambo oder Tango entscheiden oder die Standardtänze wie Foxtrott, Wiener Walzer, Quickstep oder Polka wählen. Darüber hinaus gibt es auch noch das weite Feld der Folklore- und Volkstänze.

Tanzen kann jeder lernen. Das Märchen von den zwei linken Füßen ist genau das: ein Märchen. Jeder Mensch hat ein angeborenes Rhythmusgefühl und kann lernen, sich im Gleichklang mit der Musik zu bewegen.

Das Üben einer neuen Schrittfolge und die Bewegung im Tanz verlangt ebenso Disziplin wie es entspannend ist. Eine vorgeschriebene Schrittfolge auszuüben, erfordert eine gewisse Selbstbeherrschung, bietet aber auch die Möglichkeit kreativer

Entfaltung. Zu zweit ausgeübt ist es auch eine großartige Chance, einem Menschen näherzukommen, den Sie zuvor nicht kannten, oder mit dem Sie seit fünfundzwanzig Jahren verheiratet sind.

3. April

Machen Sie sich mal richtig schmutzig. Suchen Sie sich eine Beschäftigung, bei der Sie mit Sicherheit nicht sauber bleiben können: Rupfen Sie Unkraut im Garten, wechseln Sie die Kette Ihres Fahrrades oder füttern Sie eine Zweijährige mit Spinat.

Spielen Sie mal so richtig den Schmutzfinken. Ziehen Sie sich ein paar alte Sachen an und schwelgen Sie im Dreck. Beizen Sie einen alten Tisch ab und streichen Sie ihn dann neu an. Nehmen Sie an Ihrem Auto den längst fälligen Ölwechsel vor – und bringen sie das Altöl zur Entsorgung zu Ihrer Tankstelle. Oder veranstalten Sie ein Großreinemachen auf dem Dachboden. Wählen Sie sich die schmutzigste Arbeit aus, die Sie sich vorstellen können, und dann ab in den Dreck.

4. April

Würdigen Sie das, was andere Leute für Sie tun. Sagen Sie ihnen, wie sehr Sie ihre Hilfe zu schätzen wissen.

Machen Sie Ihre Anerkennung nicht von der Qualität der Dienstleistung abhängig. Bedanken Sie sich auch dann, wenn Sie den Eindruck haben, man hätte sich nicht gerade übermäßig liebenswürdig um Sie und Ihr Anliegen bemüht. Keine Dienstleistung ist zu gering, um nicht von Ihnen gewürdigt und anerkannt zu werden. Die Leute, die Sie im Restaurant bedienen, die Garderobiere, die Ihnen den Mantel abnimmt, der Behördenangestellte, der Sie um das Ausfüllen eines Formulars bittet, die Frau hinter dem Tresen, die Ihnen Ihre gereinigte Kleidung überreicht – alle, die Ihnen den Alltag erleichtern, sollten heute einen kleinen Dank erhalten.

5. April

Gibt es etwas, für das Sie sich entschuldigen sollten? Dann tun Sie es heute. Oft ist es gar nicht einfach, den richtigen Weg und den richtigen Moment für eine Entschuldigung zu finden. Aber man kann es lernen und üben. Man lernt dabei, daß man Fehler machen darf und sie ohne weiteres zugeben kann und daß andere durchaus bereit sind, eine Entschuldigung anzunehmen, wenn sie ehrlich gemeint ist.

Hilfreich ist dabei der Gedanke, daß wir uns nicht nur der anderen wegen entschuldigen, sondern auch für uns selbst, weil wir daran wachsen können.

Haben Sie in letzter Zeit jemanden wissentlich oder unwissentlich verletzt, beleidigt oder übergangen? Heute ist der Tag, das in Ordnung zu bringen.

6. April

Besuchen Sie einen Fortbildungskursus oder melden Sie sich dafür an. Suchen Sie sich aus dem vielfältigen Angebot etwas aus, das Sie interessiert, und melden Sie sich an.

Haben Sie schon einmal daran gedacht, einen Computerkurs zu belegen? Interessieren Sie sich für Fotografie? Wollen Sie Ihre Fotos selbst entwickeln? Wie wäre es mit einem Französisch- oder Italienischkurs? Entscheiden Sie, auf welchem Gebiet Sie Ihre Kenntnisse erweitern wollen, und schreiten Sie zur Tat.

Würden Sie gern reiten können? Ihr Geschichtswissen verbessern? Oder mehr über gesunde Ernährung erfahren? Das ist gar nicht so schwer, wie Sie vielleicht annahmen. Halten Sie Ausschau nach entsprechenden Kursen und geben Sie sich die Chance eines Versuchs. Schon nach kurzer Zeit werden Sie wahrscheinlich feststellen, daß die Sache gar nicht so schwer ist, wie Sie immer dachten, und wieviel Freude es macht, wenn Sie die ersten Fortschritte sehen können.

7. April

Bereiten Sie ein Essen zu, das Sie noch nie gekocht haben. Planen Sie eine Vorspeise, ein Hauptgericht und krönen Sie das Ganze mit einem Dessert.

Blättern Sie in Ihren Kochbüchern und wählen Sie anhand der Abbildungen ein Menü aus, das Sie überzeugt. Gibt es ein Gericht, das Sie kürzlich bei Freunden oder in einem Restaurant gegessen haben, und das Sie gern nachkochen würden? Tun Sie es. Nur keine Angst! Falls Ihnen der Sinn nach Improvisationen steht – nur zu. Wenn im Rezept zur Verwendung von Basilikum geraten wird, Sie aber glauben, Oregano müßte besser schmecken, tun Sie sich keinerlei Zwang an.

Wenn Sie glauben, das köstlichste Mahl aller Zeiten auf den Tisch zu bringen, laden Sie Ihre Freunde zum Abendessen ein. Servieren Sie Ihre Köstlichkeiten und freuen Sie sich daran, wie sie jeden Bissen der Hasenpastete oder des Bœuf Stroganoff genießen. Dann erklären Sie ganz beiläufig, das alles wäre eine kulinarische Premiere für Sie gewesen.

8. April

Strecken und recken Sie sich; atmen Sie tief durch. Das tun Sie zwar jeden Tag, aber machen Sie es heute einmal ganz bewußt und konzentriert.

Die beste Zeit für diese gymnastischen Übungen ist vor dem

Frühstück, kurz nach dem Erwachen. Suchen Sie sich ein ruhiges Eckchen, in dem es auch warm genug ist, wenn Sie Ihre Atemübungen in Ihrer bequemsten Kleidung absolvieren. Dann recken und strecken Sie sich, während Sie langsam und bedacht durch die Nase ein- und ausatmen.

Eine besonders wohltuende Übung besteht darin, sich im Stehen aus der Hüfte heraus nach vorn zu beugen. Neigen Sie den Oberkörper nach vorn, bis Ihre Hände den Boden berühren, halten Sie dabei aber die Beine gerade. Zählen Sie bis vier, und kommen Sie dann langsam wieder in die Senkrechte. Achten Sie darauf, wie sich Ihre Glieder dehnen und strecken, wie Ihnen das Blut in den Kopf dringt, um Ihre Gehirnzellen mit Sauerstoff zu versorgen. Spüren Sie ganz bewußt Ihre Glieder, Muskeln, Gelenke. Atmen Sie beim Strecken ein, beim Loslassen aus.

Nach Beendigung Ihrer sportlichen Übungen dunkeln Sie den Raum ab, legen Sie sich einige Minuten lang ganz ruhig auf den Rücken und decken Sie sich mit einem Handtuch oder einer leichten Decke zu. Vergessen Sie die Welt eine kurze Zeitspanne lang. Denken Sie an nichts. Lassen Sie Ihren Geist treiben.

9. April

Gehen Sie im Regen spazieren. Sollte heute die Sonne scheinen, verschieben Sie Ihr Vorhaben auf den nächsten Regentag. Bitten Sie einen Freund, Sie zu begleiten, oder nehmen Sie Ihren Ehepartner und die Kinder mit. Ganz gleich, ob es nur leicht nieselt oder aber wie aus Kübeln gießt: Setzen Sie sich bewußt den Elementen aus.

Nehmen Sie einen Schirm mit, wenn Sie mögen, und laufen Sie unbeschwert durch die Nässe, als würde die Sonne scheinen. Eine Stunde reicht völlig.

Nehmen Sie die feuchte Luft in sich auf, den Duft des Frühlings. Denken Sie darüber nach, daß der Regen ein Bestandteil des ewigen Kreislaufs von Niederschlag, Verdunstung, Kondensation und erneutem Niederschlag ist. Der fallende Regen ist so alt wie das Universum.

10. April

Fertigen Sie ein Blumengebinde an. Wählen Sie zuerst die Blumen nach Farbe, Form, Größe und Haltbarkeit aus. Fragen Sie Ihren Blumenhändler danach, welche besonderen Eigenschaften die Blüten haben, welche am besten zusammenpassen, welche am längsten halten, welche am angenehmsten duften.

Betrachten Sie Ihr Blumengebinde als Kunstwerk, sehen Sie es als Chance, Ihr unverwechselbares und einmaliges Gefühl für Farben und Formen ganz kreativ zum Ausdruck zu bringen, und etwas zu tun, was Sie noch nie gemacht haben – etwas, dessen Sie sich vielleicht gar nicht für fähig gehalten haben.

Wählen Sie eine Vase aus, die der Schönheit Ihres Blumenarrangements auch entspricht. Sie brauchen nicht mehr als acht oder zehn Blüten, um etwas wirklich Wundervolles zu schaffen. Wenn Sie Ihr Kunstwerk vollendet haben, stellen Sie den Strauß dorthin, wo Sie ihn häufig bewundern können: auf den Frühstückstisch oder Ihren Schreibtisch. Treten Sie nahe an ihn und atmen Sie seinen Duft ein, so oft Sie das Verlangen danach überkommt.

11. April

Stellen Sie sich vor, eine gute Fee gewährt Ihnen die Erfüllung dreier Wünsche. Welche Wünsche würden Sie in diesem Fall angeben?

Die Fee verspricht, Ihnen Zeit zum Nachdenken zu geben. Sie würde am Abend wieder erscheinen, um Ihre Wünsche zu vernehmen. Was wünschen Sie sich also? Was wünschen Sie sich wirklich? Was Sie auch wählen, wird Ihnen gewährt.

Ruhm, Geld, Gesundheit, eine schlanke Figur, ein neues Haus, blonde Haare, folgsame Kinder, einen Chef, der Ihre Leistungen anerkennt ... Überlegen Sie gründlich. Was Sie auch sagen, es wird Ihnen erfüllt.

Schreiben Sie am Abend die Wünsche auf, für die Sie sich entschieden haben. Sehen Sie sich Ihre Wunschliste häufiger an. Aber seien Sie vorsichtig mit der Wahl Ihrer Wünsche! Sie gehen für gewöhnlich in Erfüllung ...

12. April

Üben Sie Geduld. Werden Sie sich heute in jeder Situation bewußt, wann Sie «aus der Haut fahren» wollen – oder es gar tun. Sagen Sie in diesem Moment laut: Stop! und kneifen Sie sich in den Arm. Das gibt Ihnen genau die Atempause, die Sie brauchen, um die Erregung abzudämpfen.

Betrachten Sie das Warten auf den Bus, im Postamt, vor der Kasse als geschenkte Zeit. Versuchen Sie einmal, ganz still zu stehen und an gar nichts zu denken. Wie lange halten Sie das aus? Immer länger ...

Läßt man Sie bei einer Verabredung oder am Telefon warten, nutzen Sie die Zeit zur Selbstkonzentration, um danach ganz für den oder die anderen da zu sein. Es gibt keine verlorene Zeit, man muß sie nur für sich arbeiten lassen und nicht nervös werden. «Geduld ist der Schlüssel zur Freude», sagt ein arabisches Sprichwort. Man kann sie üben ...

13. April

Gründen Sie einen Literaturzirkel. Laden Sie ein paar Freunde oder Verwandte ein, deren literarische Interessen Sie kennen und schätzen, und fragen Sie sie, ob sie nicht Ihrem Literaturzirkel beitreten wollen.

Diskutieren Sie beim ersten Zusammensein die Form und Organisation des Zirkels. Sie können ein Auswahlkomitee bestimmen oder die Wahl der Bücher jedesmal von einem anderen Mitglied vornehmen lassen. Soll es einen Vorsitzenden geben oder soll der jeweilige Auswählende der Lektüre das Sagen haben? Wollen Sie bei Ihren Zusammenkünften belletristischen Werken den Vorrang geben, Sachbüchern, oder wollen Sie von jedem etwas besser kennenlernen?

Sorgen Sie dafür, daß bei niemandem Gewissensbisse oder gar Schuldgefühle aufkommen, wenn er oder sie einmal ein vorgeschlagenes Buch nicht oder nicht ganz gelesen hat.

Wenn Sie sich eine lebhafte Diskussion über das gerade aktuelle Buch wünschen, sorgen Sie dafür, daß zunächst der leidenschaftlichste Befürworter und dann sein schärfster Gegner das Wort ergreifen.

Bieten Sie nach etwa einstündiger Diskussion ein paar Erfrischungen an. Sorgen Sie für Behaglichkeit. Nehmen Sie das Zusammensein mit den anderen ebenso wichtig wie die Bücher. Treffen Sie eine Übereinkunft über die Aufnahme neuer Mitglieder.

14. April

Meditieren Sie. Nehmen Sie sich eine halbe Stunde Zeit, schlüpfen Sie in möglichst bequeme Kleidung und suchen Sie sich ein behagliches Plätzchen, an dem Sie so schnell niemand stören wird.

Stellen Sie irgendeine sanfte, beruhigende Musik an, setzen

Sie sich mit geradem Rücken auf die Couch, einen Sessel oder den Boden und schlagen Sie die Beine übereinander. Schließen Sie die Augen und konzentrieren Sie sich auf einen – eingebildeten – winzigen Punkt, der sich vor Ihnen und knapp über Augenhöhe befindet.

Zunächst wird es Ihnen vorkommen, als würden Ihnen alle Gedanken und Überlegungen der letzten beiden Wochen mit Spitzengeschwindigkeit durch den Kopf rasen. Nur keine Panik. Unterdrücken Sie nichts, was da in Ihnen hochkommt. Lassen Sie Ihrem Geist seinen eigenen Willen.

Aber halten Sie auch keinen Gedanken fest. Lassen Sie ihn kommen und wieder gehen. Nach wenigen Minuten werden Sie feststellen, daß sich die Flut Ihrer Gedanken verlangsamt. Reagieren Sie darauf wie zuvor. Lassen Sie die Gedanken kommen und gehen. Falls Sie das Bedürfnis verspüren, Ihre Körperhaltung verändern zu müssen, dann tun Sie es.

Achten Sie nicht auf das, was Ihnen da durch den Kopf geht. Tun Sie einfach so, als stünden Sie neben sich, als wären Sie nur ein Beobachter. Bewerten Sie Ihre Gedanken nicht, bleiben Sie ganz neutral.

Kehren Sie nach zehn oder fünfzehn Minuten Meditation allmählich wieder in die «Realität» zurück. Werden Sie sich Ihres Körpers und Ihrer Umgebung bewußt und nehmen Sie langsam und bedachtsam Ihre täglichen Pflichten auf.

15. April

Kümmern Sie sich um Ihre Schätze. Machen Sie eine Bestandsaufnahme Ihrer Besitztümer, Ihrer Papiere, persönlichen Dinge, Wertgegenstände und überprüfen Sie den Zustand dieser Dinge. Wo sind sie? Befinden sich alle am richtigen Platz? Wissen Sie, wo Sie sie finden können? Gibt es da vielleicht ein Buch, das Ihnen besonders am Herzen liegt, das Sie aber verliehen haben? Wissen Sie, wer es hat? Haben Sie sich schon überlegt, wie Sie es wieder zurückbekommen können?

Was ist mit den Geschenken, die Sie im Lauf der Jahre erhalten haben? Schätzen Sie sie genügend? Benutzen Sie sie? Falls nicht, sollten Sie einmal überlegen, ob Sie sie nicht an jemanden weiterverschenken, von dem Sie wissen, daß er die Gegenstände weit besser würdigen wird als Sie.

16. April

Variieren Sie Ihre sportliche Betätigung. Falls Sie regelmäßig Gymnastik treiben, fügen Sie Ihrem sportlichen Repertoire eine neue Variante zu. Sie joggen? Dann fahren Sie Rad. Sie radeln bereits? Dann unternehmen Sie einen langen und zügigen Spaziergang. Auch das tun Sie schon? Dann gehen Sie im Stadtbad schwimmen.

Achten Sie bei Ihrer neuen Betätigung darauf, ob Sie den neuen Rhythmus mit Leichtigkeit bewältigen oder ob Sie eine gewisse Zeit der Gewöhnung benötigen. Setzen Sie dieselben Muskeln ein wie zuvor oder verspüren Sie eine Anspannung in manchen Körperbereichen, die Sie vorher nie bemerkt haben?

Falls Sie sich noch gar nicht sportlich betätigen, dann fangen Sie heute damit an.

17. April

Besuchen Sie ein Museum. Entscheiden Sie selbst, welches Gebiet Sie am meisten interessiert: Kunst, Technik, Naturwissenschaften, Geschichte oder Kunstgewerbe.

Bitten Sie jemanden, Sie zu begleiten, oder nehmen Sie Ihre Familie mit, wenn es sich einrichten läßt. Sie brauchen nicht Stunden im Museum zu verbringen. Sie brauchen sich auch nicht mit gleichbleibender Geschwindigkeit durch die Räume zu bewegen. Halten Sie vor den Objekten inne, die Sie ansprechen. Verweilen Sie davor, so lange es Ihnen Spaß macht.

Interessiert Sie etwas nicht, dann gehen Sie einfach weiter. Zwingen Sie sich nicht dazu, vor einem Ausstellungsstück zu verharren, nur weil Sie das Gefühl haben, Sie müßten es tun. Museen sind wie üppige Büfetts: Es wird eine breite Vielfalt angeboten, aber Sie sind nicht gehalten, von jedem zu kosten.

18. April

Schlagen Sie einmal über die Stränge – aber ohne Gewissensbisse. Verputzen Sie einen ganzen Familienbecher Eiscreme allein. Oder kaufen Sie sich für die Mittagspause gleich mehrere Tortenstücke. Lassen Sie Ihre Augen entscheiden, die bekanntlicherweise immer mehr wollen als der Magen ...

Lassen Sie jeden Bissen auf der Zunge zergehen. Genießen Sie ihn. Hören Sie nicht auf Ihre innere Stimme, die Ihnen penetrant vorhält, wie «unvernünftig» das doch sei. Geben Sie Ihrem Verlangen nach.

Folgen Sie Ihren Eingebungen. Tun Sie so, als hätten Sie das Wort «maßhalten» noch nie gehört. Setzen Sie Ihren Handlungen keine Grenzen, aber seien Sie sich dabei stets bewußt, daß es Ihre freie Entscheidung war. Vergessen Sie nicht: Keine Gewissensbisse, nur Lust – die pure Lust.

19. April

Sehen Sie sich einen fremdartigen Film an. Oder leihen Sie sich ein entsprechendes Video aus. Achten Sie darauf, daß der Streifen nicht synchronisiert, aber deutsch untertitelt ist. Machen Sie sich beim Betrachten die Unterschiede zwischen Ihrer eigenen und der auf der Leinwand dargestellten Kultur klar.

Achten Sie darauf, wie die Menschen aussehen, auf ihre Gesten, ihren Gesichtsausdruck, ihre Eigenheiten. Was ist für sie wichtig? Haben sie die gleichen Probleme wie Sie? Sind Ihnen ihre Motivationen einsichtig und verständlich, oder haben Sie den Eindruck, in eine völlig fremde Welt versetzt worden zu sein?

Wie klingt die Sprache des Films in Ihren Ohren? Angenehm? Unverständlich? Abweisend? Erinnern Sie die Schauspieler an Menschen, die Sie kennen, oder ist es Ihnen unmöglich, eine Beziehung zu ihnen herzustellen?

20. April

Machen Sie Ihr Haus oder Ihre Wohnung gründlich sauber. Veranstalten Sie einen regelrechten Frühjahrsputz. Erklären Sie Ihr Vorhaben zum Familienprojekt und teilen Sie jedem eine Aufgabe zu. Heute geht es um nichts anderes als darum, Ihre häusliche Umgebung möglichst makellos sauberzumachen.

Rücken Sie Schränke und Kommoden von den Wänden, um auch dort zu putzen, wo Sie seit Jahren nicht mehr reinigend tätig waren. Putzen Sie die Fenster. Polieren Sie die silbernen Bestecke. Nehmen Sie Bilder und Wandteller ab, um sie einer sorgfältigen Reinigung zu unterziehen. Schenken Sie allen Bereichen Ihrer Umgebung höchste Aufmerksamkeit, die sie in letzter Zeit vielleicht ein wenig vernachlässigt haben.

Und nach getaner Arbeit sollten Sie Ihr pieksauberes Heim feiern. Entkorken Sie eine Flasche Sekt, schlendern Sie gemächlich durch alle Räume und bewundern Sie den neuen Glanz.

21. April

Nehmen Sie einen Obdachlosen zur Kenntnis. Sie brauchen ihm kein Geld zu geben, ihn nicht einmal anzusprechen. Sehen Sie ihm nur ins Gesicht und nehmen Sie zur Kenntnis, daß es ihn gibt.

Wenn Sie ihn aber anlächeln, und sei es auch nur die Andeutung eines Lächelns, dann könnte das sehr gut die freundlichste Zuwendung sein, die dieser Mensch seit langer Zeit erfahren hat.

22. April

Nehmen Sie etwas in Angriff, was Sie schon immer tun wollten. Ganz gleichgültig, aus welchen Gründen Sie die Angelegenheit immer wieder aufgeschoben haben – packen Sie sie heute an.

Haben Sie insgeheim davon geträumt, der reizenden Buchhalterin in Ihrem Büro zu sagen, wie nett Sie sie finden? Dann gehen Sie heute zu ihr und sagen es ihr.

Etwas zu tun, wozu Sie sich bisher nicht durchringen konnten, wird Ihnen beweisen, wie leicht das doch war – wenn Sie erst einmal allen Mut zusammengerafft haben. Sie werden feststellen, daß Sie doch gar nicht so schüchtern sind, wie Sie vielleicht immer angenommen haben.

Und dann denken Sie an die nächste Herausforderung des Lebens, die Sie mit Bravour bestehen werden.

23. April

Räumen Sie allen den Vortritt ein. Ob Sie sich nun am Autosteuer durch den Straßenverkehr quälen, im Supermarkt Schlange stehen, am Kopiergerät warten oder die Tür eines Restaurants passieren wollen: Lassen Sie alle anderen Leute vor.

Fahren Sie so, als hätten alle anderen Vorfahrt. Stoppen Sie so, daß Fußgänger langsam die Straße überqueren können. Lassen Sie zu, daß sich andere Autofahrer in «Ihre» Fahrbahn einfädeln. Wenn die Verkäuferin hinter dem Ladentisch «der Nächste» brummt, deuten Sie auf den neben Ihnen Stehenden und sagen Sie lächelnd: «Ich habe Zeit, gehen Sie nur vor.»

Machen Sie aber deutlich, daß es Ihre freie Entscheidung ist, wie Sie sich verhalten. Daß es keineswegs an Ihrer Unentschlossenheit, sondern an Ihrem ausgeprägten Gefühl für Höflichkeit liegt, wenn Sie jede Gelegenheit nutzen, liebenswürdig zu sein.

24. April

Malen Sie sich etwas Wunderschönes aus. Lassen Sie Ihre Phantasie spielen und schaffen Sie sich eine Traumsituation. Bemühen Sie sich darum, Ihr Phantasiegebilde so real wie möglich erscheinen zu lassen. Malen Sie sich Emotionen, Situationen, Umgebungen und Menschen aus – und Ihre Gefühle, wenn Sie sich inmitten Ihres Traumgebildes befinden.

Ihre Utopie kann einen ganz privaten, beruflichen oder auch globalen Hintergrund haben. Wünschen Sie sich Frieden auf der Welt, und daß jeder Mensch eine anständige Wohnung und genug zu essen hat? Stellen Sie sich vor, was Sie empfinden würden, wenn diese Sehnsucht erfüllt würde, wie anders sich die Menschen verhalten würden, welche Prioritäten sie setzen würden.

25. April

Suchen Sie nach Schnäppchen. Falls das bereits zu Ihren Gepflogenheiten gehört, dann trachten Sie danach, Ihre Findigkeit zu vervollkommnen. Entwickeln Sie sich zur unschlagbaren Spürnase für die absolut niedrigsten Preise. Durchforschen Sie die Anzeigen nach den preisgünstigsten Angeboten. Setzen Sie sich ein finanzielles Limit.

Akzeptieren Sie nicht jede Preisauszeichnung. Manche Geschäfte haben die Preise ihrer Sonderangebote erst einmal kräftig erhöht, bevor sie sie «herabsetzen». Sie brauchen keineswegs bei jedem günstigen Angebot gleich zuzugreifen. Es empfiehlt sich sogar, erst einmal ein paar Vergleiche anzustellen, um dann in das Geschäft zurückzukehren, das die günstigsten Bedingungen bietet.

In vielen Kaufhäusern und Geschäften darf im Preis herabgesetzte Ware nicht umgetauscht werden. Wenn Sie also bezüglich eines Kaufs nicht ganz sicher sind, sollten Sie eine Freundin oder einen Verwandten im Auge haben, an die Sie das Kleidungsstück notfalls weitergeben können, wenn es nicht sitzt oder eine unpassende Farbe hat.

Am Ende des Tages können Sie sich mit etwas verwöhnen, was Sie sich nicht hätten leisten können, wenn Sie bei Ihren Einkäufen jeweils den vollen Preis bezahlt hätten.

26. April

Erweisen Sie jemandem einen Gefallen, als würden Sie ihn sich selbst erweisen. Bieten Sie einem Freund oder Verwandten an, eine Aufgabe für ihn zu übernehmen, und führen Sie diese so aus, als wären Sie der Nutznießer.

Erledigen Sie die übernommene Pflicht so gut wie möglich. Ihre Herausforderung besteht darin, einen anderen Menschen in den Genuß Ihrer größten Leistungsfähigkeit zu bringen, denn man kann nie sicher sein, ob das, was man für andere tut, im Grunde nicht für einen selbst bestimmt ist. Also geben Sie ihr Bestes.

27. April

Sagen Sie einem anderen Menschen, wie sehr Sie ihn mögen. Das kann jemand sein, der bereits weiß, daß Sie ihn gernhaben oder lieben, jemand, der davon noch keine Ahnung hat, aber auch jemand, der sich in dieser Hinsicht nicht ganz sicher ist. Das Entscheidende ist, daß Sie es aussprechen.

Sagen Sie einem Menschen, daß Sie ihn gernhaben – besonders, wenn der so etwas nicht gerade häufig von Ihnen hört. Ein solches Bekenntnis kräftigt das emotionale Band, das zwischen ihnen bereits existiert, oder knüpft eine Beziehung, die nie entstanden wäre, hätten Sie sich nicht zu Ihrem Geständnis durchgerungen.

Machen Sie sich keine Gedanken über die Reaktion des anderen. Manche Menschen werden Ihnen rundheraus erklären, sie empfänden ähnlich, andere könnten von dem offenen Geständnis peinlich berührt sein, während wieder andere vielleicht so tun, als hätten sie es nicht gehört. Doch ganz gleich, wie die äußerliche Reaktion auch ausfällt: Niemand wird von Ihrem Geständnis unberührt bleiben.

28. April

Unterziehen Sie sich einer gründlichen Veränderung. Bemühen Sie sich nach Kräften darum, am Abend total anders auszusehen als am Morgen.

Beginnen Sie mit einem neuen Haarschnitt. Trennen Sie sich von dem Gezottel, mit dem Sie nun schon allzulange herumgelaufen sind. Entscheiden Sie sich für eine neue, andere Frisur. Wählen Sie eine neue Haarfarbe und erklären Sie Ihrem Friseur, daß Sie Ihr Geld zurückverlangen würden, falls Sie nach dem Verlassen seines Salons auch nur ein Mensch wiedererkennt.

Begeben Sie sich mit Ihrer neuen Frisur in eine Boutique

oder ein Modegeschäft und kleiden Sie sich komplett neu ein. Achten Sie darauf, daß Sie sich für Stücke entscheiden, die Ihrem bisherigen Stil total widersprechen. Sorgen Sie dafür, daß Ihr neues Aussehen einen ganz anderen Menschen aus Ihnen macht. Lassen Sie sich unter Umständen von einer Kosmetikerin über ein neues Make-up beraten.

Sehen Sie zu, wie weit Sie heute mit Ihrem neuen Ich kommen. Gehen Sie an Ihre Grenzen. Erproben Sie Ihre Fähigkeiten zu radikalen Veränderungen.

29. April

Halten Sie Ihre Zunge im Zaum. Sobald Sie in Versuchung geraten, Zuflucht zu einem Schimpfwort zu nehmen, reißen Sie sich zusammen. Tun Sie so, als wären Ihnen alle einschlägigen Worte absolut unbekannt. Verleihen Sie überwältigenden Empfindungen – Angst, Überraschung, Erregung, Enttäuschung – lieber mit Gesten, Blicken oder zahmen Worten Ausdruck.

Bemühen Sie sich um extreme Höflichkeit. Lassen Sie keine einzige Chance vorübergehen, diese unter Beweis zu stellen.

Wenn das Ihr alltägliches Verhalten ist, wenn Sie nicht einmal im Traum daran denken würden, sich ein obszönes Wort entschlüpfen zu lassen, dann beglückwünschen Sie sich zu der besonnenen, höflichen Art und Weise, in der Sie anderen Menschen begegnen oder unangenehme Situationen bewältigen.

30. April

Gehen Sie mit jemandem ein Tauschgeschäft ein. Trennen Sie sich von einem Gegenstand, den Sie ohnehin kaum nutzen, um damit etwas zu erwerben, was Sie wirklich brauchen können.

Durch Tauschen wird einem bewußt, daß man neue Dinge nicht unbedingt immer kaufen muß, daß man sie für Dinge einhandeln kann, die man bereits hat.

Verstaubt in Ihrer Garage vielleicht ein Fahrrad unbenutzt? Unter Umständen hat ein Freund zwei Eintrittskarten für eine Veranstaltung, die er gern gegen das Fahrrad eintauschen würde. Machen Sie sich keine Gedanken darüber, daß die ursprünglichen Preise nicht vergleichbar sind. Sehen Sie in dem Handel ein faires Geschäft. Denken Sie an die Freude, die Ihnen der Veranstaltungsbesuch machen wird, und daß Sie dafür etwas aufgeben, das Sie im Grunde nicht nutzen.

Sie können aber auch Dienstleistungen «handeln». Überlegen Sie sich, was Sie selber im Tausch gegen kleine Dienste anzubieten haben. Können Sie sich beispielsweise keine Putzfrau leisten, sähen es aber trotzdem sehr gern, daß jemand Ihre Wohnung regelmäßig saubermacht? Setzen Sie sich mit ein paar Haushaltshilfen in Verbindung und finden Sie heraus, ob Sie mit ihnen nicht auch ohne Geld ins Geschäft kommen können. Können Sie vielleicht Sprachunterricht geben, Gänge zu Ämtern oder Besorgungen übernehmen oder stundenweise Kinder hüten?

Tauschen und Handeln war einmal die Basis des wirtschaftlichen Lebens. Heute ist es eine großartige Methode, um die Abhängigkeit vom Geld zu verringern und dennoch zu Dingen zu kommen, die man sich sonst vielleicht nicht leisten könnte.

Mai

Gibt es einen Menschen, der rund um die Uhr glücklich ist?

Kann man unablässig und auf Dauer glücklich sein?

In vielerlei Hinsicht ist es kontraproduktiv, dauerhaftes und beständiges Glück anzustreben. Zunächst einmal ist es nicht aufrichtig, denn Sie werden sehr schnell herausfinden, daß Sie sich selbst und andere belügen müßten, wenn Sie diesen Anspruch aufrechterhalten wollten. Zum anderen stellen Sie sich damit unter einen viel zu hohen Erwartungsdruck.

Es ist keineswegs notwendig – nicht einmal wünschenswert –, sich in einem ständigen Glücksrausch zu befinden, um ein im Prinzip glücklicher Mensch zu sein. Jeder erfährt sein Teil an Enttäuschungen, Kränkungen und Ärger. Sie können jedoch Ihr Bewußtsein für Ihre Situation schärfen, das Wissen um deren Ursprünge, um dann geeignete Maßnahmen zur Verbesserung Ihrer Lage zu ergreifen. Sie sind kein hilfloses Opfer der «Umstände». Die Verantwortlichkeit für Ihr eigenes Wohlergehen wird Ihnen nicht an der Garderobe abgenommen. Es bleibt Ihre Verantwortlichkeit, und Ihr Glück beruht auf dieser Erkenntnis und den Maßnahmen, die daraus resultieren.

Ein glücklicher Mensch ist nicht etwa einer, dem nichts «Böses» widerfährt oder der das Negative durch Träume verdrängt, die mit der menschlichen Wirklichkeit keine Ähnlichkeit haben. Glücklich ist vielmehr derjenige, der erkennt, daß seine eigenen Reaktionen auf die Ereignisse die Quelle des Glücks sind und nicht die äußeren Umstände oder die vielen Unwägbarkeiten, auf die Sie meist keinen Einfluß haben.

1. Mai

Informieren Sie sich über ein Wunder. Auch wenn die Wunder aus der Bibel mit Sicherheit überaus passend sind, werden Sie sich vielleicht zu zeitgemäßeren Beispielen hingezogen fühlen, weil in unserer wissenschaftlich und technisch orientierten Welt ein Wunder noch wunderbarer wirkt.

Wie können Menschen in Indien Glas essen oder mit nackten Füßen über glühende Kohlen laufen, ohne sich zu verletzen oder zu verbrennen? Wie kommt es, daß ein Mensch einen Sturz aus einem Flugzeug in mehr als dreitausend Meter Höhe bei ungeöffnetem Fallschirm mit nur ein paar gebrochenen Knochen überlebt? Widersprechen derartige Berichte nicht allen Gesetzen der Logik?

Fragen Sie in Ihrer Umgebung, ob jemand von irgendwelchen wunderbaren Begebenheiten gehört hat, und sprechen Sie über die Wunder, über die Sie sich gerade informiert haben. Überlegen Sie sich, welches Wunder Sie sich in Ihrem Leben wünschen würden. Denken Sie über dieses spezielle Wunder nach und finden Sie heraus, ob es bereits anderen Menschen widerfahren ist.

2. Mai

Halten Sie ein Nachmittagsschläfchen. Planen Sie Ihren Tag so, daß Sie eine bestimmte Zeitspanne haben, in der Sie nicht gestört werden können. Sorgen Sie dafür, daß Sie Ruhe vor den Kindern, Ihrem Ehepartner oder möglichen Besuchern haben.

Suchen Sie sich ein ruhiges Plätzchen in Ihrer vertrauten Umgebung. Verdrängen Sie alle Überlegungen und Gedanken, die Sie unter Umständen am Einschlafen hindern könnten. Stöpseln Sie das Telefon aus. Stellen Sie einschmeichelnde Musik an, suchen Sie sich ein Buch oder eine Zeitschrift, worüber Sie rasch einschlafen können.

Innerhalb weniger Minuten sollten Ihnen die Lider zugefallen sein. Schlafen Sie, solange Sie wollen. Schon zwanzig Minuten können erholsam und erfrischend sein. Aber wenn Sie zwei Stunden lang ruhen wollen und die Zeit dazu haben – nur zu.

3. Mai

Drücken Sie sich so präzise wie möglich aus. Jedes Ihrer Worte sollte genau das aussagen, was Sie meinen. Reden Sie nicht nur, um etwas zu sagen, um Unterhaltungspausen zu füllen oder weil Ihnen Schweigen unbehaglich ist. Benutzen Sie die Worte in ihrem eigentlichen Sinn: als unvergleichliches Ausdrucksmittel für komplizierte menschliche Gedanken und Gefühle.

Das zwingt Sie vielleicht dazu, Ihr Tempo zu verlangsamen: nachzudenken, bevor Sie den Mund öffnen, sorgfältiger zuzuhören als üblich oder Pausen zu machen, um nach dem treffendsten Wort zu suchen. Versuchen Sie nicht, «wichtig» zu klingen, schüchtern Sie andere Menschen nicht mit Ihrem Wortschatz ein; gehen Sie bei Ihren Äußerungen aber auch nicht schlampig vor, indem Sie sich sagen: «Was soll's? Es kommt dem, was ich meine, nahe genug.»

Wenn Sie jemandem von einem wichtigen Ereignis erzählen wollen, dann nennen Sie es auch wichtig, nicht «toll». Verkneifen Sie sich alle Worthülsen wie «nicht wahr», «weißt du» oder «wirklich». Gehen Sie haushälterisch mit Ihren Worten um, um Ihren Aussagen die höchstmögliche Qualität zu verleihen. Nutzen Sie Gesten zur Unterstreichung Ihrer Worte. Sie kommen mit ihrer Hilfe möglicherweise schneller zu Ihrem Ziel, sich knapp, aber unmißverständlich auszudrücken.

4. Mai

Spielen Sie mit einem Ball. Besorgen Sie sich einen Ball, einen oder zwei Mitspieler, gehen Sie in Ihren Garten, einen Park oder auf eine nahegelegene Wiese und werfen Sie sich den Ball zu.

Werfen Sie hohe, sanftgeschwungene Bogen. Schleudern Sie ihn dem Fänger entgegen. Lassen Sie den Ball auftippen, bevor er den Fänger erreicht. Werfen Sie ihn hart und direkt. Geben Sie ihm einen Links- oder Rechtsdrall. Unterhalten Sie sich dabei mit Ihren Mitspielern über alles, was Ihnen gerade in den Sinn kommt. Lassen Sie Ihre Phantasie mitspielen.

5. Mai

Gehen Sie in ein Café. Setzen Sie sich bei schönem Wetter in ein Straßencafé. Es geht dabei vor allem darum, Zeit zu vertrödeln, Minuten oder gar Stunden vergehen zu lassen, ohne sich darum zu kümmern, wie spät es eigentlich ist.

Bestellen Sie sich einen Kaffee, einen Cappuccino, ein Glas Tee, Wein oder Bier. Lesen Sie vielleicht ein Buch, eine Zeitung oder Zeitschrift. Schreiben Sie einen längst fälligen Brief oder machen Sie Eintragungen in Ihr Tagebuch. Sie können aber auch einfach so dasitzen und das Kommen und Gehen der Leute beobachten. Hängen Sie Tagträumen nach, sehen Sie den Vorübergehenden auf der Straße zu.

Seien Sie sicher, daß Ihnen die Atmosphäre des Cafés gefällt. Wenn nicht, versuchen Sie es mit einem anderen Ort. Suchen Sie eine Reihe von Kaffeehäusern und Konditoreien auf. Vergleichen Sie deren Ambiente, den Gästekreis, die Bedienung, das Getränke- und Speisenangebot und so weiter.

6. Mai

Laden Sie einen ungewöhnlichen Gast zum Abendessen. Es sollte jemand sein, den Ihre Familie nicht an ihrem Abendbrottisch erwarten würde. Sie brauchen kein großartiges Dinner vorzubereiten, Ihre übliche Speisekarte reicht völlig aus. Wichtig ist, daß dieser Gast nicht zu Ihrem alltäglichen Umfeld gehört, aber jemand ist, den Sie gern besser kennenlernen wollen oder den Sie mit Ihrer Familie bekannt machen möchten.

Kennen Sie vielleicht jemanden, der Ihnen in letzter Zeit bei irgendeiner Gelegenheit besonders behilflich gewesen ist? Ist jemand ganz selbstverständlich für Sie eingesprungen, als Sie plötzlich zu Ihrer Tante ins Krankenhaus mußten, aber nicht wußten, wer inzwischen auf das Baby aufpaßt? Haben Sie beruflich häufiger mit einem Menschen zu tun, zu dem Sie gern nähere Kontakte anknüpfen würden? Laden Sie ihn ein.

Wenn Sie ein Single sind, ist eine Einladung eine gute Möglichkeit, Ihrem Gast zu zeigen, wie selbstverständlich Sie ein Abendessen auf den Tisch bringen. Sie können natürlich auch von Ihrer Alltagsroutine abweichen und Ihren Gast mit einem Vier-Gänge-Menü überraschen, mit dem er nicht gerechnet hätte.

7. Mai

Reagieren Sie wie ein Schwamm. Saugen Sie alles auf, was an Sie herangetragen wird. Seien Sie einen Tag lang ein Mensch, an den nichts verschwendet ist. Stellen Sie sich vor, Sie besäßen eine hochempfindliche Antenne, der nichts entgeht, was in Ihren persönlichen Bereich eindringt. Hören Sie besonders aufmerksam auf alles, was wer zu Ihnen sagt, und reagieren Sie darauf umfassend und eindeutig. Bemühen Sie sich, Ihre eigenen Aussagen so unmißverständlich und aufrichtig wie möglich zu formulieren. Führen Sie jede einzelne Ihrer Absichten auch durch.

Unternehmen Sie auch den Versuch, die Gedanken und Gefühle anderer Menschen aufzuspüren. Finden Sie heraus, ob Ihre Sinne so fein gestimmt sind, daß sie selbst das aufnehmen können, was nicht gesagt wurde – klar und deutlich, als käme es über einen Lautsprecher.

8. Mai

Unternehmen Sie in Gedanken eine Reise. Suchen sie sich einen ruhigen und bequemen Sitzplatz. Beginnen Sie tief und langsam zu atmen. Machen Sie sich jeden einzelnen Atemzug bewußt, wie er die Lungen mit Sauerstoff füllt, achten Sie beim Ausatmen auf das Gefühl im Magen. Sobald Sie sich auf den Rhythmus Ihrer Atmung eingestellt haben, verdrängen Sie alle überflüssigen Gedanken und schicken Sie Ihren Geist auf die Wanderschaft.

Was ist Ihr Ziel? Wer befindet sich in Ihrer Begleitung? Was sehen und erleben Sie unterwegs? Das tiefe Blau des Meeres, die Stille einer Blumenwiese in den Bergen, die Betriebsamkeit im Zentrum einer Millionenstadt? Bleiben Sie an Ihrem Reiseziel so lange, wie es Ihnen gefällt. Es gibt keinen Grund zur Eile. Sie können nach Belieben kommen und gehen. Die Welt, in der Sie sich gerade aufhalten, haben Sie sich selbst geschaffen. Es gibt im Moment keine andere.

Ergründen Sie die Gefühle, die Sie dabei haben. Welche Lehren hält Ihre Reise für Sie – und nur für Sie – bereit? Versuchen Sie, sich diese Fragen selbst zu beantworten. Reisen Sie rund um die Welt, bis Sie Ihr Traumziel gefunden haben, und kehren Sie dann an Ihren Ausgangspunkt und in Ihre Realität zurück.

9. Mai

Nutzen Sie Ihre Zeit. Vergeuden Sie keinen einzigen Augenblick. Erledigen Sie möglichst zwei oder mehr Dinge gleichzeitig. Fordern Sie sich zum Wettbewerb mit sich selbst: Finden Sie heraus, wie viele Aktivitäten Sie in der kürzestmöglichen Zeit bewältigen können. Erfinden Sie immer neue Methoden, um immer effizienter zu werden.

Beim Zähneputzen könnten Sie sich bereits die Aufgaben des heutigen Tages überlegen. Während der Fahrt zur Arbeit denken Sie an Ihre erste Tätigkeit im Büro. Bleiben Sie nicht neben der Kaffeemaschine stehen, während der Kaffee durchläuft, sondern erledigen Sie inzwischen etwas anderes. Auf dem Weg in die Teeküche können Sie auch gleich den Schriftsatz mitnehmen, der für einen Ihrer Kollegen bestimmt ist, und ihn auf dessen Schreibtisch legen.

Geraten Sie nicht in Hektik. Es besteht keinerlei Veranlassung, die Dinge zu überhasten. Sie sollen effektiver arbeiten, nicht mehr. Machen Sie sich nur bewußt, was Sie gerade tun. Finden Sie heraus, ob Sie heute mehr Aufgaben in kürzerer Zeit als sonst erledigen. Überlegen Sie, ob Sie einige der heute angewandten Methoden nicht in Ihren Alltag übernehmen könnten.

10. Mai

Schreiben Sie eine Rede. Vielleicht haben Sie sogar die Gelegenheit, sie auch halten zu können. Aber das ist nicht wichtig. Entscheidend ist, daß Sie sich ein bestimmtes Auditorium und einen bestimmten Anlaß für Ihre Rede vorstellen. Malen Sie sich aus, als Fraktionsvorsitzender Ihrer Partei eine Rede im Bundestag halten zu müssen. Versetzen Sie sich in die Lage der Vorsitzenden eines Wohltätigkeitsvereins, die potentiellen Spendern die Ziele des Vereins erläutern möchte.

Halten Sie ein paar Gesichtspunkte und Argumente kurz schriftlich fest, die Sie vermitteln möchten. Notieren Sie Schlüsselworte, Sätze, Einfälle.

Zunächst müssen Sie Ihre Zuhörer analysieren. Wer sind diese Leute? Mit welcher Bemerkung könnten Sie sie möglichst schnell «in den Griff bekommen»? Gibt es vielleicht eine Anekdote im Zusammenhang mit Ihrem Thema?

Haben Sie erst einmal die Aufmerksamkeit des Auditoriums gewonnen, ist der Rest ein Kinderspiel. Die Leute werden an Ihren Lippen hängen. Fast alles, was Sie auch sagen, wird wohlwollende Aufnahme finden. Gelingt es Ihnen allerdings nicht, auf Anhieb Ihre Zuhörer für sich einzunehmen, können Sie sich jedes weitere Wort sparen.

Gehen Sie davon aus, eine Viertelstunde oder zwanzig Minuten lang reden zu wollen. Vermutlich werden Sie mit dieser Zeit nicht auskommen, doch vergessen Sie nicht: Jede Ansprache, die länger dauert, riskiert tödliche Langeweile. Wenden Sie sich mit einer Frage an Ihr Publikum. (Das ist immer ein guter Anknüpfungspunkt.) Bereiten Sie sich darauf vor, nach Ihrer Rede Fragen aus dem Auditorium beantworten zu müssen. Planen Sie genügend Zeit ein, um auf jene näher einzugehen, die Sie am interessantesten finden.

11. Mai

Beobachten Sie die Metamorphose einer Raupe zum Schmetterling. Wie ließe sich die Natur besser ergründen als durch eigenen Augenschein?

Vielleicht kriecht Ihnen auf einem Ihrer Spaziergänge eine Raupe über den Weg. Wenn nicht – Sie werden es kaum glauben –, gibt es tatsächlich Geschäfte, in denen man Raupen kaufen kann. Dort wird man Ihnen sagen, unter welchen Bedingungen sich das Tier am wohlsten fühlt, welche Nahrung es braucht. Vielleicht möchten Sie die bevorstehende Verwandlung festhalten? Dann machen Sie in regelmäßigen Abständen Fotos und führen Sie ein Tagebuch.

Haben Sie das Gefühl, daß sich angesichts der direkt vor Ihren Augen stattfindenden Transformation in Ihrem Alltag irgend etwas verändert? Fühlen Sie sich vielleicht bescheidener, demütiger oder – als überlegenes menschliches Wesen – mächtiger?

12. Mai

Wenn Sie aus Ihrer Haut schlüpfen könnten – wer würden Sie gern sein? Stellen Sie sich vor, Sie könnten einen Tag, eine Woche, ein Jahr lang oder für immer ein anderer Mensch sein. Wessen Platz möchten Sie gern einnehmen? Würden Sie gern Ihre Nachbarin sein, der alles zu gelingen scheint? Oder lieber ein berühmter Schauspieler, Politiker oder Musiker?

Denken Sie darüber nach, welche Lebensumstände es sind, die Ihnen einen anderen Menschen verlockend erscheinen lassen. Was würden Sie als erstes tun, wenn Sie Ihr Idol wären? Würden Sie irgend etwas in seinem Charakter, an seiner Handlungsweise verändern? Denken Sie über die Persönlichkeit nach, die Sie werden würden. Gibt es sie? Oder würden Sie ein komplett neues Individuum erschaffen, um dem Bild zu entsprechen, das Sie von sich selbst haben?

13. Mai

Veranstalten Sie ein Picknick. Bringen Sie Ihre Familie auf Trab, laden Sie ein paar Freunde ein und machen Sie den heutigen Tag zu einem ganz besonderen. Bitten Sie alle Beteiligten darum, etwas Schmackhaftes mitzubringen, und suchen Sie sich ein hübsches Plätzchen irgendwo im Grünen.

Ihr Picknick braucht nicht unbedingt weit entfernt von

Ihrem Zuhause stattzufinden, aber wenn es Sie nach Abstand verlangt – bitte! Achten Sie darauf, daß es an Ihrem ausgesuchten Plätzchen neben Sonne auch Schatten gibt, damit sich jeder wirklich wohlfühlen kann.

Breiten Sie eine Decke aus und öffnen Sie den Picknickkorb. Lassen Sie jeden bei den Vorbereitungen zum Essen helfen und genießen Sie das Gefühl, ausnahmsweise einmal unter Bäumen, neben einem sprudelnden Bach, am Fuß hoher Berge, an einem See oder am Strand speisen zu können. Seltsamerweise schmeckt alles in freier Natur besser, also lassen Sie sich jeden Bissen auf der Zunge zergehen.

14. Mai

Legen Sie einen Garten an. Ideal wäre es natürlich, wenn Sie als Hausbesitzer oder Mieter bereits eine Gartenfläche haben, die Sie neu gestalten können. Bitten Sie jemanden um Hilfe, der sich in Gartenpflege ein bißchen auskennt. Gartenfreunde sind im allgemeinen überglücklich, wenn sie ihre Kenntnisse weitergeben können. Sie können sich aber auch aus einem der herrlich illustrierten Gartenbücher Anregungen holen.

Beginnen Sie mit Blumen und Gemüse. Die Anlage eines Sumpfbeetes, eines Steingartens oder eines japanischen Gartens kann warten, bis Sie ein paar Erfahrungen gesammelt haben. Für Ihren ersten Garten können Sie Samen, Zwiebeln oder Knollen kaufen oder auch schon vorgezogene Pflanzen erwerben, die Sie in jeder Gärtnerei oder einem Garten-Center erhalten. Informieren Sie sich über die besonderen Anforderungen der Pflanzen. Es hat wenig Sinn, sonnenhungrige Tomaten in die schattigste Ecke oder Rosen in reinen Sandboden zu pflanzen.

Sollten Sie kein eigenes Fleckchen Erde besitzen, können Sie unter Umständen in einer Kleingartenkolonie eine Fläche mieten, oder Sie erkundigen sich danach, ob es in Ihrer Gemeinde vielleicht einen Gemeinschaftsgarten gibt, an dem Sie sich beteiligen können.

15. Mai

Unternehmen Sie eine Fahrt ins Blaue. Setzen Sie sich hinters Steuer und fahren Sie los. Sie können sich auch einen Mitfahrer einladen, wenn Sie das wollen. Haben Sie kein Auto, entscheiden Sie sich für Busse und Bahnen.

Lassen Sie sich von Ihren Instinkten und Gefühlen leiten, sobald Sie Ihre gewohnte Umgebung hinter sich gelassen haben. Spricht Sie unterwegs der Anblick oder der Name eines Ortes an, halten Sie an, um ihn näher zu erkunden. Bleiben Sie eine Weile, falls er Ihnen gefällt. Wenn nicht, fahren Sie einfach weiter.

Achten Sie auf Ihre Empfindungen während Ihrer Fahrt ins Blaue. Vielleicht fühlen Sie sich dann und wann desorientiert oder gereizt. Kehren Sie nicht um. Machen Sie weiter. Verspüren Sie angesichts einer Landschaft, eines Ortes jedoch angenehme Gefühle, dann könnte das genau der richtige Zeitpunkt sein, innezuhalten, einen Happen zu essen und die Gegend ein bißchen ausführlicher in Augenschein zu nehmen.

16. Mai

Unterhalten Sie sich mit einem älteren Menschen. Das kann auch ein Verwandter sein, aber Sie sollten versuchen, nicht nur die bekannten und vertrauten Geschichten von ihm zu hören. Besser wäre es, sich in einem Seniorenheim mit einem Bewohner bekannt zu machen, der mindestens achtzig Jahre alt, aber noch springlebendig ist.

Fragen Sie ihn danach, wie es früher war. Versuchen Sie, soviel wie möglich über «die alten Zeiten» herauszufinden. Was ist geblieben, wie es war? Auf welchem Gebiet hat sich am meisten verändert?

Erkundigen Sie sich nach dem Leben Ihres Gesprächspartners. Wo und wie hat er gewohnt? Wie viele Kinder und Enkelkinder hat er, und wo leben sie? Was war sein schönstes Erlebnis? Was war seine größte Enttäuschung? Bereut er irgendeine getroffene Entscheidung?

Was hält der alte Herr, die alte Dame von unserem heutigen Leben? Was hat sich verbessert? Auf was müssen wir in unserer modernen Zeit verzichten? Was haben wir verloren?

Es gibt unendlich viele Fragen, die zu einer anregenden und bereichernden Unterhaltung zwischen Ihnen beiden führen können. Sie gibt einem alten Menschen darüber hinaus die Chance, sich auf eine Weise über sich selbst und sein Leben zu äußern, zu der er bedauerlicherweise nur selten Gelegenheit hat.

17. Mai

Bestellen Sie sich etwas aus einem Katalog. Häufig wird übersehen, daß das eine sehr vergnügliche Erfahrung sein kann. Es ist völlig unerheblich, wieviel Sie dabei ausgeben.

Versorgen Sie sich zunächst mit der Anzahl von Katalogen, die Sie auch bewältigen können. Im Zeitalter der Adressenverkäufe landen viele von ihnen unaufgefordert in Ihrem Briefkasten. Sammeln Sie sie.

Dann blättern Sie darin und informieren Sie sich über die jeweiligen Angebote. Es macht nichts, daß Sie diesen oder jenen Artikel auch im Geschäft um die Ecke kaufen können. Die Auswahl aus einem Katalog ist ein Vergnügen besonderer Art.

Ob Sie den bestellten Artikel postwendend oder in zwei Monaten bekommen, hängt von dem Versandhaus ab. Doch das gehört zum Spaß: die Spannung, nicht genau zu wissen, wann man etwas Bestelltes auch wirklich in Händen hält.

Wenn Sie den gewünschten Gegenstand dann endlich geliefert bekommen, haben Sie sich selbst ein Geschenk gemacht.

18. Mai

Besuchen Sie eine Gegend, in der Sie gelebt haben. Am besten wäre es, wenn Sie vor längerer Zeit aus einer anderen Stadt zugezogen wären, doch genügt es auch, wenn sie an Ihrem Wohnort geblieben und erst kürzlich umgezogen sind.

Wenn Sie sich der Umgebung nähern, die Ihnen einst so vertraut war, überprüfen Sie, ob alles noch so aussieht, wie Sie es sich vorgestellt haben. Werden in Ihnen Erinnerungen wach?

Wie sieht es heute in Ihrer alten Nachbarschaft aus? Hat Sie sich verbessert oder wirkt sie leicht heruntergekommen? Welche Ereignisse verbinden sich in Ihrem Gedächtnis mit Ihrer alten Straße? Angenehme? Weniger angenehme? Achten Sie darauf, ob Sie vor Ihrem ehemaligen Haus versucht sind, ganz automatisch auf Ihre alte Klingel zu drücken. Falls das so ist und jemand die Tür öffnet, erklären sie, Sie hätten vor ihm hier gewohnt. Vielleicht lädt er Sie dazu ein, die ehemals so vertrauten Räume kurz zu besichtigen.

Bleiben Sie nicht allzu lange. Denken Sie auf dem Heimweg darüber nach, was sich seit Ihrem Umzug in Ihrem Leben für Sie verändert hat.

19. Mai

Machen Sie Ihrem Ärger Luft. Wenn Ihnen etwas auf der Seele liegt, packen Sie den Stier bei den Hörnern. Verdrängen Sie das Problem nicht.

Denken Sie darüber nach. Sprechen Sie darüber. Schreiben Sie darüber. Vertrauen Sie sich einem Menschen an, der Ihnen zuhört, der Sympathie für Ihre Situation empfindet, der Ihnen unter Umständen einen Ausweg zeigen kann, auf den Sie selbst vielleicht nie gekommen wären.

Sie können sich aber auch direkt an den Menschen wenden, der Sie verärgert hat. Rufen Sie ihn an und reden Sie sich Ihren Frust von der Seele. Stellen Sie sich dem Grund Ihres Ärgers, akzeptieren Sie ihn und schaffen Sie ihn aus der Welt.

Wenn Sie Ihrer Erbitterung Luft gemacht haben, fassen Sie den festen Entschluß, nie wieder auf dieses Thema zurückzukommen. Das Leben geht weiter. Belasten Sie sich nicht mit Vergangenem. Es war eine Lebenserfahrung. Sie haben sich mit ihr auseinandergesetzt, und nun werden Sie die entsprechenden Konsequenzen daraus ziehen.

20. Mai

Machen Sie sich einen besonders sinnlichen Tag mit Ihrem Partner. Tun Sie es in Ihrer Phantasie, falls Sie gerade «beziehungslos» leben sollten.

Verführen Sie Ihren Liebsten dazu, heute möglichst viel Zeit ganz intim miteinander zu verbringen. Widmen Sie sich ihm wie in der ersten Zeit Ihrer Liebe, als Ihre Beziehung noch ganz neu und aufregend war.

Nehmen Sie zunächst ein warmes Bad oder duschen Sie gemeinsam. Seifen Sie einander ein und rubbeln Sie sich dann mit Ihren weichsten Badetüchern trocken. Vielleicht trinken Sie ein Glas Wein oder eine Tasse Tee zusammen, um in die richtige Stimmung zu kommen.

Schlüpfen Sie ins Bett und liebkosen Sie einander. Lassen Sie sich Zeit. Berühren Sie einander so zärtlich oder leidenschaftlich, wie es der Partner gern hat. Nehmen Sie die erhöhte Sinnlichkeit wahr, spüren Sie, daß Zeit und Raum unwesentlich werden, wenn die Vernunft Pause hat, wenn es nichts Wichtiges mehr gibt außer dem Menschen in Ihren Armen, nichts anderes als den Augenblick, der ebenso einmalig wie ewig ist.

Schlafen Sie eng umschlungen ein oder liegen Sie noch wach und sprechen Sie über die Dinge, die Menschen nur äußern, wenn sie einander sehr nahe sind.

21. Mai

Stellen Sie sich vor, wie Sie Ihren Traumpartner kennenlernen. Vielleicht werden Sie als Single von Ihren besten Freunden zum Essen eingeladen. Dort lernen Sie jemanden kennen, der Sie auf den ersten Blick fasziniert, zu dem Sie aber mit der Zeit immer mehr Zuneigung empfinden. Das mag an dem Lächeln liegen, mit dem er auf Ihre Fragen reagiert, oder an der Art, wie sie über ihren letzten Urlaub spricht. Vielleicht stellen Sie auch fest, daß Sie gemeinsame Interessen haben.

Stellen Sie sich vor, daß er Sie ein paar Tage später anruft. Er lädt Sie zum Essen in ein Restaurant ein, und Sie erkennen, daß er nichts überstürzt, daß er sich so verhält, wie Sie sich einen Mann wünschen.

Das Szenarium kann aber auch ganz anders aussehen. Vielleicht stellen Sie an Ihrem üblichen Kegelabend fest, daß der Club, der mittwochs zur selben Zeit drei Bahnen weiter trainiert, ein neues Mitglied hat. Sie sind von ihrem Aussehen ebenso beeindruckt wie von ihrem sportlichen Können. Und wenn Sie Ihre Partien beendet haben, gehen Sie nicht wie üblich mit den Sportfreunden noch ein Bier trinken, sondern warten auf sie, stellen sich vor und fragen, ob sie ohne Begleitung ist.

Dann gehen Sie in ein Café und stellen über einem Kaffee fest, daß Kegeln nur eine der vielen Interessen ist, die sie verbinden. Also fragen Sie, ob man sich wiedersehen könnte, und sie erwidert wie aus der Pistole geschossen: «Selbstverständlich. Wann?»

Die Vorstellung, Sie könnten jederzeit Ihren Traumpartner oder Ihre Traumpartnerin kennenlernen, ist keineswegs utopisch. Jede Situation ist denkbar. Und der Glücksfall tritt vermutlich eher ein, wenn Sie innerlich darauf vorbereitet sind.

22. Mai

Verzichten Sie aufs Fernsehen. Tun Sie so, als gäbe es das Fernsehen gar nicht, als hätten Sie noch nie davon gehört, als wären Sie gerade von einem anderen Planeten gekommen. Als wäre es unvorstellbar, daß Sie sich stundenlang vor eine Kiste setzen, die spricht und Bilder zeigt.

Versuchen Sie Ihre Mitbewohner ebenfalls zur TV-Abstinenz zu überreden. Falls Sie dabei auf Widerstand stoßen, seien Sie der Klügere: Räumen Sie das Feld, verlassen Sie die Wohnung.

Stellen Sie fest, wie es sich ohne die Passivität lebt, die der Fernsehkonsum mit sich bringt. Werden Sie aktiv. Übernehmen Sie die Initiative. Lesen Sie. Schreiben Sie. Fotografieren Sie.

Nein, auch keine Nachrichten. Es gibt keine. Sie sind auf sich gestellt. Sie müssen sich selbst unterhalten, da Ihnen niemand diese Aufgabe abnimmt.

23. Mai

Nehmen Sie ein Band für Ihren Enkel oder für ein Kind auf, das Sie vielleicht noch gar nicht kennen. Sie können das tun, auch wenn Sie erst sechzehn Jahre alt sind. Alter ist kein entscheidender Faktor. Es geht vielmehr um die Kommunikation mit einem Menschen, den es vielleicht noch gar nicht gibt, oder der zu jung ist, um schon Ihre Lebenserfahrung zu besitzen. Lassen Sie Ihr Enkelkind oder Ihr künftiges Enkelkind an dem Wissen teilhaben, über das Sie in Ihrer augenblicklichen Situation verfügen.

Sie können sich für Tonband oder Video entscheiden, ganz wie Sie wollen. Die Aufnahme braucht nicht lang zu sein. Setzen Sie sich hin und denken Sie darüber nach, was Sie jemandem, der das Band fünfzig Jahre später hört, vermitteln wollen.

Ist die Aufnahme fertig, verwahren Sie das Band an einem sicheren Ort. Falls Sie einen Safe oder ein Bankschließfach besitzen, deponieren Sie es dort. Erwähnen Sie es in Ihrem Testament, notieren Sie, wann es aufgenommen wurde und für wen es bestimmt ist.

24. Mai

Lassen Sie sich Visitenkarten drucken. Außerhalb des Geschäftslebens scheint dieser Brauch in Vergessenheit geraten zu sein. Oder kennen Sie jemanden, der private Visitenkarten besitzt? Sorgen Sie für ein Wiederaufleben dieser schönen Sitte. Lassen Sie sich Vorschläge für eine persönlich gestaltete Karte mit Namen, Adresse und Telefonnummer machen.

Eine Visitenkarte ist eine gute Möglichkeit, aller Welt zu sagen, wer Sie sind. Gestalten Sie Ihre Visitenkarte ganz individuell. Sie ist eine gute Möglichkeit, der Welt zu sagen, wer Sie sind und wo man Sie erreichen kann.

25. Mai

Schlafen Sie in einer ungewohnten Umgebung. Bei diesem Vorschlag ist vor allem Ihre Kreativität gefragt. Sie können für eine Nacht in ein Hotel, ein Motel, eine Pension, eine Jugendherberge oder zu Freunden ziehen. Sie können zelten, im Garten oder sogar auf dem Balkon schlafen. Sobald Sie sich für Ihr Ruhelager entschieden haben, packen Sie zusammen, was Sie brauchen – von der Zahnbürste bis zum Bettzeug.

Wie schläft es sich dort, wo Sie Ihr Haupt noch nie zur Ruhe gebettet haben? Wie fühlt sich die Unterlage im Vergleich zu Ihrer gewohnten Matratze an? Ist sie weicher oder härter? Quietscht das Bett? Wie gefallen Ihnen die Kissen? Gibt es Vorkehrungen für das morgendliche Bad oder die Dusche? Werden Sie geweckt, oder müssen Sie allein wach werden?

Das Schlafen an einem fremden Ort zwingt Sie dazu, an eine Reihe von Dingen zu denken, die Ihnen sonst ganz automatisch von der Hand gehen, die Sie für selbstverständlich halten.

26. Mai

Rollen Sie mit einem Baby auf dem Boden herum. Ziehen Sie die Schuhe aus und begeben Sie sich auf die Ebene des Kindes hinunter.

Sorgen Sie nicht durch Ihre Worte, sondern auch durch Ihre Körpersprache dafür, daß das Baby Sie für seinesgleichen hält. Es sollte verstehen, daß Sie in sein Reich gekommen sind, um genau das zu tun, was es am liebsten hat. Breiten Sie eine Matte oder eine Decke auf dem Fußboden aus und stellen Sie eine Musik an, die dem Baby gefällt.

Nehmen Sie Körperkontakte auf. Setzen Sie sich das Kind auf den Bauch, schwingen Sie es – sanft! – durch die Luft. Oder beugen Sie sich über das Kleine, sprechen Sie zärtlich mit ihm, streicheln oder kitzeln Sie es. Dann legen Sie Ihren Kopf ganz nahe an den des Babys, sehen Sie ihm lächelnd in die Augen und erkundigen Sie sich in dem hohen Tonfall, den die Kleinen lieben, ob ihm das alles auch gefällt.

Spielen Sie Fangen. Sobald das Kind davonkrabbelt, krabbeln Sie ihm nach. Bringen Sie es dazu, daß es seine Richtung ändert. Sollte das Kind keine Lust zum «Wegkrabbeln» haben, rollen Sie langsam mit ihm auf dem Boden herum, bis es vor Begeisterung kräht.

27. Mai

Speisen Sie im Freien. Stellen Sie sich vor, Sie wären in einem mediterranen Land, in dem das Essen unter freiem Himmel ganz selbstverständlich ist.

Laden Sie Freunde oder Verwandte ein. Bereiten Sie ein Essen zu, das Ihren finanziellen Mitteln entspricht. Vielleicht werden Sie ein wenig Käse, selbstgebackenes Brot, Obst und Wein servieren wollen? Wie schmeckt es Ihnen? Stellen Sie fest, daß Sie langsamer essen als sonst, daß Sie Ihre Umgebung intensiver wahrnehmen? Wie verläuft das Tischgespräch? Lebhafter als üblich?

Diese kleine Veränderung kann etwas Alltägliches zur Besonderheit machen, zu etwas Unvergeßlichem.

28. Mai

Hören Sie sich Live-Musik an. Gehen Sie mit einem Freund oder Ihrem Ehepartner irgendwohin, wo man Ihre Lieblingsmusik spielt. Sollten Sie heute kein Jazzlokal oder eine andere Örtlichkeit finden, in der Musiker auftreten, kümmern Sie sich um Karten für ein Konzert in naher Zukunft.

Sie können aber auch Ihre elfjährige Nichte bitten, Ihnen ihre neuesten Fortschritte auf der Geige vorzuführen, oder eine klavierspielende Freundin fragen, ob Sie nicht für Sie ein bißchen in die Tasten greifen würde.

Live-Musik bringt Sie näher an die Quelle der Kreativität. Sie können miterleben, wie Musik entsteht.

29. Mai

Vergeuden Sie nichts. Kaufen oder benutzen Sie nur das, was Sie wirklich brauchen, und achten Sie darauf, was Sie konsumieren, damit Ihr Verbrauch im Einklang mit der heutigen Aufgabe steht.

Sie können gleich nach dem Aufstehen beginnen. Drehen Sie den Wasserhahn zu, während Sie sich die Zähne putzen. Öffnen Sie ihn erst wieder, wenn Sie sich den Mund spülen wollen.

Knipsen Sie das Licht aus, bevor Sie einen Raum verlassen. Bringen Sie Papier, Kunststoff und Metalle möglichst noch heute zur Wiederverwertung. Organisieren Sie Mitfahrgelegenheiten für den Weg zur Arbeitsstätte.

Seien Sie sparsam in Ihrem Verhalten und mit Ihren Worten. Vergeuden Sie nicht Ihre Zeit – und auch nicht die Ihrer Mitmenschen.

30. Mai

Lassen Sie sich im Wasser treiben. Packen Sie ein kaltes Getränk und ein Sonnenschutzmittel ein, und suchen Sie Ihren Lieblingsbadeplatz auf. Es kann ein See sein, ein Fluß, ein Schwimmbad oder auch Ihr Swimmingpool. Springen Sie hinein und lassen Sie sich treiben.

Spüren Sie, wie Ihr Körper vom Wasser getragen wird. Entspannen Sie Ihre Muskeln, vergessen Sie alle möglichen Sorgen und bewegen Sie sich langsam und unbeschwert durch die Wellen. Versuchen Sie an nichts anderes zu denken als an das, was Ihnen gerade in den Sinn kommt. Lassen Sie Ihren Geist treiben wie Ihren Körper.

31. Mai

Beschreiben Sie etwas, das Sie lieben. Ihre Schilderung kann kurz und knapp, aber auch länger sein. Wichtig ist vor allem, daß Sie so intensiv an den Menschen, das Tier oder den Gegenstand denken, daß Sie Ihr Objekt ausführlich beschreiben können.

Wie würden Sie Ihre Katze schildern? Wie lang sind ihre Schnurrhaare? Welche Eß- und Schlafgewohnheiten hat sie? Wie reagiert das Tier auf Sie? Wie auf andere Menschen, Katzen oder Hunde? Hat sie es gern, auf den Arm genommen und gestreichelt zu werden? Ist ihr Fell kurz- oder langhaarig?

Was ist mit Ihrem Zweijährigen? Beschreiben Sie seine Größe, sein Aussehen, die Art, in der er sich bewegt, sein Kinderzimmer, seine Lieblingsspielzeuge und die Orte, an denen er sie liegenläßt. Welche Farbe hat seine Kleidung?

Juni

Die Sehnsucht nach dem Glück

Das Geheimnis des Glücks, nach dem jeder Mensch strebt, liegt beschlossen in der Erkenntnis unseres Selbst. Der Mensch strebt nach Glück, weil es sein ureigenstes Wesen ist. Die Sehnsucht des Menschen nach dem Glück entspringt dem Gefühl, etwas verloren zu haben, was zu ihm gehörte, was sein eigenes Selbst war, wenn er auch infolge eines Mangels an Glück, den seine Seele vom Moment ihrer Geburt an empfindet und der von Tag zu Tag zunimmt, vergißt, daß sein eigentliches Wesen Glück ist. Er glaubt, Glück lasse sich erwerben. Und da er es glaubt, sucht er unablässig und in allen Richtungen danach.

Schließlich erkennt er nach vielem Suchen und Irren, daß wahres Glück nicht aus sogenannten Vergnügungen besteht. Vergnügungen sind vielleicht der schwache Abglanz von wahrem Glück. In unserer Umgangssprache verwischen wir sehr oft den Unterschied zwischen Vergnügen und Glück. Ein Zeitvertreib, eine Unterhaltung, Belustigung – alles Dinge, die unsere Gedanken von unserer Verantwortung, von unseren Sorgen und Pflichten im Leben ablenken und uns einen Augenblick des Trostes verschaffen – lassen den Gedanken in uns aufkommen, sie seien Wege zum Glück. Und da wir sie nicht festhalten können, da wir oft erkennen, daß bei der Jagd nach einem sogenannten Vergnügen der Verlust größer ist als der Gewinn, beginnen wir den Weg zu suchen, der uns zum wirklichen Glück führt.

Das Geheimnis des Glücks ist unter der Hülle geistiger Erkenntnis verborgen. Und geistige Erkenntnis heißt, daß im

Menschenherzen ein immerwährendes Sehnen lebendig ist, etwas von seinem Ursprung, etwas von seinem eigentlichen, im tiefsten wesensmäßigen Zustand zu erfahren – von dem Zustand des Friedens und der Freude, der gestört worden ist und immer wieder gestört wird und nach dem man sich stets sehnt und sucht, nach dem zu suchen man nicht aufhören kann, bis schließlich der wahre Ursprung gefunden und verwirklicht ist.

1. Juni

Heben Sie jede Münze auf, die Sie finden. Keine sollte Ihnen zu klein sein. Selbst ein Pfennig verdient Ihre Beachtung.

Ihr Wohlstand hängt von Ihrem Verhalten im Umgang mit Geld ab. Und wenn Sie sich jedesmal bücken, um eine Münze aufzuheben, wenn Sie eine auf der Straße sehen, machen Sie damit aller Welt deutlich, daß Sie offen für finanziellen Zuwachs in jeder Form sind.

Sie werden überrascht feststellen, wieviel Geld man an einem Tag zusammenbekommen kann, wenn man nur die Augen offenhält. Pfennige werden sich schließlich in Zehner, Fünfziger, Markstücke und dann in Scheine verwandeln.

Sollten Sie ein unbehagliches Gefühl dabei haben, das Geld anderer Leute aufzuheben und zu behalten, dann geben Sie es Bedürftigen. Sorgen Sie auf diese Weise für eine sinnvolle Kapitalumverteilung.

2. Juni

Essen Sie nur frische Nahrung. Nehmen Sie sich die Zeit, Ihre Mahlzeiten ausschließlich mit Zutaten zuzubereiten, die weder aus Dosen, Packungen, Tüten, Flaschen oder aus der Tiefkühltruhe kommen. Erkunden Sie Möglichkeiten, Ihr Essen ohne

Öl, Butter oder Schmalz zuzubereiten. Das mag kompliziert klingen, wird es anfangs vielleicht auch sein, doch schließlich sind Sie mit Sicherheit ein Experte in der Zubereitung mit «originalen» Zutaten.

Natürlich bedeutet das, vor allem Obst, Gemüse und Getreide zu sich zu nehmen. Nutzen Sie Ihre Phantasie. Zeigen Sie sich kreativ. Bereiten Sie einen exquisiten Obstsalat mit Nüssen oder einer Handvoll Sesamkernen zu.

Achten Sie einmal darauf, wie Gemüse und Obst im Naturzustand aussieht, bevor Sie es zu sich nehmen. Atmen Sie die Vielfalt der Aromen und Düfte ein. Entdecken Sie die unterschiedlichen Formen und Farben, die die pflanzliche Nahrung bietet.

3. Juni

Färben Sie ein Kleidungsstück. Vielleicht gibt es in Ihrem Kleiderschrank ein Stück, das Sie besonders gern getragen haben, das fast so etwas wie ein guter Freund für Sie geworden ist, nun aber wegen seiner Farbe hoffnungslos aus der Mode ist. Färben Sie es. Ändern Sie sein Aussehen. Wenn Sie in einer Drogerie oder einem Warenhaus Textilfarbe kaufen und sich nach den Vorschriften auf der Packung richten, können Sie etwas völlig Neues schaffen. Selbstverständlich sind manche Stoffe leichter zu färben als andere, aber Sie werden sehr schnell herausfinden, daß man keineswegs immer viel Geld auszugeben braucht, um ein «neues» Kleidungsstück zu erhalten. Fast wie durch Zauber können Sie etwas Altes komplett verwandeln.

4. Juni

Werfen Sie Steine ins Wasser. Suchen Sie sich einen kleinen, ruhigen Teich in Ihrer Nähe und sammeln Sie auf Ihrem Weg dorthin alle Steine und Kiesel auf, die Ihnen gefallen.

Suchen Sie sich am Ufer ein ruhiges Fleckchen, nehmen Sie Ihren ersten Stein und werfen Sie ihn ins Wasser. Beobachten Sie seine Bahn, in der er auf sein Ziel zufliegt. Taucht er früher oder später ein, als Sie angenommen hatten? Hören Sie auf das «Plopp», mit dem er auf die ruhige Wasserfläche auftrifft. Achten Sie auf das Spritzen und die kreisförmigen Wellen, die sich ausbreiten, während er in die Tiefe sinkt.

Beobachten Sie jeden einzelnen Ihrer Würfe genau. Ähneln Sie einander, oder beschreibt ein Kiesel eine gänzlich andere Flugbahn als ein faustgroßer Stein, entwickelt er ein unverwechselbares «Eigenleben»? Beugen Sie sich vor und schleudern Sie einen flachen Stein möglichst tief über die Wasserfläche und achten Sie darauf, wie oft er kurz aufprallt, bevor er endlich verschwindet. Zählen Sie mit. Schaffen Sie es vier, sechs oder gar zehn Mal?

Vertiefen Sie sich in das Gefühl, nichts anderes zu tun zu haben als Steine ins Wasser zu werfen. Genießen Sie die angenehme Trägheit, die den Beginn des Sommers begleitet.

5. Juni

Gehen Sie zelten. Sie brauchen keine große Affäre daraus zu machen. Vermutlich wird Sie schon ein Wochenendausflug mit dem Auto oder Fahrrad der Natur näher bringen, als Sie es seit langem gewesen sind.

Packen Sie alles, was Sie brauchen, ins Auto, oder beladen Sie Ihr Rad damit. Falls Sie nicht über die nötige Grundausstattung verfügen, können Sie sie sich wahrscheinlich von Freunden ausleihen. Mit Schlafsack, Zelt, Kochgerät und einer Taschenlampe werden Sie vermutlich bereits auskommen. Mehr brauchen Sie nicht. Ganz gleichgültig, wo Sie auch wohnen: Sie werden nach kurzer Fahrt mit Sicherheit irgendeinen Campingplatz erreichen können. Und wenn Sie dann unter Bäumen, Vögeln und Sternen angekommen sind, wenn Sie die Stille umgibt, bauen Sie Ihr Zelt auf und kommen auch Sie zur Ruhe. Verabschieden Sie sich von jeder Hektik. Lassen Sie sich von der Umgebung gefangennehmen.

Lassen Sie sich mit allem Zeit, was Sie tun. Entwickeln Sie ein Gespür für den langsameren, bedachtsameren Rhythmus der Natur. Werfen Sie einen Blick zum Sternenhimmel, bevor Sie in Ihren Schlafsack schlüpfen und hinüber ins Land der Träume gleiten.

Beobachten Sie den Sonnenaufgang und trinken Sie dazu einen Becher heißen Tees.

6. Juni

Räumen Sie Ihren Kühlschrank und Ihren Vorratsschrank auf. Tun Sie für Ihre Lebensmittelvorräte genau das, was Sie im März für Ihre Kleidung getan haben. Überprüfen Sie jede Packung, jede Tüte, jede Dose und Flasche, und werfen Sie fort, was Sie nicht mehr verbrauchen werden.

Wenn Sie fertig sind, sollten Ihr Kühlschrank und Ihre Lebensmittelregale nur Dinge enthalten, die Sie mit Sicherheit essen oder trinken werden. Vielleicht wollen Sie aus Platzgründen ein paar Ihrer Senfgläser, Ölflaschen oder Salatsaucen ausmustern? Durchforsten Sie auch Ihre Tiefkühltruhe nach Dingen, deren Frischedatum abgelaufen ist, oder die Sie aus anderen Gründen nicht mehr essen werden. Werfen Sie sie weg und haben Sie keine Gewissensbisse. Das ganze Leben ist ein Zyklus, und auch Ihre ausgemusterten Lebensmittel kehren wieder zu ihrem Urzustand zurück. Nichts geht verloren auf dieser Erde, alles ist in den ewigen Kreislauf eingebunden.

7. Juni

Entwerfen Sie eine Glückwunschkarte. Das ist eine hervorragende Gelegenheit, endlich einmal das zu Papier zu bringen, was Sie einem anderen Menschen schon lange mitteilen wollten. Nehmen Sie sich die Zeit, sich ein paar Gedanken über den Betreffenden zu machen, um dann eine eigene Gratulationskarte zu entwerfen.

Sie können eine kleine Zeichnung auf eine Briefkarte skizzieren oder ein ganzes Gemälde entwerfen – ganz wie Sie wollen. Sie können die herkömmlichen Glückwunschkarten nachahmen oder Ihren ganz eigenen Stil entwickeln. Sie können sich auch für eine reine Schriftlösung entscheiden, vielleicht ein Gedicht zu Papier bringen oder einfach nur ein paar Worte schreiben, die Ihnen aus tiefster Seele kommen.

Bemühen Sie sich darum, daß dem Empfänger deutlich wird, wie intensiv Sie an ihn gedacht, wie sorgsam Sie Ihre Worte, Ihre Zeichnungen überlegt haben, bevor Sie sie zu Papier brachten.

8. Juni

Tauschen Sie mit jemandem ein Kleidungsstück. Fragen Sie einen Freund, eine Bekannte oder ein Familienmitglied, ob Sie mit ihm oder ihr für einen Tag ein Kleidungsstück tauschen können. Wählen Sie dafür einen Tag, an dem man auch bemerkt, daß Sie etwas tragen, was man an Ihnen noch nie gesehen hat, das vielleicht nicht einmal Ihr Stil ist.

Suchen Sie sich einen Tauschpartner aus, dessen modischen Geschmack Sie schätzen, und finden Sie heraus, was für ein Gefühl es ist, seine oder ihre Sachen zu tragen.

Das Tauschen von Kleidungsstücken erweitert Ihre Garderobe auf höchst einfache Weise. Es schafft eine Beziehung zu einem anderen Menschen, von der Sie beide Nutzen haben.

Und es verändert Ihre üblichen Gewohnheiten und erlaubt Ihnen Experimente, ohne daß Sie große Risiken eingehen müssen. Wenn Ihnen Ihr Spiegel sagt, daß Sie gut in dem aussehen, was Sie sich von Ihrer Freundin oder Ihrem Bekannten ausgeliehen haben, können Sie versuchen, es ihr abzukaufen oder ein ähnliches Stück neu zu erstehen.

9. Juni

Bereiten Sie eine Party vor. Überlegen Sie, welchen Anlaß Sie feiern möchten, und halten Sie die Ideen fest, die Ihnen dabei kommen. Legt ein Familienmitglied vielleicht ein Examen ab? Will sich jemand verloben? Heiraten? Stehen Jubiläen oder Geburtstage vor der Tür? Oder haben Sie einfach den Wunsch, endlich einmal mit allen guten Freunden zusammen zu sein?

Stellen Sie eine Gästeliste auf. Schreiben Sie auch die Leute auf, die Ihnen unter Umständen helfen können. Wie soll das Essen aussehen? In welcher Atmosphäre soll Ihre Party stattfinden? Wollen Sie unter Umständen sogar einen kleinen Maskenball veranstalten? Diskutieren Sie Ihre Vorstellungen möglichst mit anderen. Tauschen Sie Ideen aus. Rufen Sie sich die Feiern und Feste in Erinnerung, an denen Sie kürzlich teilgenommen haben. Was hat dabei besonderen Eindruck auf Sie gemacht? War es das Essen? Die Gastlichkeit? Die Gäste? Der Anlaß?

Versuchen Sie möglichst viel rechtzeitig vorzubereiten, damit Sie selbst auch Freude an ihrem Fest haben können. Rechnen Sie damit, daß etwa Dreiviertel der Zusagen auch eingehalten werden, und zeigen Sie sich nicht enttäuscht, wenn nicht alle erscheinen, auf die Sie gehofft haben. Jeder, der wirklich kommen will, wird auch da sein.

10. Juni

Widmen Sie sich Ihrer geistigen Gesundheit. Tun Sie so, als wären Sie krank. Stellen Sie sich vor, Sie wären zehn Jahre alt und würden aus ebenso nichtigen wie triftigen Gründen die Schule schwänzen. Bleiben Sie den ganzen Tag im Bett. Lesen Sie, sehen Sie fern, schlafen Sie ein bißchen – lassen Sie die Welt einmal ohne Sie fertigwerden.

Reagieren Sie nicht, wenn das Telefon klingelt. Machen Sie sich einen Tee und versuchen Sie, das Gefühl wiederzuentdekken, das Sie hatten, wenn Sie sich früher hin und wieder einmal vom Schulbesuch erholten.

Kümmern Sie sich heute nur um sich. Lassen Sie sich für alles Zeit. Stellen Sie sich vor, Sie seien tatsächlich unpäßlich. Ob Ihre Symptome dabei geistig oder physisch sind, ist völlig unerheblich. Sie dürfen sich zu nichts zwingen, weil sich Ihr Leiden sonst verschlimmern würde. Denken Sie daran, daß Sie sich vor allem vom Alltag erholen müssen, damit es Ihnen bald bessergeht.

11. Juni

Planen Sie ein Abenteuer. Überlegen Sie sich, wen Sie an Ihrem Abenteuer beteiligen wollen. Rufen Sie die Leute an, treffen Sie eine Verabredung, um mit ihnen über die Möglichkeiten zu sprechen, und fangen Sie dann an, die Einzelheiten zu planen.

Ihr Abenteuer kann ein bescheidener Spaziergang durch die Stadt sein oder eine erregende Fahrt im Fesselballon. Ein Abenteuer ist, was Sie dafür halten. Vor allem ist es etwas Ungewöhnliches, etwas, was Sie schon immer einmal tun wollten, etwas, was Sie sich nie zugetraut hätten, etwas, von dem andere Menschen finden, sie sollten es machen oder unterlassen.

Beim Start Ihres Abenteuers sollten Sie versuchen, nicht an

den Ausgang zu denken, sondern sich vor allem auf die Sache selbst zu konzentrieren. Wenn Sie eine Ihnen unbekannte Gegend Ihrer Stadt durchstreifen, achten Sie besonders auf die Szenerie, die Architektur, die Umgebung. Jederzeit können sich Ihnen die unerwartetsten Überraschungen präsentieren. Der «Trip» selbst ist nur die Summe jedes einzelnen Moments, den Sie erfahren.

12. *Juni*

Verzichten Sie auf jede Diät. Hören Sie auf, Ihrem Körper das zu verweigern, was er braucht, und finden Sie sich mit Ihrem Äußeren ab. Falls Sie ein paar Pfunde loswerden wollen, stellen Sie sich vor, Sie hätten bereits dieses Idealgewicht, und gestatten Sie Ihrem Appetit, sich ganz allmählich entsprechend umzustellen.

Exzessives Hungern vermittelt Ihrem Organismus die falschen Signale. Es sagt Ihrem Körper, er müsse seinen Bestand konservieren, um zu überleben. Das ist eine ganz natürliche Reaktion in schlechten Zeiten. Wenn Sie dann wieder normal essen, reagiert Ihr Organismus auf das Überangebot damit, daß er es für den Zeitpunkt speichert, an dem erneut Mangel herrschen könnte.

Extreme Diäten führen nur selten zum gewünschten Ergebnis. Sie neigen sogar dazu, genau das Gegenteil zu bewirken. Wenn Sie Ihr Idealgewicht anstreben, treiben Sie wenigstens dreimal wöchentlich Sport und essen Sie nur, wenn Sie wirklich hungrig sind.

Essen Sie langsam, damit Sie genau dann aufhören können, wenn Sie sich gesättigt fühlen, anstatt über diesen Zeitpunkt hastig immer mehr in sich hineinzustopfen, bis Ihr Körper endlich merkt, daß er genug hat. Vertrauen Sie Ihren Instinkten im Hinblick auf das, was Ihr Körper wirklich braucht, indem Sie sich vorzustellen versuchen, wie Sie sich fühlen werden, wenn Sie das gegessen haben, wonach es Sie verlangt. Und essen Sie nur das, worauf Sie wirklich Appetit haben.

13. Juni

Unternehmen Sie irgend etwas unbekleidet. Nacktbaden wäre die logischste Lösung. Lassen Sie sich von einer Freundin einladen, die einen Swimmingpool besitzt, suchen Sie sich einen abgelegenen See oder besuchen Sie einen Nacktbadestrand.

Nackt zu sein, führt Sie zu den Ursprüngen Ihres Lebens zurück, zu dem Tag, an dem Sie geboren wurden. Putzen Sie Ihre Wohnung oder Ihr Haus doch einmal nackt. Falls Sie sich zu einer so ungewöhnlichen Tätigkeit nur schwer durchringen können, versuchen Sie es wenigstens mit der Reinigung eines Raums.

Jede alltägliche Verrichtung erhält den Hauch des Ungewöhnlichen, wenn Sie sich ihr im Adams- oder Eva-Kostüm widmen. Gleichzeitig ist es eine großartige Chance, den Teil von Ihnen zu entdecken, der offen für Abenteuer und Verwegenheit ist, und sich Ihres Körpers zu erfreuen.

14. Juni

Machen Sie eine Liste Ihrer Freunde. Oder von den Personen, die Sie dafür halten. Denken Sie über die Motive nach, warum Sie gerade mit diesen Menschen befreundet sind. Prüfen Sie auf Ihrer Liste, ob es sich wirklich um Freunde handelt oder nur um Bekannte oder Zweckverbindungen.

Was wären Sie bereit, für Ihre Freunde zu opfern? Was würden diese Freunde Ihrer Meinung nach für Sie tun? Wieviel Zeit widmen Sie Ihren Freundschaften? Weise Menschen sagen, es sei schwierig, mehr als einen oder zwei wirklich gute Freunde zu haben. Das erscheint sehr wenig, doch wenn wir mehr auf Qualität als auf Quantität achten, erkennen wir schnell, daß wir uns immer nur einer begrenzten Anzahl von Menschen widmen können. Es gilt also zu vermeiden, zu viel Energie und Engagement in unwichtige Beziehungen zu investieren und sich klar zu werden, wer die wirklichen Freunde sind, warum sie es sind und ihnen all die Aufmerksamkeit zu schenken, die die Pflege einer Freundschaft verlangt.

15. Juni

Beschäftigen Sie einen Schüler oder Studenten in den Ferien. Falls Sie ein Geschäft haben, überlegen Sie doch mal, ob Sie nicht einen Schüler oder Studenten als Aushilfe engagieren wollen. Das kann während der ganzen Semesterferien sein, für eine Woche, tage- oder stundenweise – je nach Ihrem Bedarf. Damit geben Sie einem jungen Menschen die Möglichkeit, sich ein bißchen Geld zu verdienen, was dessen Selbstwertgefühl mit Sicherheit stärken wird.

Aber auch wenn Sie kein Geschäft haben, gibt es viele Möglichkeiten, einen Studenten oder Schüler zu beschäftigen. Er oder sie könnte Ihnen bei der Hausarbeit helfen, bei einem besonderen Projekt oder im Garten.

Babysitting ist eine ausgezeichnete Aufgabe für eine Aushilfe, aber es gibt auch noch viele andere Tätigkeiten, bei denen Hilfe vorstellbar ist. Die jungen Leute könnten Ihr Auto waschen, Dachboden, Keller oder Garage aufräumen, Gänge erledigen oder Ihnen sogar bei der Wohnungsrenovierung helfen.

Sorgen Sie dafür, daß die Bedingungen von Anfang an klar und unmißverständlich ausgehandelt werden. Es kann der gegenseitigen Beziehung nur nützlich sein, wenn Stundenlohn, Versicherungen und Arbeitszeiten ebenso geklärt sind wie Forderungen nach Pünktlichkeit und Arbeitsqualität.

Faire Arbeitsbedingungen von Ihrer Seite aus werden dem

jungen Menschen positive Erfahrungen für sein künftiges Leben vermitteln.

16. Juni

Beobachten Sie, wie bei Sonnenuntergang der Vollmond aufgeht. Dieses Phänomen können Sie nur zu diesem Zeitpunkt verfolgen, da es eine naturwissenschaftliche Gegebenheit ist.

Der Mond «rundet sich» allmonatlich. Sollte es also bewölkt sein oder sollten Sie gerade etwas anderes vorhaben, warten Sie auf den nächsten Vollmond. Suchen Sie sich rechtzeitig ein behagliches Plätzchen, an dem Sie es eine Weile lang aushalten können, bringen Sie vielleicht Ihre Kamera mit und blicken Sie gen Osten.

Konzentrieren Sie Ihren Blick auf den Horizont – genau dorthin, wo der Mond Ihrer Vermutung nach aufgehen wird. Anfangs wird Ihnen der Erdtrabant ungewöhnlich groß erscheinen. Ganz so, als hätte er sich für seinen Auftritt aufgeplustert. Sie werden sein Heraufkommen nicht verfolgen können, bis er sich ganz vom Horizont gelöst hat und am Himmel zu hängen scheint.

Während der Vollmond seinen Weg verfolgt, wird die Dämmerung herabsinken und der Himmel dunkel werden. Achten Sie einmal darauf, wie sich die Farben verändern, während im Westen die Sonne sinkt. Sie werden seltsam intensiv und die Schatten länger. Innerhalb kurzer Zeit wird der Vollmond seine normale Größe angenommen haben und so aussehen, wie Sie es von ihm gewohnt sind.

17. Juni

Bleiben Sie fair im Streit. Achten Sie bei jeder Auseinandersetzung darauf, daß Sie nicht unsachlich oder persönlich verletzend werden. Bleiben Sie beim Thema. Lassen Sie Ihre Reaktion auf Dinge, die andere in Ihrer Gegenwart tun, nicht von Ihren Gefühlen oder Emotionen beherrschen. Suchen Sie sich keinen Sündenbock für Ihre schlechte Stimmung. Lassen Sie Ihre Wut nicht an Unschuldigen aus.

Bemühen Sie sich bei allen Auseinandersetzungen darum, die Person von der Sache zu trennen. Verkneifen Sie sich jede abwertende oder gar beleidigende Bemerkung über deren Charakter, Absichten oder angebliche Motivationen.

Vermeiden Sie es, von «immer» oder «nie» zu sprechen. Es ist Ihr gutes Recht, Ihren Standpunkt zu verteidigen, aber Übertreibungen schaden nur und vergiften die Atmosphäre. Alles wird sehr viel einfacher, wenn Sie sich darum bemühen, in Ihren Formulierungen akkurat und aufrichtig zu sein.

Behalten Sie das «große Ganze» des Streitpunkts im Auge, verzetteln Sie sich nicht mit einer Vielzahl von mitunter lächerlichen Einzelheiten. Hören Sie sich die Argumente ihres Gegenübers sorgfältig an. Oft entstehen Probleme aus einer Verbitterung heraus, nicht ausreichend Gehör gefunden zu haben. Hören Sie also zu, und kommen Sie dann zu einem Entschluß. Worüber haben Sie sich eigentlich in Wahrheit erregt? War es den Streit wert?

Machen Sie es sich zum Grundsatz, jeden Streit vor dem Zubettgehen bereinigt zu haben. Und falls Sie mit jemandem im Clinch liegen, mit dem Sie nicht zusammen wohnen, stürmen Sie nicht wutentbrannt davon. Kommen Sie überein, die Auseinandersetzung zu einem anderen Zeitpunkt ruhig und sachlich fortzuführen und zu einem Ende zu bringen. Brechen Sie nichts übers Knie. Aber bestehen Sie darauf, daß die Angelegenheit nicht unter den Teppich gekehrt, sondern offen ausgetragen wird.

18. Juni

Arbeiten Sie vor neun Uhr morgens sowie nach fünf Uhr nachmittags. Nehmen Sie sich in der Zwischenzeit frei. Es ist durchaus möglich, daß Sie Ihr tägliches Arbeitspensum erledigen und trotzdem den Tag frei haben. Unter Umständen schaffen Sie dabei sogar mehr als an einem Ihrer üblichen Achtstundentage. Sie müssen nur entsprechend eingestellt sein.

Stehen Sie früh auf und beginnen Sie schon um sechs Uhr mit Ihrer Arbeit. Auch wenn es sich sicher ein bißchen schwierig gestaltet, um diese Uhrzeit geschäftliche Anrufe zu tätigen, so können Sie doch schriftliche Dinge erledigen, Unterlagen oder Berichte lesen oder Ihre berufliche Tätigkeit auch nur einmal grundsätzlich überdenken, um vielleicht zu innovativen Ideen zu kommen.

Machen Sie um neun Uhr Schluß. Stehen Sie einfach auf, packen Sie Ihre Arbeitsunterlagen zusammen, und genießen Sie Ihre Freiheit. Sie haben bereits 37,5 Prozent Ihrer Arbeitszeit hinter sich, also betrachten Sie es als Ihre Mittagspause. Sie können Ihre Freizeit verbringen, wie es Ihnen beliebt.

Nehmen Sie um fünf Uhr nachmittags Ihre Tätigkeit wieder auf. Sie werden sich frisch und ausgeruht fühlen, und da geraume Zeit seit Ihrer letzten Arbeit verstrichen ist, wird es Ihnen so vorkommen, als sei bereits ein ganz neuer Tag angebrochen.

19. Juni

Brechen Sie mit einer Gewohnheit. Die simpelste Veränderung kann Sie Ihr Leben in einem ganz anderen Licht sehen lassen. Sind Sie Raucher, dann verzichten Sie einen Tag lang auf jede Zigarette. Wenn Sie zuviel naschen, versuchen Sie zu lesen oder machen Sie jedesmal einen Spaziergang, wenn Sie sich versucht fühlen, nach den Salzstangen oder der Schokolade zu greifen. Gehen Sie ins Freie und genießen Sie die frische Luft. Falls Sie die Angewohnheit haben, beim Lesen jedesmal den Finger zu befeuchten, bevor Sie eine Seite umblättern, verzichten Sie darauf, auch wenn es schwerfällt.

Selbst wenn Ihre Angewohnheit durchaus gesund sein sollte – entsagen Sie ihr. Sollten Sie normalerweise fünf Kilometer am Tag laufen, setzen Sie sich irgendwo ganz still hin. Wenn Sie üblicherweise zum Frühstück ein Müsli mit Früchten und Nüssen zu sich nehmen, essen Sie frische Brötchen mit Konfitüre und trinken Sie einen Milchkaffee dazu. Falls es Ihre Gewohnheit sein sollte, an der Arbeitsstätte unverzüglich ein großes Lamento über die Betriebsatmosphäre zu beginnen und sich Kollegen gegenüber lautstark darüber zu beklagen, wie schlecht die Dinge laufen, wie unfähig die Betriebsleitung ist, dann ziehen Sie sich ausnahmsweise einmal ganz unauffällig zurück und lesen Sie statt dessen einen interessanten Zeitungsartikel.

Sobald Sie das Gefühl haben, in eine Gewohnheit zu verfallen, nur weil es Ihre Gewohnheit ist, halten Sie unverzüglich inne und tun Sie etwas ganz anderes. Denken Sie vor allen Handlungen nach, was Sie da eigentlich zu tun gedenken. Machen Sie sich einen Plan. Suchen Sie nach Alternativen. Zeigen Sie sich einfallsreich. Statt zwei Bier oder Cognac zu schlucken, wenn Sie von der Arbeit nach Hause kommen, holen Sie sich ein Glas Karottensaft und lösen Sie ein Kreuzworträtsel.

20. Juni

Erfinden Sie gemeinsam mit einem Kind eine Geschichte. Diese Geschichte sollte möglichst einen Bezug zur Welt des Kindes haben und nicht zu Ihrer.

Zunächst einmal sollten Sie über die geplante Geschichte miteinander reden. Diskutieren Sie über die handelnden Personen, das Milieu, den Ort und die Zeit, um die es gehen soll.

Sobald Sie sich darüber geeinigt haben, gehen Sie zu der Botschaft über, die Ihre Geschichte vermitteln soll. Welche Lehre soll Ihrer und der Ansicht des Kindes nach daraus zu ziehen sein?

Sorgen Sie dafür, daß Ihr Werk illustriert wird. Ihr kleiner Partner kann beispielsweise die Bäume und das Haus mit dem weißen Staketenzaun malen, während Sie Mama, Papa und die dicke schwarze Katze zeichnen. Formulieren Sie den Text gemeinsam. Überprüfen Sie das Ergebnis danach, daß sie es auch beide verstehen können. Dann heften Sie es zusammen und geben Sie Ihrem Buch einen Titel.

Achten Sie darauf, daß nicht Sie, sondern das Kind die Führung bei Ihrem Unternehmen übernimmt.

21. Juni

Lassen Sie sich eine Ware vergüten. Gibt es vielleicht einen Gegenstand, den Sie kürzlich zwar gekauft, aber nun nicht mehr haben wollen? Unter Umständen waren Sie sich anfangs gar nicht sicher, sind dann aber von der Verkäuferin oder dem Verkäufer dazu überredet worden? Bringen Sie die Ware zurück. Sie brauchen sie nicht zu behalten.

Selbst wenn das betreffende Geschäft aus Prinzip weder Waren zurücknimmt noch den Kaufpreis erstattet, sollten Sie darauf bestehen. Ob Sie Ihr Geld zurückbekommen oder nicht, ist nicht so wichtig. Entscheidend ist, daß Sie das Prinzip herausfordern, daß Sie sich nicht mit einseitig aufgestellten Regeln abfinden.

Tragen Sie in dem Geschäft oder Warenhaus Ihr Anliegen vor. Wenn Sie nach den Gründen gefragt werden, weshalb Sie die Ware nicht behalten wollen, erklären Sie, Sie hätten noch einmal über den Kauf nachgedacht und sich anders besonnen. Sie brauchten den Gegenstand im Grunde nicht. Sie hätten sich nur mal umschauen wollen und dann aus dem Impuls heraus unvernünftig gehandelt. Das Kleidungsstück oder der Gegenstand würde nicht passen, hätte die falsche Farbe und so weiter. Bleiben Sie beharrlich. Sagen Sie den Verkäufern, Sie hätten gern Ihr Geld zurück.

Sollten die Verkäufer daraufhin unwirsch werden, erklären Sie ihnen, falls sie Ihnen das Geld zurückgäben, hätte man in Ihnen einen loyalen Stammkunden und Sie würden auch Ihre Bekannten bewegen, es Ihnen gleichzutun.

Bleiben die Leute unzugänglich, sagen Sie ihnen nett, aber deutlich, daß Sie sie für Pfennigfuchser halten, für Krämer, die nicht zukunftsorientiert denken können. Haben Sie aber Erfolg, dann denken Sie über Ihr Verhandlungsgeschick nach und machen Sie sich klar, daß Sie an einmal getroffene Entscheidungen nicht sklavisch gebunden sind, falls diese sich als falsch herausstellen.

22. Juni

Lesen Sie einmal eine andere Tageszeitung. Sollten Sie ein Lokalblatt abonniert haben, dann kaufen Sie eine überregionale Zeitung. Falls Sie sich schon durch eine überregionale Gazette informieren lassen, greifen Sie zu einer ausländischen Zeitung. Es gibt eine unendliche Vielfalt an Printmedien, und jedes einzelne Blatt vermittelt Ihnen eine ganz eigene Sicht der Dinge.

Im Grunde gibt es keine wirklichen und wertfreien Nachrichten. Es kommt immer auf die Sicht der Dinge an. Wenn Sie immer nur eine Zeitung lesen, unterliegen Sie mit der Zeit den Meinungen und Anschauungen dieses Blattes. Sie lassen sich von ihm beeinflussen. Die Lektüre einer anderen Zeitung wird Sie in die Lage versetzen, die Welt und ihre Ereignisse durch eine ganz andere Brille zu betrachten.

Lesen Sie Ihre neue Zeitung sehr aufmerksam und achten Sie auf die Unterschiede zu Ihrem gewohnten Blatt. Vergleichen Sie die Auswahl der Themen und die Wichtigkeit, die ihnen eingeräumt wird. Überprüfen Sie, ob ein Thema in beiden Zeitungen ähnlich abgehandelt wird, oder ob Sie den Eindruck haben, von zwei völlig verschiedenen Ereignissen zu lesen.

23. Juni

Erzählen Sie jemandem Ihre Lebensgeschichte. Ihr Zuhörer kann Ihnen so nahestehen, daß er bereits vieles von dem kennt, was Sie zu berichten haben, kann aber auch ein völlig Fremder sein. Wählen Sie sich jemanden aus, der Ihnen sympathisch ist, dem Sie vertrauen, und von dem Sie wissen, daß er gern mehr über Sie erfahren würde.

Setzen Sie sich zuvor einen bestimmten Zeitrahmen. Da der nicht unendlich sein kann, müssen Sie wohl oder übel die Ereignisse herausgreifen, die Sie geprägt und zu dem unverwechselbaren Menschen gemacht haben, der Sie heute sind.

Viele Lebensphasen verdienen Aufmerksamkeit. Wie war Ihre Kindheit? Wie haben Sie Ihre Schulzeit erlebt? Wann haben Sie sich zum ersten Mal verliebt? Was waren Ihre ersten wirklich wichtigen Lebensentscheidungen? Wann haben Sie diese getroffen, und welche Konsequenzen hatten sie? Welche Menschen hatten den größten Einfluß auf Sie? Welche Zufälle haben Ihr Leben vielleicht entscheidend verändert? Sind Sie der Mensch geworden, der Sie werden wollten? Erfüllten sich Ihre Träume?

Wenn Sie Ihre Geschichte beendet haben, bitten Sie Ihren Zuhörer darum, seine eigene zu erzählen. Dann können Sie sich beide darüber unterhalten, wie unterschiedlich Ihrer beider Leben verlaufen sind.

24. Juni

Ergreifen Sie die Hand eines nahestehenden Menschen. Das kann Ihre Großmutter sein, ein Lieblingsonkel, Ihre Geliebte oder der beste Freund, Ihr Ehemann, Ihre Frau oder ein Kind. Sie sollten dabei aber nicht stumm bleiben. Den größten Vorteil aus diesem Beisammensein ziehen Sie, wenn Sie gleichzeitig um eine möglichst intensive Unterhaltung mit dem Menschen bemüht sind, dem Sie nahe sein wollen.

Einander bei der Hand zu halten, verbindet auf eine unaufwendige, aber bedeutsame Weise. Sie sind miteinander verbunden, und dennoch bleibt der größte Teil Ihres Körpers frei, seinem eigenen Rhythmus zu folgen. In anderen Kulturen berühren sich die Menschen häufig in der Öffentlichkeit. Es ist dort keineswegs unüblich, auch Männer Arm in Arm durch die Straßen laufen zu sehen – vertieft in angeregte Gespräche, deren Bedeutung sie durch häufige Berührungen unterstreichen.

Indem Sie einen anderen Menschen berühren, bestärken Sie Ihre Zuneigung zu ihm ebenso wie Ihre Wertschätzung für ihn und seine ähnlichen Gefühle für Sie. Derartige Gesten gestatten Ihnen, anderen näherzukommen, entspannter zu sein und etwas von dem Panzer abzulegen, der uns so oft von den anderen Menschen trennt.

25. Juni

Widmen Sie sich einer Forschungsaufgabe. Es braucht sich dabei keineswegs um eine bedeutende Sache oder etwas zu handeln, das Sie unbedingt wissen «müssen». Es kann sich um ein Thema handeln, das Sie schon immer interessiert hat, das Sie wegen Zeitmangel jedoch noch nie detaillierter erforschen konnten.

Nehmen wir an, Sie möchten ein paar Einzelheiten über ein bestimmtes Tier, eine historische Gestalt oder ein medizinisches Problem herausfinden. Dann gehen Sie doch einfach in eine Bibliothek, lassen sich beraten und die einschlägigen Nachschlagewerke geben. Erkundigen Sie sich nach Fachleuten auf dem von Ihnen gewünschten Gebiet und treten Sie, wenn möglich, mit ihnen in Verbindung.

Unter Umständen werden Sie sogar selbst zum Experten. Es könnte sein, daß Sie im Lauf der Zeit und nach Vertiefen in das Gebiet herausfinden, daß Ihre eigenen Beobachtungen, Forschungsergebnisse und Informationen im Widerspruch zur gängigen und anerkannten Meinung stehen, daß Sie durchaus eigene Beiträge zum Thema zu machen haben.

Oft ergibt sich der Wunsch nach größerem Wissen aus persönlichen Extremsituationen. Vielleicht muß sich Ihr Vater einer Herzoperation unterziehen und Sie möchten ausführliche Informationen über die möglichen Risiken sammeln. Rufen Sie entsprechende Leute an. Stellen Sie Fragen. Finden Sie möglichst viele Einzelheiten heraus. An einem bestimmten Punkt werden Sie feststellen können, daß Fachwissen die Grenzen engen Ressortwissens überschreitet und zur universellen Kenntnis wird.

26. Juni

Gehen Sie Beeren sammeln. Fragen Sie einen Gärtner oder Bauern, ob Sie beim Beerenpflücken helfen können, gehen Sie in den Wald oder suchen Sie eins der Felder auf, die in vielen Gegenden zum Pflücken freigegeben werden. Je nach Jahreszeit sind Erdbeeren, Himbeeren, Brombeeren oder Heidelbeeren buchstäblich in Ihrer Greifweite.

Zuhause können Sie die Früchte frisch essen, aber auch zu Gelee, Marmelade, Kuchen oder sogar Wein verarbeiten. Ihr Ausflug in die Beerenfelder hat Sie nicht nur der Natur und der Erde nähergebracht. Es war auch ein großer Spaß, der zusätzlich Ihren Vitaminhaushalt bereichert hat.

27. Juni

Tragen Sie einen Talisman. Suchen Sie sich etwas, das eine besondere Bedeutung für Sie hat. Es kann ein Ring sein, ein Medaillon, eine Münze, das Foto oder eine Haarlocke eines Menschen, der Ihnen besonders teuer ist. Jeder Gegenstand, mit dem Sie gute Gefühle oder Erinnerungen verbinden, ist für diesen Vorschlag geeignet.

Wenn Sie abends zu Bett gehen, danken Sie Ihrem Talisman dafür, daß er Sie den ganzen Tag behütet und dafür gesorgt hat, daß sich Ihre Wünsche erfüllen.

28. Juni

Denken Sie über Ihre «Giganten» nach. «Giganten» sind die Menschen, die den größten Einfluß auf Ihr Leben hatten, die zum richtigen Zeitpunkt da waren, als Sie ihren Rat oder ihre Hilfe am dringendsten brauchten.

In der Mitte des Lebens hat jeder Mensch etwa vier oder fünf «Giganten» kennengelernt. Falls es bei Ihnen weniger sein sollten, haben Sie unter Umständen den Einfluß anderer nicht richtig erkannt oder bewertet. Dann sollten Sie sich jene Zeitpunkte ins Gedächtnis zurückrufen, zu denen Sie sich verändert haben. Wer hat Ihnen damals nahegestanden? Aufgrund welcher Begegnungen haben Sie Ihre Meinungen und Ansichten gebildet? Wer hat Sie beeinflußt?

Überlegen Sie, ob Sie über Ihre «Giganten» hinausgewachsen sind. Haben Sie deren Ratschläge und Lehren genutzt, um sich ein unverwechselbar eigenes Leben aufzubauen? Können Sie sich vorstellen, heute ganz andere Ansichten als einer Ihrer «Giganten» zu vertreten, obwohl es einmal eine Zeit gab, in der Sie buchstäblich an seinen oder ihren Lippen hingen?

Versuchen Sie, neue «Giganten» zu finden, die Ihrer augenblicklichen Lebenssituation entsprechen, die Sie bereichern können.

29. Juni

Treten Sie einer Organisation oder einem Verein bei. Es kann sich dabei um eine lokale Interessengemeinschaft oder die örtliche Niederlassung einer überregionalen Organisation handeln, aber auch um einen Verein, der eine Beziehung zu Ihrer früheren Schule, Ihrem Beruf oder Ihren Hobbys hat.

Der Beitritt zu einer Organisation kann Sie mit gleichgesinnten Menschen zusammenbringen. Sie werden vielleicht überrascht sein, wie viele Menschen so denken wie Sie selbst; Sie könnten aber auch herausfinden, daß bei einem komplexeren Themengebiet Ihre Anschauungen ganz andere sind als die der anderen Mitglieder.

Erkundigen Sie sich nach der Struktur der Organisation. Welche Ziele hat die Vereinigung? Wie hoch ist die Aufnahmegebühr? Welche Vorteile haben Sie durch einen Eintritt? Welche Tradition und Geschichte hat sie? Unterhalten Sie sich mit einem der anderen Mitglieder und verschaffen Sie sich einen Eindruck über die Seriosität des Vereins oder der Organisation.

Überlegen Sie sich, wieviel Zeit Sie der Interessengemeinschaft widmen können. Sind Sie bereit, dort eine aktive Rolle zu übernehmen?

Entscheidend ist Ihr Beitritt zu einer Organisation, nicht das Ausmaß Ihrer Aktivität. Die Mitgliedschaft in einer Interessengemeinschaft ist ein Schritt zur Selbstidentifikation.

30. Juni

Erledigen Sie jede Kleinigkeit, jeden Handgriff so bewußt und sorgfältig wie möglich. Ein alter Spruch sagt: «Es kommt nicht darauf an, welche Arbeit wir tun, sondern wie wir sie tun.» Was auch immer wir mit vollem Einsatz tun, gibt uns ein Gefühl der Zufriedenheit.

Erledigen Sie heute also auch die kleinste Kleinigkeit ganz bewußt und so, als wäre sie von größter Wichtigkeit. Da sich unser Alltag aus vielen Kleinigkeiten zusammensetzt, wird Ihnen am Ende des Tages auffallen, wie viel Sie heute getan haben, und das wird Sie in eine zufriedene und glückliche Stimmung versetzen.

Juli

Atmen als Lebenskraft

Nur wenige Menschen achten genügend auf ihre Atmung. Sie halten sie – wie viele andere Dinge im Leben auch – für selbstverständlich. Das Atmen ist sowohl eine Lebensnotwendigkeit wie auch ein Symbol für das Leben, für Erneuerung, für Wiedergeburt. Jedesmal, wenn wir unsere Lungen füllen, werden wir in gewissem Sinne wiedergeboren. Der Atem ist auch eine Metapher für die Erneuerungen, derer sowohl unsere Körper als auch unser soziales Ich bedürfen.

Glück als sehr reale Folge bewußter Handlungen hat eine physische Komponente, und die hängt mit unserer Atmung zusammen. Warum haben wir mitunter das Gefühl, daß uns Furcht oder Angst die Kehle zuschnüren, den Atem nehmen? Ist es reiner Zufall, daß wir in Zeiten, in denen wir tief unglücklich sind, nicht voll durchatmen können?

Glücksempfinden ist eine fundamentale menschliche Eigenschaft, und wenn Sie glücklicher sein oder werden wollen, sollten Sie sorgsam auf Ihre Atmung achten. Sie könnten damit beginnen, indem Sie sich mehrmals am Tag für kurze Zeit bewußt machen, wie Sie atmen. Stellen Sie fest, welche Empfindungen Sie beim Ein- und Ausatmen haben. Schon dieses Bewußtmachen kann Ihnen ein neues Lebensgefühl vermitteln. Ein ganz neuer Prozeß sinnlicher Erfahrungen wird einsetzen.

Eine gesunde und tiefe Atmung erzeugt Klarheit. Und Klarheit des Geistes, der Empfindungen, der Absichten kann zur Grundlage Ihrer Gesundheit werden. Viele Dinge hängen davon ab – positive Erfahrungen, Glücksmomente, ein selbstbewußtes, eigenverantwortetes Leben. Eine gesunde und tiefe Atmung versetzt Sie in die Lage, die unentbehrliche Lebenskraft jedes einzelnen Augenblicks voll in sich aufzunehmen.

1. Juli

Beginnen Sie ein Gespräch mit einem Nachbarn. Achten Sie darauf, daß es sich dabei um jemanden handelt, mit dem Sie sich zuvor noch nie richtig unterhalten haben. Falls Sie bereits einen regen Gedankenaustausch mit Ihren Nachbarn links und rechts pflegen, dann gehen Sie eine Tür weiter oder zu dem Einfamilienhaus gegenüber, um Ihren Nachbarn kleine Komplimente über deren schönen Garten, ihre reizenden Kinder oder ihren netten Zwergschnauzer zu machen.

Wenn Sie in einem Apartment- oder Miethaus wohnen, klingeln Sie an der Wohnung neben, unter oder über Ihnen, stellen Sie sich vor und beginnen Sie ein Gespräch. Unterhalten Sie sich über Ereignisse oder die Einkaufsmöglichkeiten in der Umgebung. Sie können aber auch durchaus persönlicher werden, wenn sich die Gelegenheit dazu ergibt. Fragen Sie Ihre Nachbarn, wo sie zuvor gewohnt haben, erzählen Sie von sich und Ihrer Familie, berichten Sie von Straßenfesten oder anderen Veranstaltungen in der Nähe, von denen Sie erfahren haben.

Laden Sie Ihren Nachbarn oder Ihre Nachbarin auf eine Tasse Kaffee oder Tee, ein Glas Limonade oder Bier zu sich ein. Versuchen Sie, den Leuten, die Ihnen am nächsten wohnen, auch menschlich näherzukommen. Bemühen Sie sich darum, die Mauern der Anonymität und der Isolation einzureißen.

2. Juli

Berufen Sie eine Haushaltskonferenz ein. Vereinbaren Sie mit Ihren Familienmitgliedern und Mitbewohnern einen Termin, und nehmen Sie sich genügend Zeit, damit jeder seine Meinung zu den Themen äußern kann, die Sie alle betreffen.

Bitten Sie einen aus Ihrer Runde, bei allen Teilnehmern Vorschläge zur Tagesordnung einzuholen. Sorgen Sie dafür, daß die Tagesordnung mindestens einen Tag vor dem Treffen allen zugänglich gemacht wird. Die Themen brauchen keineswegs von weltbewegender Wichtigkeit zu sein, sie sollten jedoch für alle Mitbewohner von einigem Interesse sein.

Ernennen Sie zu Beginn der Konferenz einen Teilnehmer zum Diskussionsleiter. Es empfiehlt sich, zunächst die weniger wortgewaltigen Familienmitglieder sprechen zu lassen, damit sie nicht etwa von den rhetorisch mehr begabten allzusehr beeinflußt werden können.

Achten Sie darauf, daß jeder angehört wird und sich frei äußern kann. Einigt man sich auf bestimmte Maßnahmen, sorgen Sie dafür, daß sich jeder einzelne Teilnehmer über deren Bedeutung im klaren ist und weiß, welche Pflichten da unter Umständen auf ihn zukommen.

Bei einer solchen Konferenz geht es vor allem darum, für alle Mitglieder eines Haushalts wichtige Themen offen zu diskutieren.

3. Juli

Seien Sie optimistisch. Betrachten Sie das Leben von der positiven Seite, unabhängig davon, was andere Menschen sagen. Vertrauen Sie darauf, daß sich alles zum Guten wenden wird – für Sie persönlich, für andere, für die Welt ganz allgemein.

Lassen Sie sich nicht beirren. Falls man Ihnen vorhält, Sie wären übertrieben optimistisch, antworten Sie, zu optimistisch könne man gar nicht sein, weil jede Erfahrung – selbst eine unangenehme – auch zu etwas Positivem führen kann.

Was ist es für eine Empfindung, nur Gutes zu erwarten? Ist es ein unbekanntes Gefühl? Ein vertrautes? Fällt es Ihnen leicht? Schwer? Halten Sie es für unmöglich? Wie reagiert Ihre Umgebung, wenn Sie in allem nur das Positive sehen? Zählen Sie mit, wie oft Ihnen gesagt wird, Sie seien hoffnungslos unrealistisch.

4. Juli

Tun Sie etwas ganz auf eigene Faust. Fassen Sie einen Entschluß und führen Sie ihn aus, ohne mit jemandem darüber zu reden. Das kann sein, daß Sie sich die Haare abschneiden oder wachsen lassen, daß Sie ganz allein in ein Theater, Kino, eine Ausstellung gehen, Erkundigungen über eine andere Stellung einziehen oder etwas kaufen, worüber Sie noch nie mit jemandem gesprochen haben. Tun Sie es spontan und ohne die Meinung anderer einzuholen.

Es wird Ihnen zeigen, wie unabhängig Sie wirklich sind und daß Sie von Ihrer Freiheit Gebrauch machen können, auch ohne das Einverständnis anderer zu fühlen oder zu haben. Das gesteigerte Selbstwertgefühl, das Ihnen daraus erwächst, wird zu Ihrem Glück und Ihrer Zufriedenheit beitragen.

5. Juli

Machen Sie mit Hilfe eines Buches einen Ausflug in ein anderes Land. Denken Sie darüber nach, welches Land Sie fasziniert, welches Sie schon immer einmal besuchen wollten oder über welches Sie praktisch gar nichts wissen. Leihen oder erwerben Sie ein Buch, in dem dieses Land und seine Bevölkerung informativ geschildert und mit möglichst vielen Abbildungen vorgestellt wird.

Auch ein kurzer Geschichtsabriß könnte viel zu Ihrem Verständnis des Landes beitragen.

Wählen Sie ein Buch aus, das, unabhängig von der Größe des Landes, auf die regionalen Unterschiede eingeht. Vielleicht entscheiden Sie sich auch für eines, das Informationen über die Sprache bereithält, nebst einigen typischen Redewendungen und Grußformen.

Es ist völlig unerheblich, wie bekannt oder unbekannt «Ihr» Land ist. Was wissen Sie beispielsweise über Botswana? Ist Ihnen bekannt, welches seine offizielle Sprache ist und wann es seine Unabhängigkeit erhalten hat? Entscheidend für Ihren Ausflug ist, daß Sie sich so intensiv in die Schilderung eines fremden Landes vertiefen, daß Sie das Gefühl haben, bereits dort zu sein.

6. Juli

Veranstalten Sie einen Liederabend. Laden Sie ein paar Leute ein und sorgen Sie dafür, daß wenigstens einer aus Ihrer Gruppe ein Instrument spielt. Eine Gitarre, ein Klavier oder ein Akkordeon wären vermutlich am besten. Aber auch eine Geige erfüllt ihren Zweck.

Auf Ihrem Liederabend wird vermutlich derjenige die Melodien auswählen, der das Instrument spielt. Er sollte sich dabei möglichst an Lieder halten, die allgemein bekannt sind, damit jeder mitmachen kann. Schlager oder Volkslieder sind wahrscheinlich am populärsten, aber wenn Ihr Instrumentalist firm in Gregorianischen Gesängen ist – nur zu!

Sorgen Sie dafür, daß sich jeder Ihrer Gäste im Rahmen seiner Wünsche und Möglichkeiten an Ihrem Liederabend beteiligt. Versichern Sie den Teilnehmern, daß dabei keineswegs stimmliche Talente bewertet werden sollen, sondern daß es ausschließlich um die gemeinsame Freude am Singen geht.

7. Juli

Machen Sie zwei Menschen miteinander bekannt. Sicher kennen Sie in Ihrem Bekannten- oder Freundeskreis einen oder mehrere Singles, die das Alleinsein satt haben. Überlegen Sie, wie Sie diese «Solisten» zusammenspannen können.

Fragen Sie Ihre Freundin oder Ihren Bekannten, ob Sie ihr oder ihm jemanden vorstellen dürften, der ihr gefallen könnte.

Raten Sie Ihren Bekannten, sich ganz natürlich zu verhalten, mögliche Vorurteile oder Bedenken beiseite zu stellen, um die neue Bekanntschaft unvoreingenommen auf sich wirken zu lassen. Fordern Sie beide Seiten auf, mehr auf die inneren Werte als auf oberflächliche Wesenszüge, mehr auf ihre Empfindungen im Zusammensein mit der neuen Bekanntschaft zu achten als auf deren Äußeres.

Zwei Menschen miteinander bekanntzumachen, die sich dann auch ineinander verlieben, kann ein unbeschreibliches Glücksgefühl vermitteln. Auch auf diesem Gebiet macht die Übung den Meister, also üben Sie.

8. Juli

Sagen Sie «ja», wenn Sie «ja» meinen, und «nein», wenn Sie «nein» meinen. Widerstehen Sie jeglicher Versuchung, gegen Ihre tatsächlichen Wünsche zu handeln.

Wenn Sie eigentlich ablehnen wollen, sich aber unter Druck gesetzt fühlen und zu einer Zusage neigen, sagen Sie trotzdem entschieden «nein». Die Fähigkeit zum Neinsagen ist ein wichtiger Schritt auf dem Weg zur wirklichen Lebensfreude.

Sagen Sie andererseits aber auch «ja», wenn Sie «ja» meinen. Kümmern Sie sich nicht darum, was andere zu Ihrer Entscheidung sagen könnten. Spielen Sie das Spiel nach Ihren

Regeln. Ja sagen zu können ist für Ihre Entwicklung zur unabhängigen Persönlichkeit ebenso wichtig wie die Befähigung zum Neinsagen.

9. Juli

Essen Sie Ihrer Stimmung entsprechend. Haben Sie das Gefühl, sich etwas Gutes tun zu müssen? Machen Sie sich eine Tasse heißen Tee und essen Sie einen Teller nahrhaften Müslis. Ist Ihnen nach Leidenschaft und Liebe? Entkorken Sie eine Flasche Sekt, legen Sie Ihre Lieblingsplatte auf und schneiden Sie den geräucherten Lachs an.

Sind Sie so munter, daß Sie sich fast überdreht vorkommen? Essen Sie indisch – so scharf gewürzt, wie Sie es ertragen. Fühlen Sie sich ruhe- und rastlos? Knabbern Sie eine Mohrrübe, eine Selleriestange oder ein paar Salzbrezeln. Die Kaubewegung wird Ihre Energien zügeln. Falls Sie das Gefühl haben, ruhiger werden zu müssen, machen Sie sich eine Gemüsesuppe oder einen Teller weiße Bohnen.

Möchten Sie etwas in den Griff bekommen? Beißen Sie in ein dickes Sandwich oder eine saftige Regensburger Wurst. Wollen Sie ein bißchen unbeschwerter sein? Gehen Sie in die Küche und bereiten Sie sich einen leichten Salat zu.

Indem Sie Ihre Stimmungen und Empfindungen mit entsprechenden Nahrungsmitteln betonen, beweisen Sie sich selbst, wie sehr das, was Sie essen, von Ihren aktuellen Gefühlen abhängt – und umgekehrt.

10. Juli

Verschaffen Sie sich Bewegung. Fahren Sie an einen See und schwimmen Sie weit hinaus. Besuchen Sie einen Vergnügungspark und machen Sie eine Fahrt auf der Achterbahn oder

– wenn es Ihr Magen verträgt – mit der Walzerbahn. Springen Sie auf einem Trampolin auf und ab. Strampeln Sie so schnell wie möglich auf dem Fahrrad oder Hometrainer. Rennen Sie, bis Sie nicht mehr können.

Lassen Sie den Wind um Ihren Körper streichen. Setzen Sie sich der Schwerkraft aus, die Ihre Höhenflüge bremsen will. Passen Sie sich der Erdumdrehung an.

Mit ausreichendem Training und genügender Erfahrung können Sie auch drachenfliegen oder windsurfen. Kosten Sie die Erregung des Augenblicks voll aus, lassen Sie aber auch die nötige Umsicht walten und halten Sie sich an eventuelle Vorschriften.

11. Juli

Planen Sie, alte Freunde zu besuchen. Rufen Sie jemanden an, den Sie in guter Erinnerung haben, und erkundigen Sie sich, ob Sie nicht für ein paar Tage zu ihm kommen können. Nehmen Sie sich vor, keinesfalls länger als drei Tage zu bleiben, denn Gäste und Fische fangen nach drei Tagen an zu stinken ...

Lassen Sie nach Ihrer Ankunft sich die Dinge ganz natürlich entwickeln. Beschwören Sie die alten Zeiten nicht mit Gewalt herauf. Warten Sie darauf, daß sich die alte Vertrautheit von alleine wieder einstellt. Stellen Sie sich auf Ihre Gastgeber ein, passen Sie sich ihrem Tagesablauf und Lebensrhythmus an.

Laden Sie sie am nächsten Abend zum Essen in ein Restaurant ein. Zeigen Sie sich dankbar für ihre Freundschaft und dafür, daß man Sie aufgenommen hat. Machen Sie ein kleines, aber wohlüberlegtes Gastgeschenk.

War Ihr Besuch ein Erfolg, laden Sie Ihre Gastgeber beim Abschied zu einem Gegenbesuch ein. Ist Ihr Aufenthalt jedoch weniger erfolgreich, danken Sie Ihren früheren Freunden für ihre Gastfreundschaft und denken Sie darüber nach, welche andere alte Bekanntschaft Sie demnächst einmal durch einen Besuch auffrischen könnten.

12. Juli

Gehen Sie sanft und nachsichtig mit sich um. Sie machen Fehler? Klagen Sie sich nicht dafür an, sagen Sie sich, daß Sie ruhig Fehler machen dürfen, ohne dafür auf Strafe oder Buße warten zu müssen.

Sie haben etwas vergessen? Kein Gedächtnis ist unfehlbar, warum sollte es das Ihre sein? Sie finden sich zu dick, dünn, alt, häßlich, egoistisch, launisch, unliebenswert? Schieben Sie das sofort beiseite und preisen Sie laut die Vorzüge, die Sie haben. Nur wer sich selbst liebt und akzeptiert, kann das auch von anderen erwarten.

Sanft zu sich selbst zu sein bedeutet nicht Unaufrichtigkeit, sondern die Realität mit all den Schmerzen, die damit verbunden sind, zu akzeptieren und sich selbst würdig zu behandeln. Man kann das lernen und üben. Beginnen Sie heute damit.

13. Juli

Bitten Sie zum Fünf-Uhr-Tee. Das kann ein *Tea for two* werden, aber auch ein Nachmittag für sechs oder acht Freunde, mit denen Sie sich regelmäßiger treffen. Sollte es im Moment keinen Menschen in Ihrem Leben geben, mit dem Sie diese blaue Stunde teilen wollen, dann sind Sie eben Ihr eigener Gast. Verwöhnen Sie sich ein bißchen.

Decken Sie den Tisch mit Ihrem feinsten Porzellan, dem besten Besteck. Vergessen Sie auch Blumen und Kerzen nicht. Bereiten Sie verschiedenartige, besonders leckere kleine Sandwiches zu. Kaufen Sie Croissants, Kuchen und Petits fours. Stellen Sie Marmeladen, Gelees und Honig auf den Tisch. Servieren Sie ausgesuchten Tee mit Milch, Sahne, Zucker, Zitrone. Sorgen Sie für ein Rechaud, damit Sie nicht für jede neue Tasse in die Küche laufen müssen.

Achten Sie auf den Verlauf der Unterhaltung. Versucht jemand, das Gespräch an sich zu reißen? Beteiligen sich alle an der Unterhaltung? Reden Ihre Gäste mehr über positive oder über negative Dinge? Sprechen Sie vor allem von und über sich selbst? Über andere? Diskutiert man über höhere Ziele und Vorhaben?

Fragen Sie zum Schluß Ihres Fünf-Uhr-Tees, ob nicht einer aus der Runde Lust hat, der nächste Gastgeber zu sein.

14. Juli

Widmen Sie diesen Tag Ihrer demokratischen Gesinnung. Sie erinnern sich, am 14. Juli 1789 stürmten die aufgebrachten französischen Bürger in Paris die Bastille, um die verhaßte Feudalherrschaft abzuschütteln. Zeigen Sie an diesem Tage ganz offen Ihre demokratische Gesinnung. Bevorzugen Sie bei der Wahl Ihrer Kleidung die Farben der Trikolore – blau, weiß und rot. Und sprechen Sie mit Ihren Arbeitskollegen über die Forderungen der Revolution: Freiheit, Brüderlichkeit, Gleichheit. Das ist nötig in heutiger Zeit, denn viele Menschen werden momentan gar nicht so gerne an diese Grundlagen unseres Zusammenlebens erinnert. Stellen Sie sich an die Spitze der Aufklärungsarbeit. Doch begehen Sie diesen Tag darüber hinaus auch im französischen Sinn. Bieten Sie Ihren Freunden einen guten Rotwein an, benutzen Sie mal wieder Ihr Chanel No. 5, und die Raucher dürfen sich eine Gauloise anstecken.

15. Juli

Informieren Sie sich über alternative Heilmethoden. Überlegen Sie, ob Sie bei kleineren Beschwerden nicht Hilfe abseits der Schulmedizin suchen sollten.

Falls Sie unter chronischen Beschwerden leiden, die niemand so recht diagnostizieren kann, suchen Sie doch einmal einen Heilpraktiker auf, der Erfahrungen auf dem Gebiet der Akupunktur, der Chiropraktik und mit verschiedenen homöopathischen Therapien oder Massagen hat, für den Rolfing, Feldenkrais oder Heller keine Fremdwörter sind.

Verhalten Sie sich dem Heilpraktiker gegenüber so wie jedem «herkömmlichen» Arzt. Erklären Sie Ihre Symptome und fragen Sie ihn, ob er Ihnen helfen kann. Versuchen Sie, seine Persönlichkeit kennenzulernen. Achten Sie darauf, ob Sie sich in seiner Anwesenheit wohl fühlen.

16. Juli

Stellen Sie Ihre Möbel um. Wenn Sie der Rappel packt, können Sie Ihre ganze Wohnung, ihr gesamtes Haus auf den Kopf stellen. Sind Sie mehr für kleine Schritte, dann versuchen Sie es zunächst einmal mit einem Raum. Geben Sie ihm ein ganz neues, ungewohntes Aussehen.

Sie können Ihre Umgestaltung sorgfältig planen, aber auch ganz spontan zu Werke gehen. Beginnen Sie mit dem kleinsten Möbelstück. Geben Sie ihm einen neuen Platz und prüfen Sie die Wirkung. Gefällt sie Ihnen, gehen Sie zum nächsten Stück über. Stellen Sie nach und nach einen Sessel, eine Lampe, ein Sofa um – schon bald haben Sie ein ganz anderes Zimmer.

17. Juli

Genießen Sie die Dunkelheit. Suchen Sie sich irgendwo einen ruhigen Platz, wo Sie die Stille der Nacht auf sich wirken lassen können. Sie können ins Freie gehen, aber auch in Ihren vier Wänden bleiben. Entscheidend ist, daß Sie mit Ausnahme der Sterne und des Mondes auf jede Lichtquelle verzichten.

Wie fühlen Sie sich in der Dunkelheit? Ist die Stille tatsächlich still? Spricht sie zu Ihnen? Wie spricht sie? Laut oder leise? Hören Sie draußen im Freien die Geräusche der sommerlichen Natur? Hören Sie Grillen zirpen, Frösche quaken, den Nachtwind? Sind da Geräusche und Klänge in der Wohnung, die nur in der Dunkelheit hörbar werden?

Welche Empfindungen haben Sie allein in der Finsternis? Ist sie beängstigend oder beruhigend? Könnten Sie sich an die Dunkelheit gewöhnen?

18. Juli

Lassen Sie das Kind in sich zu Worte kommen. Ganz egal, wie alt wir sind, das Kind in uns lebt immer noch. Wenn wir dieses Kind akzeptieren, lieben, in Ehren halten, heißt das, daß wir auch den Menschen ehren und lieben, der wir heute sind.

Hören Sie auf die Stimme des Kindes in sich? Geben Sie ihr manchmal nach oder übertönen Sie sie mit «Erwachsenengetöse»? Tun Sie manchmal, was dieses Kind verlangt? Will es Liebe, spielen, gestreichelt werden, mit den Füßen stampfen?

Geben Sie heute bewußt dem nach, was «Ihr» Kind tun möchte. Genieren Sie sich nicht, auch wenn Sie in ungewöhnliche Situationen geraten. Vielleicht bringt Sie das dem Kind in sich, diesem wichtigen Teil Ihrer Persönlichkeit, wieder näher.

19. Juli

Werden Sie sinnlich. Falls Sie noch nie Tango getanzt haben, tun Sie's heute. Falls Sie ein Eau de Cologne stets als unmännlich abgelehnt haben, baden Sie darin. Bringen Sie sich in eine sinnlich-romantische Stimmung Ihrem Ehepartner, Ihrer Freundin oder sich selbst gegenüber.

Heute ist genau der richtige Zeitpunkt, sich schwarzsilberne Boxershorts zu kaufen, zum Abendessen Champagner zu trinken, jede brave Bürgerlichkeit fahrenzulassen. Denken Sie darüber nach, was Sie unter Intimität verstehen. Was bedeutet sie Ihnen? Schätzen Sie sie? Ist in Ihrem Leben genug Platz dafür? Oder haben Sie Defizite?

20. Juli

Besuchen Sie eine Nachmittagsvorstellung. Erleben Sie das Ungewöhnliche eines Kinobesuchs zu ungewöhnlicher Zeit. Statt um acht Uhr oder halb neun abends ins Filmtheater zu gehen, besuchen Sie die Vorstellung um zwei oder drei Uhr nachmittags.

Achten Sie beim Betreten des Kinos darauf, wie locker und entspannt die Atmosphäre ist, wie wenige Besucher sich eingefunden haben. Obwohl Sie schon oft in diesem Kino gewesen sind, herrscht eine ganz andere Atmosphäre. Kaufen Sie sich eine Tüte Gummibärchen oder ein Eis.

Suchen Sie sich den Platz, der Ihnen am meisten zusagt. Sie können sich dicht vor die Leinwand setzen, ganz nach hinten, an den Gang, mitten in eine Reihe. Sie können es sich richtig gemütlich machen und sicher sein, daß keine lautstarke Unterhaltung neben oder hinter Ihnen den Dialog des Films stören wird.

21. Juli

Denken Sie an alle, die Ihnen im Moment nahestehen. Das sind die Menschen, die auf irgendeine Weise Ihr Leben geformt haben, die Sie beeinflußt und geprägt haben, die Ihnen eine Freude oder eine Herausforderung sind.

Machen Sie eine Liste dieser Menschen und denken Sie dann sorgsam darüber nach, wie Sie ihnen Ihre Gefühle deutlich machen können. Wenn es jemand ist, mit dem Sie regelmäßig zusammen sind, etwa Ihr Ehepartner, nehmen Sie ihn ganz einfach in die Arme und sagen Sie ihm, wie sehr Sie ihn lieben.

Bei manchen Menschen auf Ihrer Liste ist vielleicht ein kleines Geschenk eine passende Reaktion. Bei anderen erfüllt auch ein Brief oder ein Anruf diesen Zweck.

Nahestehenden Menschen zu zeigen, wie gern man sie hat, wie sehr man sie schätzt, vermittelt ein gutes Gefühl. Es steigert aber auch die Chancen, daß es in Zukunft so bleiben wird.

22. Juli

Suchen Sie Ihr Spiegelbild in allem, was Ihnen begegnet. Eine alte Indianersage berichtet, daß wir uns selbst in allem begegnen, was wir wahrnehmen. Aus diesem Spiegeln unserer Person lernen wir, wer wir sind und was wir fühlen.

Betrachten Sie sich zuerst im Spiegel oder Fensterglas und nehmen Sie Ihre Erscheinung bewußt in sich auf. Werden Sie eins mit sich selbst und versuchen Sie dann, sich in allem zu sehen, zu «spiegeln», was Ihnen begegnet. Wie würden Sie sich als Hund, Katze, Baum oder Blume fühlen? Wie als Kind oder der alte Mensch, den Sie auf der Straße treffen?

Alles kann ein Spiegelbild unserer selbst sein. Wir können viel über uns erfahren, wenn wir bewußt wahrnehmen, wie wir auf Dinge und Menschen um uns herum reagieren, und uns für einen Moment in sie hineinversetzen.

23. Juli

Vertiefen Sie eine Bekanntschaft. Das kann mit jemand sein, den Sie heute erst kennenlernen, mit jemand, der Ihnen flüchtig bekannt ist, mit jemand, den Sie beruflich kennengelernt haben oder mit einem Kaufmann, bei dem Sie Stammkunde sind. Ihre Beziehung zueinander kann kaum vorhanden oder auch schon enger sein. Es liegt an Ihnen, die Voraussetzungen dafür zu schaffen, daß daraus eine engere Beziehung wird.

Sie sollten dem anderen Ihre Absichten ruhig deutlich machen. Geben Sie ihm oder ihr direkt oder indirekt zu verstehen, daß Ihnen an einer Vertiefung der Beziehung gelegen ist. Manche Leute werden Ihre Offenheit schätzen und auf Sie eingehen, andere nicht.

Was Sie im einzelnen unternehmen, um Ihre neue Bekanntschaft zu pflegen, ist absolut irrelevant. Ob Sie nun künftig gemeinsam in den Waschsalon gehen, Schwimmunterricht nehmen oder einfach häufiger miteinander sprechen – Sie werden feststellen, daß sich eine Beziehung vertieft, wenn Sie sich zu ihr bekennen.

24. Juli

Zeichnen Sie Ihr Traumhaus. Machen Sie die Pläne zu einem Haus, in dem Sie gern wohnen würden. Sollten Sie bereits in Ihrem Traumhaus leben, dann zeichnen Sie es genau auf. Vielleicht fällt Ihnen dabei etwas ein, das Sie doch gerne anders hätten. Folgen Sie jeder auch noch so absurden Eingebung, um Ihr ideales Heim auf dem Papier Wirklichkeit werden zu lassen. Setzen Sie all Ihre Phantasie ein. Lassen Sie sich von Ihrer Imagination treiben und sehen Sie, was daraus wird. Richten Sie es ein. Schneiden Sie die Möbel maßstabgerecht aus Papier oder zeichnen Sie sie mit Bleistift ein, damit Sie radieren und «ummöblieren» können.

Wenn Ihr Traumhaus fertig ist, dann stellen Sie sich vor, Sie würden darin leben. Wie wäre es wohl, in diesem «Schloß» zu wohnen, das Sie entworfen haben? Wo liegt die Küche? Wie viele Zimmer besitzt es? Gibt es in ihm einen Arbeitsraum? Ein Gästezimmer? Hat Ihr Traumhaus eine Veranda, eine Terrasse, einen Patio, einen Garten? Sie sind Architekt und Bauherr. Sie können alle Ihre Wünsche Wirklichkeit werden lassen.

25. Juli

Entzünden Sie ein Lagerfeuer. Machen Sie im Freien einen Platz ausfindig, an dem «Zündeln» erlaubt ist, laden Sie ein paar Freunde ein und sorgen Sie für Würstchen und einen Kessel Wasser zur Zubereitung heißer Getränke. Sie können Ihr Lagerfeuer am Strand, im Garten, auf einer Wiese oder einem Grillplatz entfachen. Das Entscheidende bei diesem Vorschlag besteht darin, Feuer hautnah zu erleben.

Sammeln Sie Laub, Äste, Zweige und andere brennbare Materialien. Wenn Sie wissen, daß an Ihrem gewählten Ort nicht genügend Brennmaterial zu finden ist, bringen Sie es mit.

Falls Sie Glück mit dem Wetter haben, wenn es ein warmer Abend ist, wird Ihr Feuer allem und jedem einen besonderen Glanz verleihen. Es wird die Aufmerksamkeit aller auf einen zentralen Punkt konzentrieren. Sie können Geschichten erzählen, Lieder singen, sich auf den Rücken legen, um die Bahn der Sterne zu verfolgen, oder sich an einen lieben Menschen kuscheln.

26. Juli

Bringen Sie Ordnung in Ihre Finanzen. Öffnen Sie jeden Umschlag mit einer Rechnung oder Geldforderung an dem Tag, an dem er bei Ihnen ankommt. Stecken Sie die Mitteilung in das Kuvert zurück und notieren Sie darauf das Datum, an dem die Zahlung fällig ist. Ordnen Sie die Rechnungen in chronologischer Reihenfolge.

Legen Sie wöchentlich oder monatlich einen bestimmten Tag fest, an dem Sie Rechnungen bezahlen. Manche Leute warten gern bis zum letzten Drücker, bis sie fällige Forderungen begleichen. Andere zahlen Ihre Rechnungen sofort, wenn sie eintreffen. Wie Sie es halten wollen, bleibt Ihnen überlassen. Sie sollten sich jedoch für eine gewisse Beständigkeit entscheiden.

Die Erledigung Ihrer persönlichen Finanzen kann – auch wenn Sie es nicht glauben – zu einer Quelle der Freude und Genugtuung in Ihrem Leben werden: Wenn Sie sich ordentlich, präzise und rechtzeitig darum kümmern. Falls Sie in diesem Monat ein bißchen knapp bei Kasse sein sollten, setzen Sie sich rechtzeitig mit den Gläubigern in Verbindung. Erklären Sie Ihre Situation und bitten Sie um einen Zahlungsaufschub. Sie werden überrascht sein, wie oft sich Gläubiger darauf einlassen.

27. Juli

Rahmen Sie eine Fotografie, ein Bild oder ein Plakat. Geben Sie Ihr Bild nicht einem Fachmann zum Rahmen. Bemühen Sie sich darum, Ihrem Bild mit den eigenen Händen den richtigen Rahmen zu geben. Mit Sicherheit gibt es in Ihrer Nähe ein Fachgeschäft, in dem man Sie berät.

Rahmen gibt es für jeden Geldbeutel. Es gibt viele Mittel und Wege, den Kostenaufwand in Grenzen zu halten – Entscheidungen, die das Passepartout, das Glas und den Rahmen selbst betreffen.

Wenn Sie mit der Arbeit beginnen, werden Sie sehr schnell feststellen, daß die Paßgenauigkeit von der Reihenfolge der Tätigkeiten abhängt. Warum ein Handgriff vor dem anderen erledigt werden muß. Stellen Sie Fragen. Die Fachverkäufer in Rahmengeschäften sind darauf vorbereitet.

Bewundern Sie nach getaner Arbeit, wie sich eine Fotografie oder ein ganz gewöhnliches Poster durch Ihren Einsatz in etwas ganz Außergewöhnliches verwandelt hat.

28. Juli

Rufen Sie sich jeden Menschen in Erinnerung, der in Ihrem Adreßbuch steht. Je länger Sie Ihr Buch führen, desto amüsanter, spannender und anregender ist die Aufgabe. Überprüfen Sie, ob Ihnen jeder Name etwas sagt, ob der betreffende Mensch vor Ihrem inneren Auge erscheint.

Gehen Sie Namen für Namen durch. Stellen Sie fest, ob er in Ihnen bestimmte Gefühle weckt, Erinnerungen an Ereignisse, Zeiten und Orte.

29. Juli

Machen Sie einen Spaziergang durch Ihre Umgebung. Unternehmen Sie einen Streifzug durch die vertraute Nachbarschaft, als hätten Sie sie noch nie gesehen, als wäre sie etwas ganz Neues für Sie.

Achten Sie während Ihres Spaziergangs darauf, was Ihnen neu ist, was Sie noch nie gesehen haben, was Ihnen offensichtlich entgangen ist, obwohl Sie unzählige Male daran vorbeigekommen sind. Gibt es vielleicht einen architektonisch reizvoll gestalteten Eingang, seltsame Markierungen an Türen oder

Treppen? Einen Baum mit besonders majestätischen Ästen oder einen Zaun, der sich harmonisch in die Landschaft einfügt?

Sobald Sie merken, daß Sie einen bestimmten Aspekt Ihres Lebens für selbstverständlich halten, unternehmen Sie einen Ausflug in vertraute Gefilde und sehen Sie diese mit ganz neuen Augen.

30. Juli

Umgeben Sie sich mit Blumen. Stellen Sie sich eine Vase mit Blüten auf den Schreibtisch, um die Schönheit der Natur zu bewundern. Es braucht kein riesiges Arrangement zu sein. Eine einzige Rose reicht völlig aus.

Frische Blumen regen Ihre Sinne auf höchst vielfältige Weise an. Ihr Duft wird Sie daran erinnern, daß sich in Ihrer Nähe etwas ganz Bemerkenswertes befindet. Sie können jederzeit den Blick heben, um einen der herrlichsten Anblicke zu genießen, die die Natur zu bieten hat.

Verändern die Blumen Ihre Stimmung? Wecken Sie in Ihnen ein tieferes Bewußtsein für die Wunder der Natur?

31. Juli

Zeichnen Sie den Stammbaum Ihrer Familie. Stellen Sie fest, wie weit in die Vergangenheit Sie gelangen. Dieser Vorschlag erfordert Planung und Teamwork. Es reicht nicht aus, mit den engeren Familienmitgliedern zu sprechen. Sie müssen auch zu entfernten Verwandten Kontakt aufnehmen.

Sammeln Sie alle verfügbaren Informationen über Geburts- oder Sterbedaten, über Hochzeiten und andere Ereignisse, die die Geschichte Ihrer Familie dokumentieren. Stellen Sie fest, wie viele Generationen Sie lückenlos nachweisen können. Sollten Sie sich einiger Daten nicht ganz sicher sein, machen Sie trotzdem weiter. Verzetteln Sie sich nicht in Details. Ihnen geht es vor allem darum, Informationen über Ihre Herkunft zusammenzustellen.

Wenn Sie alle Ihnen zugänglichen Informationen zusammengetragen haben, fertigen Sie Kopien Ihres Stammbaums für die Verwandten, die auch Interesse an ihrer Herkunft haben. Ihr Kopienversand kann jederzeit neue Informationen bringen. Sie werden feststellen können, daß durch Ihre Tätigkeit die gesamte Familie enger zusammenrückt, daß man einander plötzlich und eifrig Erinnerungen und Geschichten über Angehörige mitteilt, die nicht mehr unter den Lebenden weilen.

August

Vom Geben und Nehmen

Unsere Gesellschaft feiert das Geben. Alle Welt kennt Mutter Teresa. Und wenn Menschen Selbsterforschung betreiben, sprechen sie oft davon, anderen etwas geben zu wollen. Sie gehen mit Recht davon aus, daß ein selbstloses Leben ein glücklicheres Leben ist.

Es gibt dabei jedoch einen Faktor, der häufig übersehen wird. Auch das Nehmen ist wichtig. Manche Menschen haben große Probleme, etwas anzunehmen. Es scheint, als sähen sie sich selbst nur als Gebende, als hätten sie sich an diese Rolle gewöhnt, als fühlten sie sich in der Position des Empfangenden zutiefst unbehaglich.

Diese Menschen sind oft nur selten zu erfreuen und führen kein sehr glückliches Leben. Ihr obsessives Geben gestattet ihnen zwar, einen hohen moralischen Standpunkt einzunehmen, sich aufgrund ihrer Rolle als Helfer und Retter anderen überlegen zu fühlen. Sie mögen aber nicht akzeptieren, ebenfalls gewisse Bedürfnisse zu haben. Das macht sie zu geborenen Opfern. Andererseits haben sie jede Fähigkeit zur Freude verloren – sowohl an anderen als auch an sich selbst. Sie scheinen so wenig zu verlangen, empfinden so wenig Vergnügen am Empfangen oder Nehmen, daß das Leben sie glatt übersieht, wenn es seine Wohltaten austeilt. Ihr Alltag ist ein einziges Ringen und Kämpfen, weil sie einfach nicht wissen, wie man nimmt.

Zum Nehmen und Empfangen bereit zu sein – sei es von anderen Menschen, aus unerwarteten Quellen oder auch von sich selbst – ist eine unverzichtbare Voraussetzung für ein erfülltes und glückliches Leben. Wenn Geben und Nehmen ausgeglichen sind, wenn Sie nach Möglichkeiten zum Geben und Nehmen in gleichem Maß Ausschau halten, bereitet Ihnen beides Freude. Dann führen Sie ein ausgeglichenes Leben, in dem Freundlichkeit, Zuwendung und Hilfe ihren Platz haben – für andere, aber auch für Sie selbst.

1. August

Werden Sie ein Sammler. Sie können sich an Konventionelles halten und Briefmarken, Münzen, Streichholzbriefchen oder Zuckerpäckchen sammeln. Sie können mit Ihrer Kollektion aber auch zu ganz neuen Ufern vorstoßen und die absurdesten Dinge anhäufen.

Die Möglichkeiten sind unzählbar. Sie können Wahlkampfplaketten und/oder Parteienaufkleber sammeln, Telefonkarten, Bierkrüge, Krawatten mit Blumenmuster, Strohhüte, Film- und Theaterprogramme, Autogramme. Ihrer Phantasie sind keine Grenzen gesetzt. Kreativität sucht sich viele Wege zum Ziel. Und mitunter gestaltet sich der Weg so aufregend, daß er bereits das Ziel ist.

2. August

Lernen Sie etwas von jemand, der jünger ist als Sie. Das kann Ihnen eine ganz neue Sicht auf Menschen und Dinge geben. Gehen Sie mit einem Kind spazieren. Sie werden schnell merken, daß es von Dingen gefesselt wird, die Sie gar nicht mehr wahrnehmen. Gehen Sie mit einem jungen Menschen ins Konzert, Theater, in eine Ausstellung. Was beeindruckt ihn am meisten? Sie werden entdecken, daß es Aussagen und Inhalte sind, die Sie gar nicht mehr so deutlich aufgenommen haben.

Die unverbrauchten Sensoren eines noch sehr jungen Menschen können uns auf viele Aspekte des Lebens hinweisen, die wir verdrängt, vergessen, als selbstverständlich abgebucht oder noch gar nie richtig aufgenommen haben.

3. August

Denken Sie an einen Wunsch, der Ihnen erfüllt wurde. Waren es die Rollschuhe, die Sie als Siebenjähriger bekommen haben? Oder hatten sich neben Ihnen hundert andere um Ihren Traumjob beworben, und man hatte sich für Sie entschieden?

Versuchen Sie, sich an Ihre Gefühle zu erinnern. Was empfanden Sie bis zu dem Zeitpunkt, an dem Sie erfuhren, Ihr Wunsch würde in Erfüllung gehen? Und was, als es dann wirklich geschah? Haben Sie einen Luftsprung gemacht? Vor Freude laut aufgeschrien? Vielleicht sogar geweint? Erinnern Sie sich, ob Sie damit rechneten, Ihren Wunsch erfüllt zu bekommen.

4. August

Lesen Sie mindestens zwei Bücher zum selben Thema. Besorgen Sie sich die ausführlichsten Schilderungen eines Ereignisses, einer Persönlichkeit oder einer Situation, die Sie finden können. Lesen Sie diese von der ersten bis zur letzten Seite.

Nehmen wir an, Sie wollten ein bißchen mehr über die Anfänge der Filmindustrie erfahren. Greifen Sie zu Ihrem ersten Buch und versuchen Sie, die Einstellung des Autors zu seinem Thema zu ergründen. Neben der Aufzählung der Fakten fließen unvermeidlich Interpretationen und Ansichten ein, die den Tatsachen erst ihren Zusammenhang geben. Welchen Standpunkt vertritt der Autor?

Lesen Sie nun das zweite Buch zu diesem Themenbereich. Welche Bewertungen nimmt dieser Autor vor? Stimmen sie mit denen seines «Vorgängers» überein oder unterscheiden sie sich? In welcher Weise sind sie anders?

Stellen Sie nach der Lektüre beider Bücher fest, ob Sie jetzt zu einer eigenen Hypothese kommen können. Unterhalten Sie sich mit anderen Menschen über Ihre Theorien. Vermitteln Sie ihnen genügend Informationen, damit sie sich eine Meinung bilden können, und warten Sie auf ihre Reaktionen.

Vertiefen Sie sich in jedes Thema, das Sie anregt und interessiert. Lesen Sie alles darüber, bis Sie überzeugt sind, einen eigenen Beitrag dazu liefern zu können.

5. *August*

Schreiben Sie Ihren Nachruf. Lassen Sie Ihr Leben Revue passieren und überlegen Sie sich die Dinge, auf die Sie am meisten stolz sind, die Sie von anderen Menschen unterscheiden, die Sie unverwechselbar und einmalig machen. Schreiben Sie sie auf. Kümmern Sie sich weder um eine chronologische noch um eine Rangordnung. Es ist auch völlig egal, was Bekannte oder Freunde zu Ihrer subjektiven Selbstbewertung sagen würden.

Dann denken Sie darüber nach, welche Ihrer Eigenschaften Ihrer Meinung nach besonders erinnernswert sind. Was sollten Ihre Enkel und Urenkel über Sie erfahren? Stellen Sie eine Liste dieser Charakterzüge und Handlungen zusammen. Sie sollte das Bild des Menschen vermitteln, der Sie sind oder im Begriff zu werden sind.

Und nun formulieren Sie Ihren eigenen Nachruf. Ihre Bewertung ist zwar rein subjektiv, aber sie beruht doch auch auf sehr intimen Kenntnissen. Halten Sie Ihren Nachruf auf aktuellem Stand. Sobald Sie das Gefühl haben, daß sich in Ihrem Leben etwas entscheidend verändert hat, schreiben Sie einen neuen.

6. August

Gehen Sie angeln. Ob Sie dazu an einen Fluß, an einen See oder gar aufs Meer hinausfahren, ist nicht wichtig. Entscheidend ist, daß Sie in aller Morgenfrühe aufstehen, daß Sie einen oder zwei Freunde haben, mit denen Sie diesen Tag der Muße teilen können, und daß auf Ihrem Terminkalender nichts anderes steht als absolute Entspannung.

Falls Sie noch nie angeln waren, können Sie sich vielleicht anhand eines der vielen einschlägigen Handbücher informieren. Sie brauchen sich keineswegs eine kostspielige Ausrüstung zu kaufen.

Im Grunde geht es beim Angeln weniger darum, Fische zu fangen, auch wenn das Ihre erklärte Absicht ist. Es geht vielmehr darum, ganz ruhig und geduldig darauf zu warten, daß etwas geschieht. Angeln ist der Passiv-Sport für abgeklärte Philosophen. Sobald ein Fisch tatsächlich angebissen hat, bedarf es natürlich gewisser Fähigkeiten, ihn einzuholen – doch sind sie von eher nebensächlicher Bedeutung.

7. August

Besuchen Sie einen Markt. Obst und Gemüse direkt vom Erzeuger zu kaufen, ist eine gute Erfahrung. Die angebotenen Produkte wurden oft nur Stunden vor Ihrem Einkauf geerntet. Sie sind «feldfrisch», nicht durch viele Hände gegangen und wurden nicht mit Konservierungsstoffen behandelt.

Auf einem Markt sehen Sie auch, was zur Zeit in Ihrer Umgebung gerade erntereif ist. Häufig sind die Produkte auch preisgünstiger, da die Waren ohne Zwischenhändler vom Erzeuger direkt zum Kunden kommen. Die größte Auswahl haben Sie, wenn Sie sich möglichst früh auf den Markt begeben. Andererseits bieten sich kurz vor Marktschluß die größten Chancen für Billigpreise.

Auf dem Markt bieten sich aber immer Gelegenheiten, manche Produkte zu Sonderpreisen kaufen zu können: überreife Tomaten für köstliche Saucen oder leicht angeschlagene Äpfel für Apfelmus.

Im Vergleich zu dem Obst- und Gemüseangebot in den Supermärkten sind die Angebote auf dem Markt grundsätzlich frischer und geschmacksreicher. Wenn Sie erst einmal einen Versuch gemacht haben, werden Sie vermutlich nie wieder in Kunststoff eingeschweißte Ware kaufen wollen.

8. August

Erlauben Sie sich mit jemandem einen Scherz. Das kann eine recht heikle Aufgabe sein, wenn Sie Ihr «Opfer» nicht besonders gut kennen oder wenn Sie auf diesem Gebiet keine Erfahrungen haben. Aber wenn Ihre Absichten wohlwollend sind, kann eigentlich nichts schiefgehen. Harmlose Scherze können einem andere Menschen näherbringen. Sie beweisen Anteilnahme und zeigen, daß man das Leben nicht immer bitterernst nimmt. Aber lassen Sie eine gewisse Vorsicht und Sensibilität walten.

Ihr Humor sollte sich jedoch nicht ausschließlich auf andere beziehen. Über sich selbst zu lachen, einen Scherz auf eigene Kosten machen zu können, ist eine liebenswürdige und geradezu entwaffnende Charaktereigenschaft. Damit zeigen Sie anderen Menschen, daß Sie sich nicht allzu ernst nehmen.

9. August

Werden Sie zu Ihrem eigenen Eisproduzenten. Damit können Sie sich bei allen Kindern Ihrer Umgebung, bei Verwandten, Freunden und Bekannten unschätzbare Verdienste erwerben. Darüber hinaus ist es eine ganz ausgezeichnete Beschäftigung für einen warmen Sommernachmittag.

Die nötigen Gefriergeräte erhält man im Fachhandel inzwischen zu durchaus erschwinglichen Preisen.

Meist ist diesen Geräten gleich ein kleines Rezeptbuch beigefügt. Weitere Anleitungen finden Sie in jedem ausführlichen Kochbuch oder auch in einschlägigen Zeitschriften. Lassen Sie sich davon inspirieren, kaufen Sie die nötigen Zutaten ein und machen Sie sich frisch ans Werk. Übrigens: Für Sorbets oder Parfaits brauchen Sie in den meisten Fällen nicht einmal ein besonderes Gefriergerät. Ihre Tiefkühltruhe oder das – geräumige – TK-Fach Ihres Kühlschranks reicht für diese Art der Eisherstellung völlig aus.

10. August

Spielen Sie Kiebitz an einer Baustelle. Beobachten Sie, wie ein Gebäude oder ein Straßenbauprojekt entsteht. Vermutlich werden Sie gar nicht weit zu laufen brauchen, um in Ihrer Umgebung eine Baustelle zu entdecken. Verbringen Sie zwanzig Minuten oder eine knappe halbe Stunde in Sichtweite der Baustelle. Das wird genügen, um Ihnen einen Eindruck davon zu vermitteln, wie man im Team an einem Projekt arbeitet: Jeder erledigt an unterschiedlichen Orten der Baustelle unterschiedliche Aufgaben, und doch ergibt das letzten Endes ein funktionierendes Ganzes.

Gehen Sie nicht zu dicht an die Baustelle heran. Das ist nicht nur gefährlich, es mindert auch den Gesamteindruck. Den besten Überblick hat man mit einem gewissen Abstand.

Suchen Sie die Baustelle nach Ihrer ersten Visite in regelmäßigen Abständen wieder auf, um sich von den Fortschritten zu überzeugen. Kommt es Ihnen so vor, als nähmen Sie am Aufwachsen eines Kindes teil? Können Sie die Entwicklung von der Baugrube über die Fundamente, die einzelnen Stockwerke bis hin zur Dachkonstruktion und der abschließenden Fassadengestaltung verfolgen?

11. August

Sehen Sie sich eine Probe an. Dabei kann es sich um eine Theater-, Ballett- oder Opernaufführung handeln, aber auch um die Probe eines Symphonieorchesters oder einer Combo, die allwöchentlich im kleinen Lokal an der Ecke auftritt. Sie sollten sich vor allem darüber informieren, welche Vorbereitungen eine Darbietung benötigt, die später so mühelos und selbstverständlich erscheint.

Achten Sie von Ihrem Sitzplatz im Theater oder im Konzertsaal darauf, wie die Akteure proben. Gibt es einen Verantwortlichen? Akzeptiert jeder Teilnehmer dessen Anordnungen oder werden Spannungen spürbar? Läuft die Probe nach einem bestimmten Schema ab? Werden gewisse Szenen oder Musikstücke immer wieder gespielt oder findet die Probe «am Stück» statt? Falls Sie die Probe neugierig gemacht hat, sollten Sie die Premiere keineswegs versäumen. Genießen Sie diese Aufführung und vergleichen Sie sie mit der Probe, an der Sie teilgenommen haben.

12. August

Stöbern Sie ausgiebig in einer Buchhandlung. Buchhandlungen gibt es in vielfältigster Form. Die Auswahl liegt ganz allein bei Ihnen. Die großen Buchhandlungen haben in der Regel nicht nur die neuesten Bestseller am Lager, sondern auch viele Titel aus kleinen Verlagen. Es gibt Buchhandlungen, die sich auf Literarisches konzentrieren, oder Antiquariate für jene, die Ausgefalleneres suchen. Akademische Buchhandlungen befriedigen die Bedürfnisse ihrer studentischen und intellektuell interessierten Kunden. In jeder größeren Stadt gibt es aber auch Buchhandlungen, die sich auf Fachgebiete wie Science-fiction, Esoterik, Kinderbücher oder Frauenliteratur spezialisiert haben.

Sobald Sie die Schwelle einer Buchhandlung überschreiten,

betreten Sie eine ganz andere Welt. Eine Welt, in der Wissen, Information und sogar Weisheit vorherrschen. Lassen Sie die Atmosphäre der Umgebung auf sich wirken.

Wenn Sie sich in einer Buchhandlung umsehen, die vor allem die gängigen Bestseller führt, achten Sie darauf, welche Themen die Autoren – und ihre Leser – zur Zeit beschäftigen. Gibt es gewisse Übereinstimmungen bei mehreren Schriftstellern oder äußern sich die Autoren zu den verschiedensten Sach- und Gefühlsbereichen? Von welchen Schutzumschlägen fühlen Sie sich angesprochen, von welchen eher abgestoßen? Entspricht der Titel dem Inhalt des Buches? Verlockt er Sie zum Lesen?

Nehmen Sie sich ausreichend Zeit und Muße. Was eine gut sortierte Buchhandlung an Anregungen zu bieten hat, das schlägt jedes Fernsehprogramm um Längen.

13. August

Besuchen Sie den Gottesdienst einer anderen Konfession. Nehmen Sie an einer evangelischen Andacht teil, wenn Sie der römisch-katholischen Kirche angehören oder umgekehrt. Als Angehöriger einer der christlichen Religionen sollten Sie auch einmal an einem jüdischen Gottesdienst oder einer muslimischen Gebetstunde teilnehmen.

Versuchen Sie bei Ihrem Besuch die Ähnlichkeiten zwischen dieser und Ihrer eigenen Glaubensrichtung zu erkennen – aber auch die Unterschiede. Entspricht der von Ihnen besuchte Gottesdienst im Grunde den Andachten Ihrer eigenen Religion? Denken Sie darüber nach, wie Glaubensunterschiede überbrückt werden können, damit die Menschen endlich einsehen, daß sie mehr vereint als trennt.

14. August

Besichtigen Sie eine Fabrik. Informieren Sie sich über Produktionsvorgänge. Dabei ist es unerheblich, ob es sich um eine Brauerei, eine Schokoladenfabrik, ein Unternehmen zur Herstellung von Datenverarbeitungsgeräten oder eine Puppenfabrik handelt.

Viele Unternehmen veranstalten Besichtigungen, zu denen Sie sich anmelden können. Die Firmenangehörigen, die sie führen, sind im allgemeinen rundum informiert und werden alle Ihre Fragen umfassend beantworten.

Eigene Anschauung kann den Schleier des Geheimnisses lüften, der oft genug die Herstellung einer Ware umgibt. Sie können mit eigenen Augen verfolgen, wie die einzelnen Teile ganz selbstverständlich zu- und ineinander passen. Sie werden aber auch die zahllosen Schritte sehen, die mitunter zur Herstellung eines einzigen Produkts nötig sind.

Ähnlich ist es im Leben. Zahllose Schritte und Prozesse sind notwendig, um ein glückliches und erfülltes Leben führen zu können. Das Bewußtsein dafür, wie sie alle zu- und ineinander passen, erweist sich als unendlich nützlich.

15. August

Arbeiten Sie Ihre Frustrationen physisch ab. Das menschliche Leben ist nicht frei von Enttäuschungen und Frustrationen – ganz gleichgültig, wie ruhig, ereignislos oder vorhersehbar es auch sein mag. Im Gegenteil: Je gelassener es verläuft, desto schneller können an sich belanglose Dinge Verärgerungen und Irritationen verursachen.

Diese äußern sich als Verdrossenheit, allgemeine Unruhe oder schroffes Verhalten. Sie können aber auch die körperliche Form von Kopf- oder Rückenschmerzen, von Muskelverspannungen im Schulter- oder Nackenbereich annehmen. Mediziner sprechen in diesen Fällen von psychosomatischen Beschwerden.

Zur Abhilfe steht Ihnen eine ganze Auswahl von körperlichen Aktivitäten zur Verfügung: Spielen Sie mit ein paar Freunden und Bekannten eine Stunde Fußball. Bearbeiten Sie ein Kissen mit Ihren Fäusten. Dreschen Sie mit einem Hammer auf einen Ziegelstein oder ein dickes Brett ein oder fordern Sie einen Bekannten zu einem Ringkampf auf. Wenn Sie das Bedürfnis haben, Ihren Frust in regelmäßigen Abständen physisch loszuwerden, sollten Sie sich ein Paar Boxhandschuhe, einen Punchingball oder einen Sandsack anschaffen, wie sie beim Boxtraining benutzt werden, um daran Ihr Mütchen zu kühlen. Eins ist sicher: Danach werden Sie sich einfach großartig fühlen!

16. August

Produzieren Sie für einen Freund oder Verwandten ein Tonband. Wenn Sie das Bedürfnis haben, mit einem bestimmten Menschen kommunizieren zu wollen, legen Sie ein Tonband ein und konzentrieren Sie sich auf die vor Ihnen liegende Aufgabe. Planen Sie eine halbe Stunde für die Aufnahme ein. Jetzt unterhalten Sie sich mit Ihrem Adressaten, als säße er Ihnen gegenüber.

Vielleicht beginnen Sie mit einer Erklärung, warum Sie sich zu diesem Tonband entschlossen, welche Gefühle Sie zu der Aufnahme bewogen haben. Sie können dann über Ihre Familie, über Ihre berufliche Arbeit, über Gott und die Welt oder die Veränderungen sprechen, die in Ihnen seit Ihrem letzten Kontakt vorgegangen sind.

Falls Ihnen irgendwann die Worte ausgehen, können Sie jederzeit mit einem Tastendruck eine Pause einlegen. Es ist völlig gleichgültig, ob Sie Ihre Aufnahme über etliche Tage hinziehen oder in einem Stück hinter sich bringen. Wichtig ist nur, daß Sie das Projekt beenden. Schieben Sie es nicht auf die lange Bank.

17. August

Machen Sie eine Fahrradtour. Keine Sorge, wenn Sie seit Jahren nicht mehr geradelt sind: Wer einmal radfahren gelernt hat, verlernt es im ganzen Leben nicht mehr.

Sie können auf große Fahrt gehen oder eine Spritztour in der näheren Umgebung machen. Sie können allein radeln, mit einem Freund, Ihrer Ehefrau oder den Kindern. Aus Sicherheitsgründen sollten Sie sich für einen Schutzhelm entscheiden.

Die beste Zeit für diese Unternehmung sind die Morgen- oder Abendstunden, wenn die sommerliche Hitze nicht so groß ist. Benutzen Sie die Radwege in der richtigen Richtung, fahren Sie auf Straßen ohne Radweg rechts und radeln Sie hintereinander, wenn der Verkehr dichter wird.

Rufen Sie sich die Gefühle zurück, die Sie als Kind hatten, wenn Sie sich auf Ihr Rad geschwungen haben. Lassen Sie den Wind an sich vorbeipfeifen, wenn Sie bergab sausen.

Packen Sie einen Imbiß ein und radeln Sie zu einem in der Nähe gelegenen Park oder Wald. Erledigen Sie Ihre täglichen Einkäufe mit dem Rad. Machen Sie sich bei Ihrer Rückkehr klar, daß Sie diese Freiheit jederzeit haben können. Wann immer es geht, sollten Sie das Auto stehen lassen und das Rad benutzen. Denken Sie daran, daß man über Umweltschutz nicht nur reden, sondern ihn auch praktizieren kann.

18. August

Treffen Sie sich mit ehemaligen Arbeitskollegen. Gehen Sie zusammen einen Kaffee oder ein Glas Wein trinken. Verabreden Sie ein kleines Essen in einem Restaurant. Oder laden Sie ein paar Leute zu sich ein. Finden Sie schnell in die Atmosphäre zurück, die einmal in Ihrem beruflichen Alltag zwischen Ihnen geherrscht hat? Oder gibt es da eine gewisse Befangenheit oder Fremdheit?

Was für Gefühle stellen sich ein, wenn man die früheren Kollegen wiedersieht? Sind diese mehr daran interessiert, von sich zu berichten, als sich nach Ihren Erlebnissen zu erkundigen?

Könnten Sie sich vorstellen, wieder in der alten Firma zu arbeiten, oder haben Sie sich inzwischen weiterentwickelt? Sind Sie Ihrem Arbeitsplatz, Ihrer Firma, Ihren Kollegen entwachsen? War es ein Gewinn, daß Sie einmal an diesem Arbeitsplatz tätig waren, oder haben Sie das Gefühl, er gehöre in das Leben eines ganz anderen Menschen?

19. August

Verbringen Sie den ganzen Tag mit einem Buch. Bemessen Sie Ihre Lektüre so, daß Sie heute damit fertig werden, denn ein Teil des Vergnügens an dieser Aufgabe besteht in der Befriedigung, sich bis zur allerletzten Seite durchgekämpft zu haben.

Nehmen Sie sich ein Buch, das Sie schon immer lesen wollten, oder lassen Sie sich in einer Buchhandlung inspirieren. Sorgen Sie dafür, daß Sie in der Nacht davor ausreichend Schlaf bekommen, und beginnen Sie gleich frühmorgens mit Ihrem Unternehmen. Machen Sie es sich so gemütlich wie möglich. Bei schönem Wetter wäre es ideal, wenn Sie irgendwo im Freien lesen könnten.

Sollten Sie nach einer halben Stunde feststellen, daß Sie das

Buch nicht fesselt, legen Sie es zur Seite und greifen Sie zu einem anderen. Unterbrechen Sie Ihr Vorhaben nur, wenn Sie Hunger haben oder ein natürliches Bedürfnis verspüren. Vielleicht werden Sie zu irgendeinem Zeitpunkt schläfrig und wollen ein bißchen dösen. Dösen Sie.

Nehmen Sie sich vor, das Buch am frühen Abend zu beenden. Sollten Sie bereits um die Mittagszeit fertig sein, suchen Sie sich eine neue Lektüre. Falls es Mitternacht schlägt, Sie aber immer noch über Ihrem Buch sitzen, versuchen Sie zum Ende zu kommen.

20. August

Besitzen Sie einen Computer? Dann widmen Sie sich seiner «Hygiene». Überprüfen Sie alle gespeicherten Daten daraufhin, was Sie davon noch brauchen und was nicht. Löschen Sie alles Überflüssige. Wenn Sie mit einer Festplatte arbeiten, sollten Sie wichtige Informationen, die Sie im Moment nicht brauchen, auf Disketten übertragen.

Rufen Sie sich bei Ihrer Tätigkeit den Augenblick in Erinnerung, an dem Sie diese besonderen Daten oder Informationen gespeichert haben. Weshalb wollten sie sie bewahren? Was haben sie Ihnen bedeutet? Klammern Sie sich an nichts, von dem Sie genau wissen, daß Sie es nie wieder abrufen werden.

Haben Sie Ihre Dateien auf den aktuellen Stand gebracht und gerade nichts anderes zu tun, lernen Sie ein neues Programm. Erweitern Sie Ihr Repertoire in der Datenverarbeitung. Versuchen Sie, Ihre Fähigkeiten um ein paar Punkte zu steigern.

21. August

Fahren Sie mit der Eisenbahn. Falls Sie regelmäßig auf der Schiene unterwegs sein sollten, nehmen Sie sich zur Abwechslung mal einen Schlafwagen und unternehmen Sie eine Nachtfahrt. Doch wenn Eisenbahnfahrten nicht zu Ihrem Alltag gehören, kaufen Sie sich eine Fahrkarte, suchen Sie sich einen Fensterplatz und bewundern Sie die draußen vorbeifliegende Landschaft, ohne sich auf Vorfahrt, Verkehrsampeln oder Straßenkreuzungen konzentrieren zu müssen. Entspannen Sie sich, Sie sitzen nicht hinter dem Steuer.

Gehen Sie rechtzeitig zum Bahnhof. Informieren Sie sich darüber, von welchem Bahnsteig Ihr Zug abfährt. Spüren Sie eine gewisse Erregung, wenn Sie auf die Einfahrt des Zuges warten? Werfen Sie einen Blick auf die Gesichter der anderen Passagiere. Wirken sie aufgeregt? Voller Vorfreude?

Beobachten Sie Ihre Mitreisenden. Wirken sie nervös oder entspannt? Sind sie zum Plaudern aufgelegt oder eher verschlossen? Und wie ist es mit Ihnen? Was geht Ihnen durch den Kopf?

Hat sich der Zug dann endlich in Bewegung gesetzt, unternehmen Sie eine Erkundungstour durch die verschiedenen Waggons. Setzen Sie sich auf einen Kaffee, ein Bier oder einen kleinen Imbiß in den Speisewagen, falls Ihr Zug einen mitführt.

22. August

Tun Sie etwas für Ihre Intuition. Informieren Sie sich darüber, was Intuition eigentlich ist. Woher kommt sie? Ist sie das gleiche wie der Instinkt? Kommt sie «aus dem Bauch»? Warum sagt man, Frauen hätten mehr Intuition als Männer? Finden Sie, daß das stimmt?

Jeder Mensch kann seine intuitiven Fähigkeiten entwickeln,

aber nur wenige tun es. Es gibt jedoch bestimmte Lebenssituationen, in denen es mehr auf intuitive als auf intellektuelle Kenntnisse ankommt.

Als ersten Schritt zur Weiterentwicklung Ihrer Intuition sollten Sie sich einen Tatbestand vorstellen, der Ihnen verblüffend vorkommt. Dann setzen Sie sich mit Ihrem Problem in eine ruhige Ecke und bemühen sich um eine Lösung. Das mag unter Umständen schwieriger sein, als Sie vielleicht denken, aber wenn es Ihnen gelingt, für ein paar Augenblicke ganz zur Ruhe zu kommen, wird Ihr Verstand zurücktreten, um Ihrer Intuition zu gestatten, sich der Lösung Ihrer Frage zu widmen. Erwarten Sie keine Soforterfolge. Intuition muß trainiert werden.

Wenn Sie diese kleine Übung eine Woche lang täglich absolviert haben, wird es Ihnen bereits zur Gewohnheit geworden sein, Ihre Intuition zur Lösung Ihrer Probleme heranzuziehen. Greifen Sie vielleicht auch zu einem der vielen Bücher, die zu diesem Thema auf dem Markt sind. Machen Sie sich auch mit anderen Methoden vertraut, mit deren Hilfe die Intuition zu einem wichtigeren Bestandteil Ihres Lebens werden kann.

23. August

Erinnern Sie sich an eine schwierige Situation in Ihrer Vergangenheit. Wie haben Sie sie bewältigt? Hat sie sich vielleicht von selbst gelöst? Wie würden Sie dieselbe Situation aus Ihrer heutigen Sicht angehen? Ganz anders?

Die genaue Analyse eines solchen, vergangenen Ereignisses kann Ihnen zeigen, ob und wie Sie sich verändert haben.

Seien Sie aber darauf gefaßt, daß Sie auch Schuld- oder Schamgefühle dabei empfinden könnten. Verdrängen Sie sie nicht. Spielen Sie das Geschehene unter Berücksichtigung der damaligen Umstände in Gedanken noch einmal durch. Akzeptieren Sie eventuelle Fehlleistungen als Teil der Entwicklung, die Sie zur heutigen Reife geführt hat. Damit leisten Sie ein positives Stück Vergangenheitsbewältigung, das Ihnen dazu verhilft, in Situationen, die im Moment ungeklärt erscheinen, mehr Geduld und Verständnis aufzubringen.

24. August

Beobachten Sie einen ganzen Tag lang andere Menschen. Tun Sie ganz so, als wären Sie ein junger und unerfahrener Reporter, dessen Aufgabe es ist, durch reines Beobachten soviel wie möglich über bestimmte Leute herauszufinden. Fangen Sie schon nach dem Aufstehen damit an. Lassen Sie Ihre Familie nicht aus den Augen, und setzen Sie Ihre Beobachtungen während des ganzen Tages bei allen Menschen fort, mit denen Sie in Kontakt kommen.

Achten Sie auf ihr Benehmen, auf mögliche Manierismen, auf ihre Sprechweise, auf die Stimmlage, die Kleidung und auch darauf, ob sie schnell Blickkontakt herstellen oder dazu neigen, die Augen abzuwenden. Machen die Menschen auf Sie einen eher glücklichen oder unglücklichen Eindruck? Wirken sie selbstsicher oder vermitteln sie Ihnen das Gefühl, mit sich und der Welt unzufrieden zu sein?

Beobachten Sie die Menschen, ohne sie oder ihr Verhalten zu bewerten. Tun Sie bei Ihren Beobachtungen einfach so, als wäre Ihnen jede Kritikfähigkeit abhanden gekommen. Lassen Sie andere auf sich wirken, als hätten Sie keinerlei Möglichkeit zur Bewertung Ihrer Beobachtungen.

Wie fühlen Sie sich am Abend? Hat Ihnen dieser Tag Auftrieb gegeben? Gestatten Sie sich jetzt den Luxus einer Bewertung, einer verallgemeinernden Feststellung, auf die Sie dieser Tag gebracht haben könnte.

25. August

Planen Sie den Besuch eines Vergnügungsparks, einer Zirkusvorführung oder eines Jahrmarktes. Vermutlich werden Sie Ihre Kinder, Ihre Nichte, Ihren Neffen oder auch Nachbarskinder an diesem Vergnügen teilhaben lassen wollen.

Fahren Sie mit dem Riesenrad oder der Achterbahn. Schießen Sie eine Kreppapierrose oder einen Riesenteddy. Versetzen Sie sich mit einem Eis, türkischem Honig oder gebrannten Mandeln in die Kindheit zurück.

Sie können einen ganzen Tag für dieses Vergnügen ansetzen, aber auch nur eine Stunde. Lassen Sie die fröhliche Stimmung auf sich wirken und sich aus der Routine Ihres Alltags entführen. Geben Sie dieser Verlockung nach.

26. August

Führen Sie ein wissenschaftliches Experiment durch. Erinnern Sie sich noch an die Chemiestunde, in der Ihr Lehrer zwei Flüssigkeiten zusammengoß und aus dem Reagenzglas Rauch aufstieg? Oder an den Abend, an dem Ihr Nachbar aus zwei Komponenten ein wahres Feuerwerk aufsprühen ließ? Versuchen Sie, das erregende Gefühl von damals durch ein kleines chemisches oder physikalisches Experiment wiederzubeleben.

Bedecken Sie den Rand eines wassergefüllten Glases mit einem ausreichend großen Stück Karton. Drehen Sie das Glas um und beobachten Sie, was passiert. Zwei Leute können aber auch auf Strümpfen über einen Kunstfaserteppichboden rutschen. Wenn sie einander kurze Zeit später berühren, sind sie lebendige Beweise für das Prinzip statischer Elektrizität.

Sind Sie bereit für die Demonstration einer optischen Illusion? Halten Sie einen Kugelschreiber oder einen anderen Stift locker zwischen Daumen und Zeigefinger in der Mitte. Nun bewegen Sie langsam Ihren Arm, als wollten Sie einen Salzstreuer benutzen. Was geschieht mit dem Stift? Wirkt er wie aus Gummi gemacht? Besonders Kinder sind durch diese optische Täuschung sehr zu beeindrucken.

Suchen Sie nach anderen Beweisen dafür, daß Dinge nicht immer das sind, was sie zu sein scheinen. Wenn man diese Tatsache akzeptiert, ist das häufig der erste Schritt dazu, sie gründlicher zu erforschen.

27. August

Werden Sie zärtlich. Sie können mit Ihrem Lebensgefährten schmusen, aber auch Ihren Bruder, Ihre Schwester, Kinder kurz übers Haar oder die Wange streicheln. Zärtlichkeit kann überaus therapeutisch und heilsam wirken.

Nehmen Sie ganz einfach jemanden in die Arme. Vergessen Sie dabei aber nicht: Diese Aktivität dient ausschließlich der Zärtlichkeit, keineswegs der Erregung sexueller Leidenschaften. Eine ruhige Unterhaltung über Dinge, die Sie beide interessieren, kann diese zärtlichen Momente nur bereichern. Doch auch Schweigen ist durchaus angebracht.

28. August

Schreiben Sie Ihren Lebenslauf für eine Bewerbung. Falls Sie nicht genug Unterlagen dafür haben, sammeln Sie die nötigen Informationen, um eine lückenlose Schilderung Ihrer bisherigen Tätigkeiten und Ihrer künftigen Berufswünsche zusammenstellen zu können. Vergessen Sie weder Ihre augenblickliche Situation noch alle Fähigkeiten oder Erfahrungen, die für einen potentiellen Arbeitgeber von Interesse sein könnten.

Falls Sie nicht gleich den richtigen Einstieg finden, greifen Sie zu einem der entsprechenden Ratgeberbücher, die in Hülle und Fülle angeboten werden. Ihr Lebenslauf braucht nicht sehr lang zu sein, solange er nur gut lesbar, lückenlos und unmißverständlich ist. Zwei Seiten sollten genügen. Vergessen Sie nicht, daß es sich dabei um einen Nachweis Ihrer Berufstätigkeit und nicht um Ihre privaten Lebenssituationen handelt. Jeder, der Ihren Lebenslauf liest, sollte auf Anhieb erkennen, wo Ihre Fähigkeiten liegen, welche Aufgaben Sie übernehmen können und für welche Aufstiegschancen Sie in Frage kommen.

Mit Ihrem Lebenslauf erreichen Sie zwei Ziele: Sie erleichtern einem Adressaten die Entscheidung, ob er Sie kennenlernen möchte, und Sie selber erhalten einen Überblick über Ihre Fähigkeiten und Begabungen.

29. August

Achten Sie auf erste Anzeichen des Herbstes. Auch bei hochsommerlichen Temperaturen können Sie unter Umständen erste Hinweise darauf erkennen, daß eine neue Jahreszeit naht.

Ist es morgens vielleicht schon eine Spur kühler als noch vor einem Monat, auch wenn es mittags noch ebenso heiß wird? Kommt nachmittags möglicherweise ein leichter Wind auf? Wie ist es mit den Wolken? Ziehen am Himmel noch immer sommerliche Wattewölkchen oder zeigen sich erste Anzeichen heraufziehender Herbststürme?

Hört sich der Wind in den Bäumen anders an? Rascheln die Blätter trockener, auch wenn sie noch nicht herbstlich verfärbt sind? Fühlt sich die Luft anders an als im Juli? Setzen Sie Ihre Beobachtungen fort. Nach wenigen Tagen werden Sie eindeutige Anzeichen bemerken, daß eine neue Jahreszeit naht.

30. August

Lösen Sie Rätsel oder legen Sie ein Puzzle. In den meisten Zeitungen und Zeitschriften wird eine Vielzahl verschiedener Rätsel veröffentlicht. Auch wenn Sie kein gewohnheitsmäßiger Rätsellöser sind, sollten Sie sich einmal an einem oder zwei Rätseln versuchen.

Oder probieren Sie es mit einem Puzzlespiel. Sie können es als Langzeitprojekt betrachten und sich die Ansicht einer gotischen Kathedrale mit dreitausend Puzzleteilen kaufen. Sie können aber auch bescheidener anfangen und es erst einmal mit einer Perserkatze in hundert oder zweihundert Stücken versuchen.

Puzzlespiele können wertvolle Lebenseinsichten vermitteln. Es kostet Sie einige Zeit, das Puzzle zu vollenden. Sie kommen schneller an Ihr Ziel, wenn Sie intensiv und ausdauernd daran arbeiten.

Das Puzzlespiel wird Ihnen etwas über Kreativität und die Erkenntnis vermitteln, daß man verschiedene Möglichkeiten ausprobieren muß, um zur richtigen Lösung zu kommen. Es ist wie im Leben: Man braucht Übung, Geduld, Konzentration, Hingabe – und Verzicht.

31. August

Bitten Sie um eine Gehaltserhöhung. Machen Sie die Probe aufs Exempel. Stellen Sie fest, in welchem Ansehen Sie bei Ihrem Chef stehen, indem Sie um eine Erhöhung Ihrer finanziellen Bezüge nachkommen.

Dabei geht es für Sie vor allem darum, eine Ihren Bedürfnissen entsprechende Forderung zu stellen. Wenn Sie Geld brauchen, müssen Sie schon den Mund aufmachen. Freiwillig gibt Ihnen niemand etwas.

Halten Sie triftige Argumente für Ihre Forderung nach einer

Einkommensverbesserung bereit. Wenn Sie auf gute Leistungen an Ihrem Arbeitsplatz verweisen können, befinden Sie sich logischerweise in einer günstigen Verhandlungsposition.

Vergessen Sie nicht, daß kein Arbeitgeber einen guten Mitarbeiter verlieren will. Er wird im allgemeinen auf dessen Forderungen eingehen, wenn sich diese in einem vernünftigen Rahmen bewegen. Legen Sie sich auf eine bestimmte Summe fest, beispielsweise auf fünf oder zehn Prozent des aktuellen Lohns oder Gehalts. Dann wird sich Ihr Chef vermutlich veranlaßt sehen, Ihnen wenigstens einen Teil zuzugestehen. Viel Glück!

September

Glück ist nicht die Abwesenheit von Leid

Einer der größten Fehler, den Menschen in ihrem Trachten nach Glück und Zufriedenheit begehen, ist der Versuch, Leid und Enttäuschungen aus dem Weg zu gehen. Dafür werden die kompliziertesten Strategien entwickelt, doch könnte nichts falscher sein.

Ein Leben ohne Leid und Enttäuschungen führen zu wollen, ist der härteste Weg, den man einschlagen kann, denn Schmerzen, Enttäuschungen und Leid gehören unabdingbar zur menschlichen Existenz. Selbst wenn es möglich wäre, Schmerzen und Leid auf Dauer zu vermeiden, wäre das dennoch eine kontraproduktive Lebensweise.

Es ist nun einmal eine Tatsache, daß man Schmerzen nie wirklich vermeiden kann. Wir sind nie wirklich schmerzunempfindlich und wir können uns nie wirklich gegen die Auswirkungen unseres Verhaltens in schmerzlichen Situationen abschirmen. Wir können den Schmerz vielleicht ignorieren. Wir können ihn so weit aus unserem Bewußtsein verdrängen, daß es den Anschein hat, er wäre nicht da. Doch das ist Selbstbetrug. Noch schlimmer: Verdrängtes oder ignoriertes Leid neigt dazu, intensiver und stärker zu werden. Es kann physische Formen annehmen, sich in Rückenschmerzen, Herzbeschwerden und sogar Krebserkrankungen äußern. Es kann aber auch zur Gefühlskälte führen, zur Unfähigkeit, überhaupt etwas zu empfinden – das Negative wie das Positive.

Die Abwesenheit von Schmerzen und Leid zieht nicht unbedingt Glück nach sich. Sich gegen die Realität von Enttäuschung, Krankheit, Leid und Ungerechtigkeit abzuschotten ist kein Lebenszustand. Um so glücklich wie möglich leben zu können, sollten Sie – wenigstens sich selbst gegenüber – akzeptieren, daß Sie sich dann und wann alles andere als gut fühlen. Ein solches Gefühl ist kein Gegner, sondern ein Verbündeter Ihres Glücksgefühls. Das Leid zu überwinden, nicht zu umgehen, ist die vernünftigere Handlungsweise.

1. September

Kritzeln und malen Sie. Die beste Gelegenheit zum gedankenlosen Kritzeln und Malen haben Sie bei Telefongesprächen, wenn Ihr Partner am anderen Ende der Leitung nicht registrieren kann, daß Sie Ihre Aufmerksamkeit nicht ausschließlich ihm widmen. Aber auch langwierige Konferenzen oder Arbeitsbesprechungen bieten dazu eine gute Chance.

Kritzeln und Malen erfüllt eine ganze Reihe von Funktionen. Zunächst einmal stellt es einen Kontakt zu Ihrem Unterbewußtsein her, dem Ort Ihrer geheimen Wünsche und Sehnsüchte. Wenn Sie Ihrer Hand freien Lauf lassen, kommen Ihre wahren Gefühle zutage.

Kritzeln und Malen vertreibt Ihnen auch die Zeit, wenn Sie gerade nichts Wichtigeres zu tun haben. So können Sie Phasen der Langeweile und der Frustration bekämpfen. Außerdem hat das Malen bestimmter Muster, beispielsweise von miteinander verschlungenen Kreise, eine überaus hypnotisierenden und damit beruhigenden Effekt.

Üben Ihre Kritzeleien und Kreise irgendeine metaphysische Wirkung auf Sie aus? Werden Sie an etwas erinnert? Rufen sie eine Stimmung oder ein bestimmtes Gefühl in Ihnen wach? Heben Sie die Kritzeleien auf, die Ihnen am besten gefallen, und vergleichen Sie diese von Zeit zu Zeit mit Ihren neuesten

Kreationen. Haben sich Ihre gedankenlosen Kritzeleien im Laufe der Jahre verändert?

2. September

Schlagen Sie über die Stränge. Machen Sie heute ausnahmsweise mal alle jene Dinge, die Sie bisher nie zu tun gewagt haben. Befolgen Sie das Motto: «Nichts mit Maßen – außer das Maßhalten.» Mäßigen Sie heute einmal die übliche Mäßigung. Werden Sie radikal. Geben Sie sich extrem. Essen Sie Kartoffelchips, Früchteeisbecher, Schokoladenkuchen statt «ordentlichen» Mahlzeiten. Baden Sie um zwei Uhr nachts. Machen Sie eine dreistündige Mittagspause oder noch besser: Unternehmen Sie eine Spritztour ins Grüne.

Heute haben Sie nur einen Auftrag zu erfüllen: alle Vernunft fahrenzulassen. Sie haben nur Ihrem ungezügelten Verlangen zu folgen. Plaudern Sie gern? Führen Sie Marathontelefongespräche mit Freunden und Bekannten.

Tanzen Sie gern? Gehen Sie aus und tanzen Sie bis zum Umfallen. Basteln Sie gern Modellflugzeuge? Widmen Sie sich ungehemmt Ihren Hobbys. Heute ist der richtige Tag.

Am Abend sollten Sie unbedingt sicher sein, nichts von dem versäumt zu haben, was Sie schon immer tun wollten.

3. September

Laden Sie spontan zu einem Essen, zu dem jeder etwas mitbringt. Je mehr Gäste Sie bitten, desto größer die Auswahl an Gerichten. Aber auch kleinere Zusammenkünfte bringen viel Spaß.

Geben Sie dem Zufall eine echte Chance, machen Sie keinem Ihrer Gäste irgendwelche Vorgaben im Hinblick auf seine Mitbringsel. Das bringt die größten Überraschungen, und wenn Sie dann vor sechs verschiedenen Salaten sitzen, auf einen Hauptgang aber verzichten müssen – nun, das ist eben das Gesetz des Zufalls ...

Damit Abräumen und Abwasch nicht an Ihnen hängenbleiben, treffen Sie rechtzeitig Absprachen über die Arbeitsteilung. Bei einem größeren Beisammensein dürfte es an hilfreichen Geistern eigentlich keinen Mangel geben. Bitten Sie Ihre Gäste, sich bei der Quantität Ihrer Mitbringsel zu beschränken. Wie bei vielen anderen Dingen auch, möchte jeder von allem kosten, und kleinere Mengen verringern die Versuchung, sich zuviel zuzumuten.

4. September

Spielen Sie Advocatus Diaboli. Erheben Sie heute gegen alles und jedes Einwände, das Ihnen zu Ohren kommt. Nehmen Sie unabhängig von Ihrer tatsächlichen Meinung grundsätzlich eine Kontraposition ein. Geben Sie Widerworte.

Wie ist es, den Standpunkt der anderen Seite zu vertreten? Wie fühlt man sich, wenn man sich leidenschaftlich gegen etwas ausspricht, das man im tiefsten Inneren für richtig hält? Fällt es Ihnen leichter als angenommen, eine Gegenposition zu vertreten?

Das Vertreten Ihnen eigentlich widerstrebender Positionen klärt Ihren eigenen Standpunkt. Jedes abgegriffene Argument, jede allzu gängige Meinung wird Ihnen unverzüglich bewußt, wenn sie von einem anderen Menschen geäußert wird. Es ist nur gut, auch die andere Seite der Medaille zu kennen. Wenn Sie einer konträren Meinung die Chance der Glaubwürdigkeit einräumen, wenn Sie eine umfassendere Sicht der Dinge kultivieren, ohne dabei den eigenen Standpunkt zu verraten, werden Ihre Meinungsäußerungen sehr viel eindeutiger, klarer und auch mitfühlender ausfallen als zuvor.

5. September

Tun Sie so, als würde ein neues Jahr beginnen. In Ihrer Kindheit hat für Sie im September sehr wahrscheinlich ein neues Schuljahr angefangen. Ganz unabhängig von den Leistungen des vergangenen Jahres erhielten Sie die Chance eines Neubeginns. Sie hatten jede Möglichkeit, Lehrer, Eltern – auch sich selbst – von den in Ihnen schlummernden Fähigkeiten zu überzeugen.

Fangen Sie etwas Neues an. Wischen Sie die Schiefertafel Ihres Lebens sauber. Kaufen Sie sich ein neues Notizbuch mit vielen weißen Seiten und füllen Sie es mit vielen hohen und hehren Vorhaben. Warten Sie nicht auf den ersten Januar. Der heutige Tag ist ein ebenso guter Zeitpunkt wie jeder andere, um sich endlich energisch an das Erreichen hochgesteckter Ziele zu machen.

6. September

Gehen Sie zu einer Handelsmesse oder Verkaufsausstellung. Sie können die Veranstaltung aus beruflichem oder ganz allgemeinem Interesse besuchen. Sie können das am eigenen Wohnort tun oder – wenn Ihre Mittel es erlauben – irgendwohin fahren, wo eine Ausstellung oder Messe stattfindet, die Sie interessiert.

Wenn es Sie nicht in die Ferne zieht, informieren Sie sich bei Ihrer örtlichen Handelskammer über die Messen und Ausstellungen, die in Ihrer näheren Umgebung veranstaltet werden. Im allgemeinen liegen dort die Termine und Veranstaltungsorte für einen längeren Zeitraum vor.

Wandern Sie auf dem Messegelände an den verschiedenen Ausstellungsständen vorbei und lassen Sie die Atmosphäre auf sich wirken. Registrieren Sie die Vielfalt der Waren und Dienstleistungen, die allein in diesem Industriezweig oder dieser Branche angeboten werden. Das Angebot einer Verkaufsausstellung kann überwältigend sein. Aber wenn Sie sich durch einen ersten Rundgang einen Überblick verschaffen, können Sie später auf die Angebote gezielter zurückkommen, die Sie wirklich interessieren.

Der Besuch einer Messe oder Verkaufsausstellung vermittelt Ihnen intensive Kenntnisse der neuesten Trends und Entwicklungen des Wirtschaftszweigs, der Sie interessiert.

7. September

Kaufen Sie sich ein neues Werkzeug. Gibt es da nicht irgendein Vorhaben, das Sie schon längst in Angriff nehmen wollten? Ein neues Projekt oder eine dringende Reparatur im Haus, in der Wohnung, im Garten oder am Auto? Planen Sie dafür den Kauf eines neuen Werkzeugs. Es wird Ihnen nicht nur die Arbeit erleichtern, sondern Sie auch dazu motivieren, endlich damit anzufangen.

Das Werkzeug kann so klein wie ein Schraubenzieher oder so groß wie ein Bulldozer sein. Wollen Sie ein neues Blumenbeet anlegen oder die Obstbäume beschneiden? Holen Sie sich einen neuen Spaten oder eine Baumschere. Hatten Sie schon immer vor, den Kindern ein neues Bücherregal für ihr Zimmer zu bauen? Sehen Sie sich nach Sägen, Schleifmaschinen oder Wasserwaagen um.

Behalten Sie Ihre finanziellen Möglichkeiten im Auge, Ihr augenblickliches Vorhaben und eventuelle Zukunftsprojekte. Kaufen Sie das Werkzeug, das Ihren Bedürfnissen entspricht. Es muß nicht unbedingt ein Gerät sein, das Sie täglich in Küche, Werkstatt oder Garten benutzen, aber es sollte doch über den Augenblick hinaus brauchbar sein und Sie in die Lage versetzen, daß Ihnen die Arbeit auch in Zukunft leichter, schneller und mit mehr Freude von der Hand geht.

8. September

Planen Sie ein Gemeinschaftsprojekt und übernehmen Sie die Federführung. Haben Sie schon seit Jahren vor, den Gartenzaun zu erneuern? Die Verwirklichung dieses Planes ist leichter und näher, als Sie glauben – wenn es Ihnen gelingt, ein Arbeitsteam zusammenzubekommen.

Fertigen Sie einen schriftlichen Arbeitsplan an. Halten Sie den Zeitpunkt fest, an dem Ihr Projekt fertiggestellt sein soll. Listen Sie jeden einzelnen Arbeitsgang auf und schätzen Sie ab, wieviel Zeit jeder beanspruchen wird.

Machen Sie dann eine Liste der Leute, die Sie um ihre Mithilfe bitten wollen. Rufen Sie sie an und erkundigen Sie sich, ob sie bereit sind, Ihnen bei der Erneuerung Ihres Zaunes zu helfen. Lesen Sie ihnen die verschiedenen Arbeitsgänge vor und fragen Sie, welche davon ihnen besonders zusagen.

Haben Sie Ihren Bautrupp zusammen, gehen Sie frisch ans Werk. Spielen Sie den Vorarbeiter. Weisen Sie jedem seine Aufgabe zu. Loben Sie jeden einzelnen Handschlag über den grünen Klee. Lob spornt an. Mit Speck fängt man Mäuse.

Wenn Sie keinen Gartenzaun zu erneuern haben, denken Sie über ein anderes Gemeinschaftsprojekt nach. Vielleicht streichen Sie den Klassenraum Ihrer Kinder gemeinsam mit anderen Eltern neu an, oder Sie gestalten einen Keller Ihres Wohnhauses zu einem Freizeit- oder Clubraum zum Nutzen aller Mieter um.

9. September

Beten Sie darum, daß Ihnen ein Wunsch erfüllt wird. Ganz gleichgültig, ob Sie nun an Gott, Buddha, das Schicksal oder ein anderes höheres Wesen glauben: unterziehen Sie sich der kleinen Mühe, um göttlichen Beistand bei der Erfüllung Ihres Wunsches zu bitten.

Der Abend mag der herkömmliche Zeitpunkt für Gebete sein, aber Sie können selbstverständlich beten, wann immer Sie wollen. Sagen Sie Ihr Gebet während Ihres normalen Tagesablaufs wiederholt still vor sich hin, oder suchen Sie zu diesem Zweck ein Gotteshaus auf. Die Umgebung ist ohne jede Bedeutung. Wichtig ist jedoch, daß Sie Ihren Wunsch so lange wiederholen, bis er erhört wird. Um hartnäckig ungünstige Umstände zu verändern, werden Sie sich auf eine längere Zeit der Fürbitte einstellen müssen. Also fangen Sie heute damit an.

10. September

Gehen Sie nicht ans Telefon. Lassen Sie es klingeln. Sie sind einfach nicht da. Wenn Sie einen Anrufbeantworter haben, lassen Sie das Gerät alle Gespräche aufnehmen oder ziehen Sie den Stecker aus der Buchse, wenn Sie es nicht schaffen, zu Hause zu sein und nicht an den Apparat zu gehen.

Vor der Erfindung des Telefons waren die Menschen nicht jederzeit für Spontangespräche erreichbar. Mitteilungen wurden mit Boten oder der Post verschickt. Heute ist jeder ein Sklave des Telefons. Es ist ein wichtiges Kommunikationsmittel, aber es ist auch ein störender Eindringling.

Aber es liegt an Ihnen, den ungehemmten Informationsfluß einzudämmen. Sie können bestimmen, wie oft und wie lange Sie mit anderen Menschen kommunizieren möchten. Wenn Sie nicht auf das Klingeln des Telefons reagieren, so ist das eine Demonstration Ihrer Fähigkeit, um Ihre Privatsphäre Zäune zu ziehen.

11. September

Stellen Sie sich vor, Sie wären immens reich. Vielleicht haben Sie gerade in der Lotterie gewonnen oder von einer Tante, von deren Existenz Sie gar nichts wußten, ein Vermögen geerbt. Vielleicht kam Ihnen eines Morgens aber auch eine Idee, die sich dann mit Millionengewinn vermarkten ließ. Was würden Sie mit dem Geld anfangen? Was würde sich in Ihrem Leben verändern?

Auf welche Weise würden Sie Ihr Vermögen ausgeben? Sind Sie sicher, mit der riesigen Summe vernünftig umgehen zu können, oder befürchten Sie, daß Sie Ihnen wie Sand zwischen den Fingern zerrinnt?

Besitzen Sie eine Wunschliste der Dinge, die Sie kaufen, der Orte, die Sie aufsuchen, der Organisationen, die Sie finanziell unterstützen, oder der Menschen, denen Sie helfen möchten? Wenn nicht, stellen Sie eine solche Liste zusammen. Tun Sie so, als hätten Sie Ihr Vermögen gerade erhalten und müßten nun überlegen, was damit am besten zu machen sei.

12. September

Schreiben Sie sich selbst eine Ansichtskarte. Stellen Sie sich vor, Sie würden aus dem Urlaub an einen guten Bekannten zu Hause schreiben. Die Karte kann irgendeinen exotischen Ort zeigen, an dem Sie vor längerer Zeit einmal waren; es kann aber auch eine Aufnahme Ihrer Heimatstadt sein.

Setzen Sie sich hin und schreiben Sie an sich selbst – wie es Ihnen geht, was Sie so alles unternehmen, wo Sie gewesen sind, mit wem Sie zusammen waren und was Sie als nächstes vorhaben. Setzen Sie Ihre ganze Kreativität ein. Lassen Sie Ihre Phantasie spielen, um die abenteuerlichsten Erlebnisse zu erfinden oder beschreiben Sie Ihren Tag bis ins letzte Detail.

Überprüfen Sie Ihre Empfindungen beim Erhalt der Karte. Sind Sie noch immer Absender oder jetzt der Empfänger, der daheim bleiben mußte und nun sehnsüchtig auf Nachricht aus der Ferne wartet? Lesen Sie die Karte, als hätten Sie diese nie zuvor gesehen, als wären Sie brennend daran interessiert, endlich etwas über sich selbst zu erfahren.

13. September

Lesen Sie die Bibel als Literatur. Sehen Sie in dem Buch der Bücher nicht das Wort Gottes, sondern die Geschichte eines bestimmten Volks in einer bestimmten Zeitperiode.

Akzeptieren Sie, daß es sich bei der Bibel um die wichtigste Schrift der westlichen Zivilisation handelt. Tun Sie ganz so, als wären Sie ein Reisender durch die Zeit und zufällig auf dieses Buch gestoßen. Lesen Sie ein Kapitel aus dem Alten und eins aus dem Neuen Testament. Stellen Sie fest, ob Sie die Schilderungen als Erzählung faszinieren und Ihnen sinnvoll erscheinen – nicht als Grundlage für eine Religion. Achten Sie darauf, daß Sie eine Ausgabe lesen, deren Sprache Ihnen auch voll verständlich ist.

Welche Gefühle werden in Ihnen wachgerufen? Welchen Eindruck machen die Erzählungen auf Sie? Sind sie glaubhaft? Wirken sie absurd? Spüren Sie eine göttliche Inspiration hinter den Worten? Haben Sie den Eindruck, daß Ihnen die geschilderten Themen auch heute noch etwas zu sagen haben, oder geht es in der Bibel für Sie ausschließlich um ein anderes Volk in einer anderen Zeit? Warum ist die Heilige Schrift besonders in den letzten fünfhundert Jahren so populär geworden? Lag es nur an der Erfindung des Drucks mit beweglichen Lettern? Oder an der Übersetzung aus dem Lateinischen in die jeweiligen Landessprachen?

Sorgen Sie dafür, daß die Bibel für Sie lebendig wird, daß sie nicht einfach ein Relikt der Vergangenheit bleibt, das nur an hohen Feiertagen hervorgeholt wird, um dann wieder im Bücherregal zu verstauben.

14. September

Bleiben Sie einen Tag lang zu Hause. Nehmen Sie sich kleine Reparaturen vor, erledigen Sie Haushaltsdinge oder entspannen Sie einfach.

Sie können schreiben, lesen, fernsehen, Musik hören, ein ausgedehntes heißes Bad nehmen, kochen, saubermachen, Rechnungen bezahlen, schriftliche Dinge aufarbeiten oder tagträumen.

Am günstigsten wäre es, wenn Sie diesen Vorschlag an einem regnerischen Tag verwirklichen, aber auch ein strahlender Sonnentag wird Ihnen Behaglichkeit, Sicherheit und das Gefühl vermitteln, ganz mit sich im Einklang zu sein. Es wird Ihnen vorkommen, als würde die Zeit angehalten: Sie können in aller Ruhe eine Sache nach der anderen erledigen, ohne das Gefühl zu haben, zu irgend etwas gedrängt zu werden.

15. September

Essen Sie als Hauptmahlzeit eine einzige Speise. Das können Kartoffelchips oder Eiscreme sein. Besorgen Sie sich genügende Mengen davon und laden Sie Freunde oder Verwandte zu Ihrem ungewöhnlichen Mahl ein. Wenn Chips oder Eis nicht nach Ihrem Geschmack sind, entscheiden Sie sich für Weintrauben, Vanillepudding, Reis, Kopfsalat, ganz gleich was, es muß nur die einzige Speise sein.

Ist Ihnen bewußt, wieviel Zeit Sie sparen, wenn Sie kein Essen zuzubereiten haben? Was können Sie mit dieser zusätzlichen Zeit anfangen? Vielleicht eine gesundheitsfördernde Massage nehmen, ein Konzert besuchen oder ein bereicherndes Gespräch führen? Nutzen Sie die Zeit, die Sie üblicherweise für die Zubereitung einer Mahlzeit aufwenden, zu anderen Genüssen.

16. September

Fragen Sie nach dem Weg. Das ist besonders wichtig, wenn Sie ein Mann sind. Dadurch entkräften Sie den Vorwurf der Überheblichkeit, den viele Frauen Männern gegenüber erheben. «Sie wollen sich partout nichts sagen lassen», erklären Frauen häufig, wenn sie ihren angestauten Mißmut über das ganze männliche Geschlecht zum Ausdruck bringen wollen.

Indem Sie nach der Richtung, dem richtigen Weg fragen, beweisen Sie sich selbst, daß Sie nicht so tun müssen, als wüßten Sie alles, daß Einheimische eine große Wissensquelle darstellen und daß die Menschen im allgemeinen hilfsbereit sind.

Das Fragen nach dem richtigen Weg kann häufig ein zielloses Herumirren ersparen, aber es bringt Ihnen auch Kontakte zu anderen Menschen, übt Sie darin, Ihre Absichten klar und deutlich zu äußern, und läßt Sie schneller ans Ziel Ihrer Wünsche kommen.

17. September

Sichten Sie Ihre persönlichen Andenken. Unter Umständen befinden sie sich in Kartons, Fotoalben oder Notizbüchern, auf dem Boden, im Keller oder in der Garage. Vielleicht sammeln Sie Ihre Erinnerungen willkürlich in Schuhkartons oder Zigarrenkisten, vielleicht bewahren Sie sie aber auch penibel und chronologisch geordnet in Aktendeckeln auf. Wie Ihr privates Archiv auch aussehen mag – setzen Sie sich hin und sichten Sie es sorgsam und liebevoll.

Machen Sie sich bewußt, was Ihnen jedes einzelne Stück bedeutet, warum Sie es aufbewahren, welche Gefühle es in Ihnen wachruft. Falls Sie Kinder haben, die bereits alt genug sind, um die Vergangenheit schätzen zu können, ist das vielleicht ein guter Anlaß, sie mit Ihrer Vergangenheit bekannt zu machen.

Sobald Sie aber feststellen, daß ein Gegenstand für Sie keine Bedeutung mehr hat, trennen Sie sich von ihm. Oder deponieren Sie ihn in einem anderen Behälter, der Ihre weniger wichtigen Erinnerungen enthält.

Sie brauchen durchaus nicht das gesamte Spektrum Ihrer Andenken durchzugehen. Vielleicht wollen Sie sich nur eine bestimmte Zeitspanne in Erinnerung rufen. Bei anderer Gelegenheit geht es Ihnen dann vielleicht darum, sich über eine Situation genauer zu informieren, die Ähnlichkeit mit Ihrer augenblicklichen Lage hat.

18. September

Besuchen Sie eine Universität oder Fachhochschule. Natürlich können Sie nicht einfach in die Hörsäle oder Klassenzimmer eindringen. Aber beobachten Sie die Studenten auf den Gängen, den Vorplätzen, im Hof. Ist diese Generation wirklich so anders, als es die Ihre war? Wo sind die Gemeinsamkeiten oder Unterschiede?

Gehen Sie in die Mensa oder Cafeteria, stellen Sie sich an für einen Kaffee, setzen Sie sich an einen der Tische, achten Sie auf die Unterhaltungen. Worüber wird hauptsächlich gesprochen? Sind die Themen sehr verschieden von denen in Ihrer Ausbildungszeit?

Besuchen Sie die Bibliothek. Welche Fachgebiete interessieren Sie besonders? Was würden Sie heute studieren, wenn Sie die Möglichkeit hätten?

Lesen Sie die Anschläge an den Schwarzen Brettern. Sie sagen viel aus über die Lage der Studierenden heute.

Ein solcher Besuch kann Ihnen eine ganz neue Sicht auf das

Leben der Jungen heute vermitteln und Ihnen deren Probleme und Interessen näherbringen.

19. September

Starten Sie eine Tradition. Beginnen Sie damit, irgend etwas immer am gleichen Tag mit denselben Menschen in der gleichen Abfolge zu unternehmen. Achten Sie dann peinlich genau darauf, daß diese neue Tradition auch lebendig gehalten wird.

Gehen Sie beispielsweise alljährlich an Ihrem Hochzeitstag ins selbe Restaurant essen. Spielen Sie mit Ihren Kindern an jedem Sonntagvormittag im selben Park Federball oder Fußball.

Machen Sie Freitag zu dem Termin, an dem Sie zum Chinesen essen gehen oder an dem Sie Videofilme ausleihen. Rufen Sie Ihre Eltern immer sonntags an. Eine ausgeglichene Mischung aus Tradition und Spontaneität trägt zu einem glücklichen und erfüllten Leben bei. Es ist beruhigend, in einer Welt des beständigen Wandels Dinge zu haben, die unveränderbar bleiben.

20. September

Unternehmen Sie eine Probefahrt mit Ihrem Traumauto. Hier ist eine Chance, sich einen Wunsch zu erfüllen – wenn auch nur für kurze Zeit. Stellen Sie fest, ob «Ihr» Wagen auch wirklich zu Ihnen paßt.

Wenn Ihnen eine Probefahrt nicht genügt, dann mieten Sie sich Ihr Traumauto für einen Tag. Tun Sie ein paar Stunden lang ganz so, als würde es Ihnen wirklich gehören. Was ist es für ein Gefühl, in einem roten offenen Alfa Romeo durch die Gegend zu brausen oder in dem schnittigen Porsche, der Ihnen seit Ihrem vierzehnten Geburtstag nicht mehr aus dem Kopf geht?

Innerhalb weniger Stunden können Sie herausfinden, ob Ihre Begeisterung berechtigt war oder ob Sie diesen Traum befriedigt ad acta legen und fröhlich in Ihre Familienkutsche zurückkehren können.

21. September

Führen Sie ein Überseegespräch. Falls Sie eine Freundin in Amerika haben, falls Ihr Cousin gerade Urlaub auf den Malediven macht – rufen Sie an. Selbst wenn Sie niemanden in der Ferne kennen sollten, können Sie trotzdem ein Hotel, ein Theater oder die Wettervorhersage im Ausland anrufen. Erkundigen Sie sich in einem Reisebüro nach entsprechenden Telefonnummern.

Stellen Sie fest, wann die preisgünstigste Zeit für Anrufe ist, und denken Sie an die Zeitunterschiede. Suchen Sie sich im Telefonbuch die entsprechenden Länder- und Städtevorwahlnummern heraus. Inzwischen können Sie fast jeden Ort der Erde direkt anwählen.

Empfinden Sie eine gewisse Erregung beim Wählen der vielen Zahlen? Was ist es für ein Gefühl, gleich mit einem Menschen auf der anderen Seite der Welt verbunden zu sein? Sie hören das unmißverständliche Knacken und Knistern, dann wird die Verbindung hergestellt, und Sie vernehmen ein unbekanntes Freizeichen.

Falls Sie Ihre Telefonrechnung nicht übermäßig belasten wollen, hängen Sie jetzt ein. Stellen Sie sich einfach vor, daß auf der anderen Seite des Globus ein Telefon läutet – ausgelöst durch Ihren Impuls. Das allein ist schon aufregend genug.

22. September

Stellen Sie sich Ihren Tod vor. Denken Sie ganz ernst über Ihren Tod nach, über seine möglichen Umstände. Welchen Tod wünschen Sie sich? Wie alt möchten Sie werden? Auf all das haben Sie weit größeren Einfluß, als Sie vielleicht meinen.

Würden Sie gern bis zum Ende gesund, munter und aktiv sein, um dann plötzlich und unerwartet zu sterben, vielleicht im Schlaf? Oder möchten Sie Ihre letzten Tage mit lieben nahestehenden Menschen verbringen, um Abschied nehmen zu können, bevor Sie in jenen anderen Bereich eingehen?

Die bewußte Vorstellung des eigenen Todes nimmt diesem Vorgang sehr viel von seinem Schrecken. Das ist wie mit anderen Dingen auch: Was man akzeptiert und nicht verdrängt oder verleugnet, ist weniger furchteinflößend. Sollten Sie den Wunsch haben, Ihren neunzigsten Geburtstag zu erleben, werden Sie sehr wahrscheinlich auch so alt werden. Ihr Lebenswille läßt Sie Entscheidungen treffen, die diesen Wunsch unterstützen.

23. September

Halten Sie jede Verabredung pünktlich ein. Achten Sie unabhängig von der Wichtigkeit der Verabredung darauf, keine Minute zu spät zu kommen, selbst wenn Sie aus Erfahrung wissen, daß Ihre Partner nicht so pünktlich erscheinen, oder das Ereignis – Ihr Arzttermin etwa – nicht auf die Minute genau beginnen wird.

Rechnen Sie damit, warten zu müssen. Nehmen Sie sich etwas zum Lesen mit. Noch besser wäre es allerdings, wenn Sie genug Gelassenheit aufbringen könnten, ohne jeden Zeitvertreib ruhig auf den Beginn des Treffens oder des Gesprächs zu warten.

Achten Sie auf Ihre Umgebung. Welches Gefühl vermittelt

Ihnen der Raum, in dem Sie warten? Ist er anheimelnd? Abweisend? Verlockt er Sie zu Tagträumen oder fühlen Sie sich wachsam, auf der Hut? Wie wurden Sie empfangen, falls Sie in einer Behörde warten mußten? Können Sie ganz entspannt warten oder fühlen Sie sich nervös und gereizt?

24. September

Erzählen Sie jemandem die Geschichte vom Rotkäppchen. Märchen sind nicht nur etwas für Kinder. Die Brüder Grimm haben ihre Geschichten sogar gezielt für die Erwachsenen geschrieben. Märchen drücken viele der tiefsten unbewußten Gefühle der Menschen aus. Es ist ebenso ungewöhnlich wie faszinierend, einander Märchen zu erzählen – besonders dann, wenn einem einmal der Gesprächsstoff auszugehen droht.

Es heißt, daß der Herzog und die Herzogin von Windsor im Pariser Exil auf die Presse besonders empfindlich reagierten. Da sie in Restaurants oder bei anderen öffentlichen Anlässen nicht den Eindruck erwecken wollten, ihre Beziehung sei nach zehn Jahren nicht mehr so innig wie zu Beginn, erzählten sie einander Märchen: Jeder Beobachter mußte annehmen, sie seien in eine höchst angeregte Unterhaltung vertieft.

Was für einen englischen Ex-König gut genug ist, ist auch gut genug für Sie. Märchen sind in ihrer Schlichtheit oft entlarvend und haben Ihnen sehr viel über sich selbst, Ihren Partner, Ihre Freunde und die Menschen an sich zu sagen.

25. September

Spielen Sie ein Gesellschaftsspiel. Versammeln Sie Menschen um sich, die ebenfalls Spaß an derlei Aktivitäten haben, und nehmen Sie sich wenigstens drei Stunden Zeit, um etwas zu spielen, das Ihre Geschicklichkeit, Ihren Teamgeist, Ihre Ausdauer,

Ihr Glück, Ihre Konzentration sowie Ihre Fähigkeit herausfordert, sich in eine Atmosphäre zu vertiefen, die Sie und Ihre Freunde geschaffen haben. Sind Sie ein guter Verlierer? Können Sie großzügig mit den Spielregeln umgehen? Beim Spielen erfährt man viel über den eigenen Charakter und den Charakter anderer.

Veranstalten Sie ein Monopoly-Marathon. Tun Sie so, als wären Sie wieder ein Kind. Rufen Sie sich die langen Stunden in die Erinnerung zurück, die Sie vor dem Spielplan verbrachten, um zu würfeln, Ihre Spielsteine weiterzubewegen, Karten zu ziehen und Hotels an der Schloßallee zu bauen.

Beobachten Sie Ihre Spielpartner, wie ernst sie das Spiel nehmen. Spielen Sie Cluedo, Risiko, Hotelkönig, Mensch-ärgere-Dich-nicht oder Mühle. Vertauschen Sie den Ernst des Erwachsenenalltags mit der spielerischen, geheimnisvollen Welt der Kinder.

26. September

Tragen Sie die wildesten Farben und Muster. Sie können sich gemeinsam mit Freunden verkleiden, aber auch – wenn Sie ganz mutig sind – während Ihres Arbeitstags. Auf jeden Fall wird ein Tag, an dem sich Farben und Muster Ihrer Kleidung «beißen», Ihnen ein Gefühl der Unbeschwertheit und Freiheit vermitteln.

Je auffälliger, desto besser. Wenn Sie schon immer einmal Pluderhosen mit handtellergroßen Punkten tragen wollten – tun Sie es heute. Noch besser ist es jedoch, wenn Sie sie mit einer Jacke in Madraskaros kombinieren. Finden Sie heraus, was Ihnen auf diesem Gebiet so alles einfällt. Machen Sie Ihre Kleidung zur Verkleidung. Und je mehr Leute Sie dazu überreden können, es Ihnen gleichzutun, desto größer der Spaß.

27. September

Setzen Sie Ihr Geld aufs Spiel. Berechnen Sie zunächst, welche Summe Sie unter Umständen entbehren können, und gehen Sie dann damit ein kalkuliertes Risiko ein. Selbst wenn Sie es sich zur Regel gemacht haben, nicht mehr als fünf Mark zu verwetten, können Sie doch Spaß an dem Versuch haben, diese Summe einmal zu erhöhen.

Es gibt viele Möglichkeiten des gesetzlich erlaubten Glücksspiels. Sie können sich ein Lotterielos kaufen oder im Lotto spielen, aber das bedarf weder besonderer Findigkeiten noch großer Phantasie. Falls Sie in der Nähe einer Spielbank wohnen, dann auf zum Roulette, oder gehen Sie in eine Spielhalle, in der eine Reihe von Glücksspielen angeboten wird. Sie können aber auch eine Rennbahn besuchen und Wetten abgeben. Informieren Sie sich zunächst über Kondition und Erfolgsaussichten der Pferde, und plazieren Sie dann Ihre entsprechenden Tips.

Laden Sie ein paar Freunde zu einer Skat- oder Pokerrunde ein. Das Spielen um Pfennige macht genausoviel Spaß wie das um höhere Einsätze.

Stellen Sie sicher, daß Sie nicht mehr Geld verlieren, als es Ihr Etat zuläßt. Treffen Sie mit Ihren Mitspielern die Übereinkunft, jederzeit aussteigen zu können, wenn Sie Ihr Limit überschritten haben.

28. September

Denken Sie nach, bevor Sie etwas tun. Unternehmen Sie heute nichts, was Sie zuvor nicht gründlich durchdacht haben.

Was sind die Konsequenzen Ihres Handelns? Welche Ergebnisse beabsichtigen Sie? Welche unbeabsichtigten Folgen könnten möglicherweise eintreten? Jede Handlung, jede Bewegung, jede noch so kleine Reaktion hat ihre Folgen. Machen Sie sich diese bewußt, bevor Sie zur Tat schreiten.

Überlegen Sie genau, bevor Sie etwas tun. Und wenn Sie nicht alle möglichen Konsequenzen erkennen können, machen Sie sich auch das bewußt. Seien Sie auf alles gefaßt. Das macht vorsichtiger.

29. September

Unternehmen Sie eine Bootsfahrt. Für viele Menschen gehört eine schnelle Fahrt übers Wasser zu den schönsten Erlebnissen. Falls Sie in der Nähe eines Flusses, eines Sees oder am Meer leben, sollte es keine große Mühe für Sie sein, ein Boot zu finden, das sie von einem Punkt zum anderen bringt.

Wohnen Sie nahe an einer Fähre? Nutzen Sie die Gelegenheit. Gehen Sie an Bord und lassen Sie sich die Gischt um die Nase wehen. Lauschen Sie den Geräuschen, die nur am Wasser zu hören sind: die Schreie der Möwen, das Aufdröhnen der Bootsmotoren oder das metallische Klirren, wenn die Gangway festgemacht oder eingeholt wird.

Falls eine Fähre für Sie nicht erreichbar ist, gehen Sie segeln oder Kajak fahren oder leihen Sie sich ein Ruderboot aus.

Und wenn Sie sich dann durch die Wellen bewegen, ganz gleichgültig mit welchem Boot, denken Sie über dieses besondere Verkehrsmittel nach. Die Menschen haben sich bereits auf das Wasser gewagt, lange bevor Straßen das Reisen über Land möglich machten. Viele der bedeutendsten Metropolen der Welt liegen am Wasser.

30. September

Wünschen Sie sich etwas, wenn ein Stern aufgeht. Das ist ein großartiger Vorschlag, wenn Sie sich gerade verliebt haben, und Sie können den Abend zu einem ganz besonderen Ereignis machen.

Suchen Sie sich bei Sonnenuntergang einen Platz, von dem aus Sie die Sonne möglichst unbehindert sinken sehen können. Natürlich sollte der Himmel wolkenlos sein. Halten Sie Ausschau nach dem ersten Stern. Meist ist es der Abendstern, die Venus.

Sagen Sie Ihren Wunsch, sobald Sie sie erblicken. Manche Menschen behaupten, Wünsche sollten insgeheim geäußert werden, sie müßten geheim bleiben. Aber Sie bestimmen die Regeln. Bitten Sie den Stern, Ihren Wunsch zu erfüllen. Wenn Ihre Begleitung mehr als einen Wunsch äußern möchte, so ist dagegen absolut nichts einzuwenden. Sie können sogar drei, vier oder mehr Wünsche sagen. Suchen Sie sich für jeden Wunsch möglichst einen neuen Stern, da Sterne in der Regel nur um die Erfüllung eines Wunsches gebeten werden möchten.

Oktober

Über Glück und Eigenverantwortung

Wenn Sie die Verantwortung für Ihr Leben übernehmen, erhöhen Sie Ihre Chancen zum Glücklichsein beträchtlich. Die Art, wie Sie empfinden, haben Sie selbst geschaffen, sie ist unabhängig vom Einfluß anderer.

Alles, was Sie im Augenblick sind, was Sie tun und mit wem Sie es tun, haben Sie frei entschieden. Sie haben sich Ihr Leben eingerichtet, und Sie richten es sich weiter ein. Wenn Sie der Meinung sind, Ihr Leben sei nicht in Ordnung, liegt das vielleicht daran, daß Sie sich nie zu der Erkenntnis durchgerungen haben, daß Sie – und nur Sie – in der Lage sind, es glücklicher zu gestalten.

Es ist verblüffend, wieviel leichter das Leben wird, wenn man zu seinen Worten steht. Der Ratschlag, «ja» zu sagen, wenn man «ja» meint, «nein», wenn man «nein» meint, «vielleicht», wenn man «vielleicht» meint und «ich weiß nicht», wenn man ratlos ist, mag sich wie eine Binsenwahrheit anhören, aber Sie wären vielleicht überrascht zu erfahren, wie schwer das für die meisten Menschen ist. Dem Anpassungsdruck zu widerstehen ist oft ebenso schwer wie der Verlokkung, möglichst dem Image zu entsprechen, das man sich von sich selbst gemacht hat, nachzugeben. Da ist es wesentlich leichter einfach das zu sagen, was die anderen Menschen unserer Meinung nach hören möchten. Schon in der Kindheit lernen wir, Auseinandersetzungen, Konflikte oder Konfrontationen nach Möglichkeit zu vermeiden oder zu umgehen.

Mit dem Älterwerden geht uns die Konfliktscheu in Fleisch

und Blut über. Aber sie wird auch zu einer Belastung. Denn Eindeutigkeit, das Halten einmal eingegangener Verpflichtungen und die Übernahme von Verantwortung für unser Handeln macht unser Leben sehr viel leichter! Weil man nicht beständig an die negativen Auswirkungen dessen denken muß, was man getan hat, nicht getan hat oder hätte tun sollen. Wenn man sich nicht dauernd schuldig fühlt, hat man wesentlich mehr Zeit für Entpannung und die Freuden des Lebens.

Den einmal eingenommenen Standpunkt auf Biegen und Brechen beizubehalten, kann nicht das Ziel sein. Die Bedingungen ändern sich, und mitunter wird es nötig, sich mit ihnen zu verändern. Wenn Sie irgendwann feststellen, daß Sie das Ausmaß der eingegangenen Verbindlichkeit unterschätzt haben, ist es keine Schande, das offen einzugestehen und sich zurückzuziehen oder sich zu ihrer Erfüllung soviel Zeit zu lassen, wie man eben dazu braucht. Es ist jedoch wichtig, die Veränderungen allen Beteiligten mitzuteilen. Auf diese Weise beweisen Sie die Zuverlässigkeit, die im Miteinander der Menschen und für ein glückliches, zufriedenes Leben unabdingbar ist. Unzuverlässigkeit und Verantwortungslosigkeit lohnen sich nicht.

1. Oktober

Unterstützen Sie eine Sache, die Ihnen am Herzen liegt. Denken Sie intensiv darüber nach, welche Hilfs- und Förderungsorganisationen den Ideen, die für Sie wirklich wichtig sind, am nächsten kommen. Machen Sie sie ausfindig und überweisen Sie ihnen eine Spende.

Sorgen Sie dafür, daß Ihre Spende Sie nicht in finanzielle Schwierigkeiten stürzt, aber doch einen entscheidenden Beitrag darstellt – für Sie selbst. Die Höhe der Summe ist nicht entscheidend. Wichtig ist ihre Relation zu Ihrem Etat. Spenden Sie ruhig einen geringfügig höheren Betrag, als Sie mit Leichtigkeit weggeben könnten.

Fügen Sie Ihrem Scheck ein kurzes Schreiben bei oder vermerken Sie auf der Überweisung einen kleinen Dank für die Menschen, die sich so selbstlos für die Sache einsetzen, die auch Sie für wichtig halten.

2. Oktober

Verbringen Sie längere Zeit mit jemandem, unternehmen Sie aber unterschiedliche Dinge. Erkunden Sie das Gefühl, einem Menschen so nahe zu sein, daß gar kein Bedürfnis dafür aufkommt, ständig aufeinander einzugehen.

So kann einer von Ihnen beispielsweise ein Buch lesen, während der andere vielleicht seine Briefmarkensammlung ordnet. Oder die eine hält ein kleines Schläfchen, während die andere Eintragungen in ihr Tagebuch macht oder Briefe schreibt. Natürlich können Sie auch beide lesen.

Mit einem anderen Menschen so vertraut oder intim sein zu können, geht über sexuelle Leidenschaft füreinander ebenso hinaus wie darüber, im Zentrum der gegenseitigen Aufmerksamkeit zu stehen. Es verlangt von Ihnen die Fähigkeit, dem anderen die Freiheit einzuräumen, in Ihrer Gegenwart der Mensch zu bleiben, der er ist.

3. Oktober

Unterhalten Sie sich mit einem Ausländer. Dabei kann es sich um einen Besucher, aber auch um jemanden handeln, der vor nicht allzu langer Zeit in Ihre nähere Umgebung gezogen ist oder jemanden, den Sie öfter auf Ihren Spaziergängen, im Bus oder Ihrem Stammgeschäft antreffen.

Sie sollten sich schon soweit verständigen können, daß Sie über Themen wie das Wetter oder den gerade gültigen Wechselkurs hinauskommen.

Versuchen Sie, möglichst viel über Ihren Gesprächspartner herauszufinden. Machen Sie sich die Dinge bewußt, die Sie beide unterscheiden, aber auch die, die Sie vereinen. Fragen Sie Ihren Gesprächspartner aber auch nach seinen Erfahrungen in Ihrem Land. Was gefällt ihm oder ihr bei Ihnen am besten? Und was am wenigsten? Bemühen Sie sich um ein möglichst offenes und vertrauensvolles Gespräch.

4. Oktober

Verbringen Sie eine Nacht in einem Hotel Ihrer eigenen Stadt. Erleben Sie Ihre Heimatstadt einmal als Besucher. Tun Sie ganz so, als wären Sie gerade mit dem Zug oder dem Flugzeug eingetroffen. Mieten Sie sich ein Zimmer, packen Sie Ihr Gepäck aus und machen Sie sich mit dem Hotel und seinen Angestellten vertraut.

Was würden Sie unternehmen, wenn Sie als Geschäftsreisender oder Tourist in Ihre Stadt kämen? Machen Sie eine Stadtrundfahrt oder eine Stadtführung mit, besuchen Sie eine Theater- oder Konzertvorstellung. Sehen Sie die vertraute Umgebung zur Abwechslung mit den Augen eines auswärtigen Besuchers.

Falls es Ihre finanziellen Verhältnisse nicht gestatten, eine Nacht in einem Hotel zu verbringen, tauschen Sie mit einem Freund oder Bekannten die Wohnung. Nehmen Sie einen Tapetenwechsel vor, tauchen Sie in eine ganz ungewohnte Umgebung ein.

5. Oktober

Spielen Sie andere Rollen. Denken Sie sich einen Dialog oder eine kleine Spielszene aus, in der Sie zusammen mit einem Partner bestimmte Rollen übernehmen. Nach einem ersten Auftritt tauschen Sie die Rollen mit Ihrem Mitspieler. Sie können aber beide auch ganz neue Rollen übernehmen.

Wie leicht oder schwierig ist es für Sie, in die Haut eines anderen Menschen zu schlüpfen? Wissen Sie auf Anhieb, wie Sie zu reagieren, was Sie zu sagen haben, oder macht es Ihnen erhebliche Mühe, so zu tun, als wären Sie eine ganz andere Person?

Falls es in Ihrer Familie gerade ein Problem gibt, das Ihrer Meinung nach gelöst werden sollte, bitten Sie alle Beteiligten, bei einem Rollenspiel mitzumachen und dadurch die unterschiedlichen Ansichten und Meinungen zum Thema kennenzulernen. Häufig geben sich Menschen offener, wenn sie in der Rolle eines anderen agieren. Sie äußern Dinge, die sie unter anderen Umständen nie sagen würden. Tauschen Sie die Rollen mit Ihren Teenager-Kindern und stellen Sie fest, wie diese als «Eltern» auf anstehende Probleme reagieren.

Setzen Sie für Ihr Rollenspiel eine gewisse Zeit fest, vielleicht zwanzig Minuten, und diskutieren Sie dann über die Ergebnisse.

6. Oktober

Bereiten Sie für jemanden eine Geburtstagsfeier vor. Nehmen Sie sich ganz fest vor, diesen Tag für Ihren Freund, Ihre Tante oder Ihren Bruder zu einem ganz besonderen Ereignis zu machen – auch wenn er oder sie in diesem Jahr nicht «nullt». Auch ein achtundzwanzigster oder dreiundsechzigster Geburtstag ist es wert, groß gefeiert zu werden.

Erkundigen Sie sich rechtzeitig bei dem Geburtstagskind, welche Vorstellungen es selbst für die Feier hat. Fragen Sie es, wie der Tag begangen werden soll, mit welchen Gästen es feiern möchte. Und wenn es sich besondere Geschenke wünscht, stellen Sie eine Liste zusammen, damit sich die Gäste darauf aussuchen können, was ihren Vorstellungen entspricht.

7. Oktober

Verfolgen Sie den Kurs einer Aktie. Falls Sie absolut keine Ahnung vom Börsengeschäft haben, dann ist das eine ausgezeichnete Chance, ein paar Informationen zu sammeln. Es gibt jede Menge Bücher und Zeitschriften, mit deren Hilfe Sie sich gewisse Grundkenntnisse aneignen können.

Tun Sie so, als wollten Sie eine beträchtliche Summe in Aktien investieren und müßten sich nun für eine bestimmte Anlage entscheiden. Bemühen Sie sich um möglichst ausführliche Einzelheiten über das Unternehmen, das die Aktien auflegt. Börsenmakler werden Sie sicherlich brennend gern mit Informationen versorgen, aber Sie sollten versuchen, noch mehr durch die Lektüre von Wirtschaftszeitungen und Gespräche mit Leuten herauszufinden, die sich am Aktienmarkt auskennen. Bringen Sie alles in Erfahrung, was über das Unternehmen, seine Position am Markt, seine Bilanzen und seine Zukunftschancen herauszubekommen ist.

Stellen Sie sich vor, Sie hätten bereits investiert, und beobachten Sie «Ihre» Aktien ein Jahr lang. Wie machen sie sich? Steigen sie im Wert oder rutschen sie unter Umständen bedenklich ab?

Ziehen Sie am Ende des Jahres Bilanz. Falls Sie bei Ihren Aktienkäufen Geld eingebüßt haben, forschen Sie nach, was da schiefgelaufen ist. Falls Sie zu den Gewinnern gehören, sollten Sie es doch einmal mit einer wirklichen Investition versuchen.

8. Oktober

Denken Sie sich einen Verkaufsschlager aus. Sie brauchen die zündende Idee nicht sofort parat zu haben, lassen Sie erst einmal Ihre Phantasie spielen. Wahrscheinlich haben Sie sich irgendwann einmal gefragt: «Warum gibt es eigentlich keine selbstreinigenden Töpfe und Pfannen? Oder Socken, die nie mehr in die Schuhe rutschen?»

Derartige marktstürmende Überlegungen sind keine Soloveranstaltung im stillen Kämmerlein: den größten Spaß machen sie im Team, als Gedankenaustausch. Sprechen Sie über Ihre Idee, als wäre sie bereits Wirklichkeit, als hätte Ihr Unternehmen längst einen Namen, als wäre es bereits bekannt.

Folgende Faktoren sind zu beachten: Woraus soll Ihr Produkt oder Ihre Dienstleistung bestehen? Auf welche Weise gelangt es an den Kunden? Wie setzt sich Ihr Kundenkreis zusammen? Wie wollen Sie Ihre Idee finanzieren?

Sobald Sie Ihre Ideen ein bißchen weiterentwickelt haben, bringen Sie diese zu Papier. Entwerfen Sie einen Investitions- und Organisationsplan. Überprüfen und verändern Sie Ihre Planungen so lange, bis sie Ihnen ausgefeilt genug erscheinen, um anderen Menschen gezeigt werden zu können. Holen Sie deren Meinungen ein und ändern Sie Ihre Pläne notfalls noch einmal. Wenn Sie von Ihrer Idee felsenfest überzeugt sind, wenn Sie andere Menschen dafür begeistern können, sind Sie auf dem richtigen Weg zum Erfolg.

9. Oktober

Sehen Sie sich eine Sportsendung im Fernsehen einmal anders an. Drehen Sie den Ton ab. Betrachten Sie die Übertragung als optische Begleitung anderer Aktivitäten. Ihre Aufmerksamkeit ist durchaus nicht auf die Kommentare des Berichterstatters angewiesen.

Wenn Sie tonlos fernsehen, haben Sie die Möglichkeit, sich Ihr eigenes Urteil über die Vorgänge auf dem Bildschirm zu bilden. Sie können sich darüber hinaus intensiver den Menschen in Ihrer Umgebung widmen. Sie können sich unterhalten. Sie können Ihrem Freund oder Ihrer Freundin den Rücken massieren. Rückenmassagen während einer Sportübertragung im Fernsehen sind sogar eine höchst sinnvolle Sache. Zwischen den Ereignissen auf dem Bildschirm und Ihren eigenen Körperbewegungen kann sich ein sehr natürlicher Rhythmus entwickeln.

10. Oktober

Fotografieren Sie einen Baum drei Wochen lang täglich. Wählen Sie sich einen Baum aus, der sich besonders lebhaft verfärbt hat – einen goldenen Ahorn oder eine rotbraune Buche –, und nehmen Sie ihn stets vom selben Standort aus auf. Bei dieser Aufgabe geht es darum, die Veränderungen in der Natur wahrzunehmen.

Beim Vergleich des heutigen Fotos mit dem gestrigen werden Sie kaum einen Unterschied erkennen, aber der zwischen der Aufnahme des ersten und des letzten Tages wird Sie verblüffen. Ihr erstes Bild wird vor Farben förmlich sprühen, während das letzte, drei Wochen später, vielleicht kaum noch Farben zeigt.

11. Oktober

Legen Sie einen Fastentag ein. Verspüren Sie am eigenen Leibe, wie es ist, nichts zu essen und nur Wasser zu trinken. Essen Sie am Tag zuvor ganz normal. Verändern Sie nichts an Ihrem üblichen Alltag.

Achten Sie im Laufe des Tages auf Ihr Hungergefühl. Zu welchem Zeitpunkt fühlen Sie sich am intensivsten verlockt, an den Kühlschrank zu eilen? Was empfinden Sie dabei, nichts zu sich nehmen zu können? Entgeht Ihnen etwas Wesentliches? Haben Sie das Gefühl, nachdenklicher zu werden, nach innen gekehrt? Meinen Sie, mehr Zeit für andere Dinge zu haben?

Nehmen Sie am folgenden Morgen ein leichtes Frühstück zu sich – vielleicht nur Saft, Obst und Joghurt. Sich nach einem Fastentag über ein üppiges Frühstück herzumachen, kann den Körper übermäßig belasten. Nehmen Sie Ihren Fastentag zum Anlaß, intensiver darüber nachzudenken, was Sie zu sich nehmen.

12. Oktober

Lassen Sie heute Raum in Ihrem Leben für Musik. Verschaffen Sie sich eine Pause in Alltag und Hektik, suchen Sie sich einen angenehmen Platz und hören Sie auf das, was Musik Ihnen zu sagen hat. Oft bringt sie uns mit spirituellen Bereichen in Berührung, ohne daß wir es bewußt wahrnehmen.

Ob Klassik, Jazz, Rock oder ein Stück, das wir selbst auf einem Instrument spielen, Musik erhebt uns aus dem Alltag in eine andere Welt. Natürlich nicht, wenn wir uns ständig von ihr berieseln lassen. Hier geht es um das bewußte Erleben von Musik, die Gefühle in uns wecken kann, denen wir uns sonst verschließen, die in ihrer eigenen Sprache zu uns spricht und «die Seele vom Staub des Alltags reinwäscht».

Erfahren Sie bewußt dieses Erlebnis und nehmen Sie sich vor, in Zukunft öfter solche «reinigenden» Pausen einzulegen.

13. Oktober

Lernen Sie ein Gedicht auswendig. Wählen Sie Verse aus, die Ihnen besonders gefallen. Es kann ihre Gefühlsbetontheit, ihre Bildersprache, die darin ausgedrückte Trauer oder Hoffnung sein, die Sie anspricht. Vielleicht fühlen Sie sich von einem Gedicht aber auch aus Ihnen ganz unerklärlichen Gründen angezogen.

Lesen Sie das Gedicht einmal laut, um zu hören, wie es aus

Ihrem Mund klingt. Dann lernen Sie es Zeile für Zeile auswendig. Legen Sie keine zu großen Pausen zwischen Ihre Übungen. Wenn Sie täglich zehn Minuten lang auswendig lernen, ist das wesentlich erfolgversprechender, als wenn Sie dafür eine Stunde in der Woche ansetzen.

Tragen Sie das Gedicht einem Menschen vor, dem Sie sich besonders verbunden fühlen. Fragen Sie ihn, ob er gern hören würde, was Sie fertiggebracht haben. Dann stehen Sie einfach auf und rezitieren Sie die Verse klar, deutlich und mit Gefühl für Modulation und Reim. Falls es Ihnen Spaß gemacht hat, lernen Sie dann und wann weitere Gedichte auswendig.

14. Oktober

Spielen Sie das Vertrauensspiel. Dazu haben Sie mehrere Möglichkeiten. Sie können sich mit verbundenen Augen in einen Kreis von Mitspielern stellen, die alle etwa einen halben Meter voneinander entfernt sind. Dann lassen Sie sich «blind» von einem zum anderen weiterschieben. Sie können absolut nichts sehen. Sie merken nur, wie Sie bewegt werden, geraten in die Gefahr zu stürzen, werden aufgefangen und «weitergereicht». Sie sind also blind von den anderen abhängig.

Bei einem anderen Spiel lassen Sie sich, wieder mit verbundenen Augen, von einem anderen herumführen. Ihr Wohl und Wehe hängt ausschließlich von dieser anderen Person ab. Jeder Ihrer Schritte wird von Ihrem Lotsen bestimmt, der buchstäblich Ihre Sehfähigkeit ersetzt.

Was ist es für ein Gefühl, total auf andere Menschen angewiesen zu sein, keine andere Wahl zu haben, als ihnen zu vertrauen? Könnten Sie diese Abhängigkeit ertragen? Fällt Ihnen Ihre Rolle leicht, oder kostet sie Sie erhebliche Überwindung?

Vertrauen zu anderen Menschen oder in bestimmte Situationen zu üben ist eine gute Möglichkeit, die eigenen Instinkte weiterzuentwickeln, sich aber auch intensiver als Teil des Ganzen zu begreifen.

15. Oktober

Dirigieren Sie ein Musikstück in Ihrem Wohnzimmer. Suchen Sie sich etwas aus, das Ihr Blut so richtig in Wallung bringt. Geben Sie sich so kreativ und energiegeladen wie möglich. Greifen Sie sich ein Eßstäbchen oder ein Lineal. Stellen Sie sich vor, Sie stünden vor einem Orchester und würden die Musik mit Ihren dirigierenden Gesten zu faszinierendem Leben erwecken.

16. Oktober

Verzichten Sie auf Ihre Brille oder Kontaktlinsen. Erleben Sie die Welt ohne korrigierende Linsen so deutlich, wie es Ihr aktuelles Sehvermögen gestattet. (Selbstverständlich können Sie diesem Vorschlag nur folgen, wenn Sie sich dadurch keinerlei Schaden zufügen oder Menschen Ihrer Umgebung in Gefahr bringen.)

Wie ist es, alles ganz anders – oder nur sehr verschwommen – zu sehen? Wie reagieren Ihre anderen Sinne auf die Beeinträchtigung Ihrer Sehfähigkeit?

Inwieweit beeinflußt Ihr unzulängliches Sehvermögen Ihre Lebensführung? Sind Sie völlig auf Ihre Brille oder Ihre Kontaktlinsen angewiesen? Oder stellen Sie heute fest, daß Sie dann und wann auch ohne sie auskommen können?

17. Oktober

Besuchen Sie einen Vortrag. Informieren Sie sich in Ihrer Lokalzeitung darüber, wer wann wo zu welchem Thema spricht. Der Vortrag kann die Auswirkung der Europäischen Gemeinschaft im Außenhandel mit Drittländern ebenso behandeln wie die Vorzüge eines Komposthaufens für den Kleingärtner – er muß Sie nur interessieren.

Konzentrieren Sie während des Vortrags Ihre Aufmerksamkeit mehr auf die allgemeine Aussage des Redners als auf die einzelnen Worte – ganz gleichgültig, ob es um ein politisches, literarisches, künstlerisches oder religiöses Thema geht. Vielleicht möchten Sie sich Notizen machen, um ein paar seiner Gesichtspunkte festzuhalten. Wie hört sich der Vortragende an? Überzeugend? Oder erweckt er in Ihnen den Eindruck, sich seiner Sache nicht so sicher zu sein, wie er vorgibt? Können Sie aus dem Vortrag irgendwelche Einsichten für Ihr Leben übernehmen?

Achten Sie auf die anderen Zuhörer. Gibt es vielleicht eine Beziehung zwischen dem Thema und dem äußeren Eindruck, den das Auditorium auf Sie macht? Bringen die Zuhörer Sie dazu, den Vortrag unter Umständen in einem neuen Licht zu sehen?

18. Oktober

Räumen Sie alles, was Sie heute benutzen, sofort ordentlich weg. Achten Sie peinlich genau darauf, daß Sie heute nach allem, was Sie tun, wieder Ordnung schaffen. Lassen Sie keine Werkzeuge, Kleidungsstücke, Handtücher oder Zeitungen herumliegen. Sorgen Sie dafür, daß jeder gebrauchte Teller, jede benutzte Tasse sofort wieder im Schrank verschwindet. Sorgen Sie für saubere Verhältnisse.

Zu Hause oder an Ihrem Arbeitsplatz sollte alles so makellos aussehen, als wären Sie nie dagewesen. Waschen Sie alles nach dem Gebrauch sofort ab und verstauen es an seinem Platz. Reinigen Sie alle Werkzeuge. Ordnen Sie alle Schriftstücke nach der Bearbeitung in die dafür vorgesehenen Ordner ein.

19. Oktober

Gehen Sie tanzen. Welche Musik gefällt Ihnen am besten? Lateinamerikanische Klänge? Big Band? Dixieland? Discomusik? Polka und Walzer? Verabreden Sie sich mit ein paar Freunden und verbringen Sie einen Abend auf dem Tanzparkett.

Bleiben Sie lange genug, um sich so richtig «austanzen» zu können. Wünschen Sie sich einen Song oder Schlager von der Band oder vom Disc-Jockey, und brechen Sie erst auf, wenn Sie ehrlich müde sind.

Machen Sie Ihre Erschöpfung zum Maßstab Ihres Vergnügens. Gehen Sie bis an die Grenzen Ihrer Leistungsfähigkeit. Tanzen Sie sich fix und fertig. Spüren Sie die körperliche Anstrengung und das Gefühl, total in der Musik aufzugehen. Genießen Sie die Atmosphäre um Sie herum, das Gewoge und Geschiebe der Menge. Falls Sie eine Erholungspause brauchen, schnappen Sie kurz vor der Tür Luft – machen Sie dann aber unverdrossen weiter.

20. Oktober

Laufen Sie durch Herbstlaub. Stellen Sie sich vor, Sie wären wieder ein Kind und fühlten sich von jedem Blätterhaufen magisch angezogen.

Machen Sie auf dem Heimweg von der Arbeit oder vom Einkauf einen Umweg durch einen Park oder planen Sie eigens einen Ausflug in einen Laubwald. Sie sollten ein Gefühl dafür bekommen, wie es ist, die Füße in einen Laubhaufen zu versenken. Sie sollten die unverwechselbaren Geräusche wahrnehmen, wenn die abgestorbenen Blätter unter Ihren Sohlen rascheln und knacken. Sie sollten erleben, wie sie hochgewirbelt werden, um von Ihrem nächsten Tritt zerdrückt zu werden. Gehen Sie erst heim, wenn Sie das Herbstlaubvergnügen voll ausgekostet haben.

21. Oktober

Richten Sie ein Aquarium ein. Das ist eine ausgezeichnete Möglichkeit zur Naturbeobachtung, ohne daß Sie die Verantwortung für ein größeres und anspruchsvolleres Tier übernehmen müssen. Es ist auch eine Chance, sich einen Überblick über die Vielfalt der Natur zu verschaffen.

Für welche Art von Aquarium Sie sich entscheiden, hängt ganz von Ihrem Interesse und Ihrem Geldbeutel ab. Ein kleines Becken mit nur wenigen Fischen kann ebensoviel Freude machen wie ein riesiges und aufwendiges Meerwasseraquarium. Kinder sind von Aquarien begeistert. Es gibt ihnen die Möglichkeit, die Welt unter Wasser von Tag zu Tag zu verfolgen, die faszinierenden Farben und Formen der Fische zu beobachten und eine Verantwortung für Lebewesen zu übernehmen, die sie nicht überfordert.

22. Oktober

Essen Sie Reste. Bereiten Sie sich eine Mahlzeit ausschließlich aus Resten und Überbleibseln von Essen zu, das Sie bereits gekocht haben, und die nun in Ihrem Kühlschrank oder Ihrer Tiefkühltruhe darauf warten, endlich verzehrt zu werden.

23. Oktober

Hüten Sie das Kind von Freunden oder Verwandten. Erklären Sie sich freiwillig bereit, einen Nachmittag oder Abend lang auf ein Baby oder Kleinkind aufzupassen, um dessen Eltern eine wohlverdiente Verschnaufpause zu geben. Für Sie geht es dabei um die Erkenntnis, daß Sie den Eltern zwar einen Gefallen tun, wenn Sie auf ihr Kind aufpassen, daß Sie sich selbst damit aber die größte Freude machen können.

Falls Sie abends Babysitter spielen, können Sie sich die Zeit sehr gut mit einem Buch, Fernsehen oder Musik vertreiben, wenn das Kind zur Ruhe gekommen ist. Doch auch nachmittags wird es vermutlich ein Schläfchen machen, so daß Sie in der Lage sind, unterdessen schriftliche Arbeiten zu erledigen.

Doch wenn das Kind wach ist, sollten Sie sich ihm uneingeschränkt widmen. Reagieren Sie auf seine Bedürfnisse. Ist es vielleicht hungrig, durstig, müde? Erklären Sie Ihrem Schützling – ganz unabhängig davon, wie alt er ist –, daß Sie ein paar Stunden bei ihm bleiben werden, bis Mama und Papa wiederkommen.

24. Oktober

Schreiben Sie die wichtigsten Augenblicke Ihres Lebens nieder. Sie können beliebig viele Momente aufzeichnen, aber zehn wären sehr gut. Das sind die Ereignisse, die fest in Ihrem Gedächtnis verankert sind, an die Sie sich immer wieder erinnern, die Sie nie vergessen werden.

Rufen Sie sich diese entscheidenden Augenblicke nicht krampfhaft in die Erinnerung zurück. Lassen Sie sie kommen. Geben Sie Ihrem Unterbewußtsein die Chance, Ihnen nach und nach alle Ereignisse zu präsentieren, die für Sie wirklich wichtig waren, die Sie geprägt und geformt haben. Manche Erinnerungen werden sofort da sein, andere können nach Stunden oder Tagen auftauchen – vielleicht nachts in Ihren Träumen oder dann, wenn Sie es am wenigsten erwarten.

25. Oktober

Trainieren Sie das Zusammenspiel Ihrer Augen und Hände. Bei diesem Vorschlag kommt es darauf an, daß Sie einen bestimmten Bewegungsablauf solange wiederholen, bis Ihre Augen und Hände fast ohne Ihr Zutun im Tandem agieren, bis er Ihnen in Fleisch und Blut übergegangen ist.

Lernen Sie Jonglieren. Sie können mit zwei Bällen beginnen. Bewegen Sie sie von einer Hand zur anderen, bis Sie das so perfekt beherrschen, daß Sie einen dritten hinzufügen können. Doch schon beim Spiel mit zwei Bällen werden Sie spüren, daß sich Ihr Körper an die regelmäßige Bewegung anpaßt. Sie können auch mit einem dieser kleinen Gummibälle spielen, die mit einer Schnur an einem hölzernen Schläger befestigt sind. Trainieren Sie damit, bis Sie ganz instinktiv wissen, wo der Ball beim nächsten Mal auftreffen wird.

Spüren Sie, daß Ihr Körper zum Instrument einer Kommunikation wird, die Ihre bewußte Beteiligung gar nicht mehr nötig hat. Haben Sie das Gefühl, in einen anderen Bereich, eine andere Dimension vorzustoßen?

26. Oktober

Massieren oder reiben Sie einem anderen Menschen den Rücken. Fragen Sie einen Familienangehörigen oder eine Freundin, der Sie sich besonders verbunden fühlen, ob ihm oder ihr diese Art Ihrer Zuwendung angenehm wäre.

Planen Sie für Ihre Aktivität eine halbe Stunde oder mehr ein. Reiben oder kneten Sie Ihrem Partner den Rücken oder entscheiden Sie sich für eine Kombination aus beidem. Sie haben die Wahl. Wenn Sie sich für eine Massage entscheiden, gehen Sie behutsam zu Werke, damit es nicht zu zusätzlichen Verspannungen kommt. Gehen Sie möglichst mit warmen Fingern und einem Massageöl zu Werke. Stellen Sie sich ganz auf Ihren Partner ein. Ist er nicht zum Plaudern aufgelegt, schweigen Sie auch.

27. Oktober

Veranstalten Sie ein Testessen. Sie brauchen keine Unmenge von Gästen einzuladen, aber mehr Teilnehmer garantieren auch mehr kulinarische Proben.

Heute geht es weniger um ein Gemeinschaftsessen, bei dem Kosten und Arbeit geteilt werden sollen, sondern mehr um eine möglichst breite Vielfalt an Gerichten, um deren Geschmack bewerten zu können.

Bitten Sie Ihre Gäste, mehrere Gerichte der gleichen Kategorie zuzubereiten. Sie übernehmen vielleicht die Hauptgerichte, ein anderer die Salate, ein dritter die Vorspeisen und der vierte die Desserts. Wichtig ist vor allem die Zubereitung kleiner Mengen – gerade soviel, um auf den Geschmack zu kommen – und eine möglichst große Vielfalt. Tauschen Sie Ihr Urteil über das Angebotene aus, achten Sie darauf, wie verschieden die verschiedenen Speisen auf verschiedene Leute wirken. Man kann eine Menge dabei lernen – über die Kochkunst und über die Menschen!

28. Oktober

Fahren oder gehen Sie einmal anders zur Arbeit. Unabhängig davon, ob Sie für gewöhnlich mit dem Auto, dem Bus, der Bahn oder zu Fuß zu Ihrer Arbeitsstätte gelangen: Wechseln Sie das Verkehrsmittel oder die Route. Es reicht schon aus, wenn Sie eine andere Straße durchlaufen oder den gegenüberliegenden Bürgersteig entlangspazieren.

Sie könnten dabei verblüffende Erfahrungen machen und werden vielleicht mit einer ganz neuen Einstellung an Ihrem Arbeitsplatz eintreffen. Nehmen Sie die neue Umgebung ganz vorurteilslos in sich auf, reagieren Sie auf alles, was Ihnen unbekannt vorkommt.

29. Oktober

Spenden Sie Blut. Vereinbaren Sie mit dem Roten Kreuz oder einer anderen Organisation einen Termin. Vergessen Sie nicht, nach Ihrer Spende eine gewisse Zeit zum Ausruhen und Erholen einzuplanen. Die Prozedur ist völlig schmerzlos, denn das medizinische Personal, das Ihnen ein bestimmtes Quantum Ihres Lebenssaftes abzapft, kennt sich in seinem Fach aus. Vor Ihrer ersten Spende überzeugt man sich für gewöhnlich von Ihrem Gesundheitszustand.

Führen Sie sich vor Augen, wie segensreich Ihre Blutspende sein kann. Sie entscheiden sich buchstäblich dazu, Leben zu spenden. Ihr Blut kann das Opfer eines Verkehrsunfalls, eines Flugzeugabsturzes oder einer Naturkatastrophe retten. Es kann zum erfolgreichen Ausgang einer Organtransplantation oder einer anderen lebenswichtigen Operation beitragen. Vielleicht wird Ihr Blut sofort gebraucht, es kann als Konserve aber auch für einen Einsatz in einigen Tagen, Wochen oder Monaten aufbewahrt werden.

Blut zu spenden und nicht zu wissen, wem es helfen wird, ist ein sehr kleines, aber bedeutendes Zeichen für den Zusammenhang aller Dinge – ein Teil von Ihnen wird irgendwann zum Teil eines anderen Menschen.

30. Oktober

Stellen Sie sich vor, Sie wären künstlerisch tätig. Denken Sie an Begabungen und Talente, die Sie schon immer fördern und weiterentwickeln wollten. Würden Sie gern malen, musizieren, mit Ton oder Stein arbeiten oder schreiben? Stellen Sie sich vor, Sie würden es tun.

Malen Sie sich aus, Ihre Wünsche seien längst Realität. Falls Sie gern Malerin wären, stellen Sie sich vor einer leeren Leinwand vor, Palette und Ölfarben in Griffweite. Und nun beobachten Sie sich dabei, wie Sie Umrisse zeichnen oder die ersten Farben auftragen. Ganz gleich, ob Sie etwas Figürliches wie eine Landschaft oder ein Porträt gestalten, oder ob Sie die Farben scheinbar willkürlich auf die Leinwand fließen lassen: Sehen Sie sich selbst zu, wie Sie emsig und kreativ an Ihrem Gemälde arbeiten, bis daran nichts mehr zu verbessern ist, bis Sie es vollendet haben.

Können Sie sich vorstellen, sich regelmäßig auf diese Weise zu betätigen? Welche Gefühle kommen in Ihnen auf, wenn Sie sich als Künstlerin oder Künstler sehen? Sind Sie zuversichtlich, daß der Maler in Ihnen zum gegebenen Zeitpunkt schon zum Durchbruch kommen wird?

Wenn Sie sich derartige Szenen oft genug vorstellen, entwickeln sie eine Eigendynamik. Wer vor seinem inneren Auge sich als Autor eines preiswürdigen Theaterstücks sieht, hat durchaus eine Chance, dieses Stück auch tatsächlich einmal zu schreiben.

Halten Sie Ihre Vision von sich als Künstler schriftlich fest, nehmen Sie sie täglich mehrmals zur Hand, um sie zu lesen – mit der Zeit werden Sie entsprechend handeln.

31. Oktober

Verlangsamen Sie bewußt Ihr Tempo. Tun Sie alles wie in Zeitlupe. Führen Sie jede Bewegung, jede Aufgabe ganz langsam, exakt und bis zu Ende durch. Macht Sie das nervös? Oder merken Sie, wie alles, was Sie tun, bedeutungsvoller wird, einen Sinn für sich erhält?

Sehen Sie, wie die einzelnen Abläufe ineinanderfließen und sich zu etwas Ganzem vereinen.

Bremsen Sie, beobachten Sie, denken Sie nach. Sie werden spüren, wie wichtig der kleinste Vorgang sein kann und wie die Routine-Ereignisse in Ihrem Leben wieder an Bedeutung gewinnen.

November

Gibt es Utopia?

Viele Menschen leben unzufrieden oder gar unglücklich vor sich hin und warten darauf, daß unsere Gesellschaft sich selbst von ihren Unzulänglichkeiten heilt. Sie träumen von Utopia – der besten aller Welten. Sie träumen von einer Gesellschaft, in der es keine Not, keinen Hunger, keine Gewalttaten und keine Ungerechtigkeit mehr gibt. Sie glauben, es genüge, die eigenen Fähigkeiten zum Glücklichsein an das allgemeine Streben nach einer friedlichen, moralischen und gerechten Welt anzuhängen. Wenn es so einfach wäre, den Himmel auf Erden zu schaffen, gäbe es tatsächlich nur noch glückliche und zufriedene Menschen.

Doch Glück und Gerechtigkeit sind zweierlei. Gerechtigkeit ist ein gesellschaftlicher, Glück ein individueller Wert. Die beiden sind nicht identisch. Die Schaffung einer gerechten Welt erzeugt nicht automatisch glückliche, erfüllte Menschen, auch wenn sie durchaus dazu beiträgt. Die Handlungen, die ein Mensch unternimmt oder unterläßt, um sinnvoll und überlegt zu leben, um sich seine unverwechselbare Existenz zu schaffen, sind nicht nur von den gesellschaftlichen Bedingungen abhängig. Diese können zwar Entscheidungen, Resultate und Chancen beeinflussen, aber sie entheben den Menschen keineswegs seiner eigenen individuellen Entscheidungen, seiner Verantwortlichkeit für sein Leben.

Die Überwindung sozialer Härten und Ungerechtigkeiten dieser Welt ist untrennbar mit der Weiterentwicklung der Vernunft jedes einzelnen ihrer Bewohner verknüpft. Jeder von uns ist für unsere Gesellschaft verantwortlich. Wir können unsere Probleme nur lösen, wenn wir nicht länger auf Utopia warten, wenn wir endlich damit beginnen, vernünftiger und überlegter zu handeln. Unsere Gemeinschaft und unsere Welt ist nur in dem Maß zum Besseren zu verändern, in dem wir selbst uns als Individuen erfüllen.

1. November

Besichtigen Sie ein Erholungszentrum. Planen Sie den Besuch einer Einrichtung, die ausschließlich Ihrer Gesundheit, Entspannung und Erholung dient.

Wie gefällt es Ihnen in einer Umgebung, die die Selbstfindung fördert und unterstützt? Fühlen Sie sich wie im Urlaub oder stellen Sie fest, daß Sie zu sehr auf Ihr Innenleben konzentriert sind? Ist die Atmosphäre des Zentrums eher der Meditation förderlich, oder regt es Sie zu unbeschwerter Betätigung an? Gibt es dort Therapiemöglichkeiten? Kurse? Diätangebote? Heilbäder? Seminare? Ist die Umgebung ruhig, friedlich und freundlich-gelassen?

Vielleicht haben Sie das Gefühl, sich mit ein paar Dingen oder gar Problemen Ihres Lebens einmal gründlicher auseinandersetzen zu müssen. Mitunter ist es erfolgreicher, das abseits der Alltagsroutine zu tun. Ein Erholungszentrum ist dafür der ideale Ort.

Betrachten Sie das Zentrum als einen Ort, der Ihnen dabei hilft, mit möglichen inneren Schwierigkeiten fertigzuwerden.

2. November

Stellen Sie Ihre Liste der Weihnachtsgeschenke zusammen. Dafür ist es nie zu früh. Überlegen Sie, was Sie zum diesjährigen Fest wem schenken wollen. Wenn Ihnen für jemand kein passendes

Geschenk einfällt, schreiben Sie allgemeine Begriffe auf wie zum Beispiel Buch, Kleidung, CD oder Parfum.

Machen Sie Kassensturz und rechnen Sie genau aus, wieviel Geld Sie diesmal für Geschenke ausgeben können. Bleiben Sie realistisch.

Denken Sie bei Ihren Überlegungen möglichst intensiv an den zu Beschenkenden. Über was würde er oder sie sich Ihrer Meinung nach besonders freuen? Bemühen Sie sich darum, sich für jeden und jede ein wirklich individuelles Geschenk einfallen zu lassen. Sollten Sie auch nach längerem Nachdenken auf nichts kommen, erkundigen Sie sich lieber direkt nach ihren oder seinen Wünschen. Je konzentrierter Sie an jeden denken, den Sie beschenken wollen, desto leichter wird Ihnen die Wahl fallen.

Weihnachtseinkäufe sollten nicht zum Streß ausarten, sondern Freude machen. Deshalb planen Sie früh genug und überlegen Sie, wieviel Sie ausgeben können und wollen.

3. November

Benutzen Sie nur Dinge, die wiederverwendbar sind. Werfen Sie nichts weg. Versuchen Sie, einen ganzen Tag lang keinerlei Abfall zu produzieren. Verschaffen Sie der Stadtreinigung eine Atempause, vergrößern Sie die Müllhalden nicht weiter.

Verzichten Sie auf Küchenkrepp. Benutzen Sie Stofftaschentücher und keine aus Papier. Nehmen Sie zu Ihren Einkäufen Taschen oder Stoffbeutel mit und kaufen Sie Obst und Gemüse möglichst offen. Lassen Sie Verpackungsmaterial im Geschäft zurück. Kaufen Sie Getränke ausschließlich in Pfandflaschen – auch Milch. Machen Sie eventuelle Notizen auf der Rückseite von Papier, das bereits beschrieben oder bedruckt ist.

Machen Sie sich am Abend klar, wieviel Müll Sie vermeiden konnten, nur weil Sie einen einzigen Tag lang «abfallbewußt» gehandelt haben. Was ist es für ein Gefühl, sparsam und umweltерhaltend zu leben? Erledigungen auch einmal zu Fuß oder per Rad zu machen und nicht mit dem Auto?

4. November

Planen Sie ein Familientreffen. Warten Sie nicht auf die nächste Hochzeit, Konfirmation, Kommunion, Taufe oder Bestattung, um alle wieder einmal unter einem Dach zu vereinen.

Ein umfangreiches Familientreffen bedarf sorgfältiger und langfristiger Planung. Sprechen Sie rechtzeitig mit Ihren Angehörigen über den günstigsten Termin und Ort für das Treffen. Das Wiedersehen kann durchaus erst in sechs Monaten oder gar einem Jahr stattfinden. Wenn jeder frühzeitig Bescheid weiß und sich darauf einstellen kann, ist das kein Problem.

Die Vorbereitung ist alles. Vielleicht bitten Sie Ihre Angehörigen, ihre liebsten Familienfotos mitzubringen. Oder Sie regen an, daß jeder eine kleine Geschichte über einen Verwandten verfaßt. Wenn das rechtzeitig geschieht, können die Aufzeichnungen zu einer Broschüre zusammengefaßt werden, die alle während des Wiedersehens lesen können.

Versuchen Sie, die Organisation des Treffens auf möglichst viele Schultern zu verteilen, damit die Last nicht an einem allein hängenbleibt. Jeder Gast sollte kommen und gehen können, wie es ihm beliebt. Sorgen Sie dafür, daß Fotos gemacht werden, vielleicht sogar ein kleiner Videofilm.

Eine hübsche Idee kann es sein, bestimmte Familienangehörige besonders zu ehren: den ältesten, den jüngsten, denjenigen, der die weiteste Reise zurückgelegt hat, oder denjenigen, der sich die meiste Mühe mit der Vorbereitung des Familientreffens gegeben hat.

5. November

Denken Sie über Ihr Wahlrecht nach. Machen Sie sich klar, wie Sie als Bürger darüber bestimmen können, wer Sie regiert, wie Ihre Steuergelder ausgegeben werden, welche Richtung die Politik nehmen soll. Das Wahlrecht wird häufig für selbstverständlich gehalten, weil es kein Bürgerrecht ist, um das wir noch kämpfen müssen. Und in letzter Zeit beklagen die Demoskopen eine gewisse Wahlmüdigkeit. Widerstehen Sie diesem Trend, kämpfen Sie gegen ihn an.

Informieren Sie sich über die Kandidaten der verschiedenen Parteien, ihre Ziele, ihre Versprechungen und deren Durchsetzbarkeit. Nehmen Sie sich die Zeit, die unterschiedlichen Standpunkte zu einem Thema kennenzulernen, um zu einer eigenen Meinung zu kommen. Bemühen Sie sich darum, ein aufgeklärter und informierter Staatsbürger zu sein.

Diskutieren Sie mit den Menschen Ihrer Umgebung über politische Themen. Hören Sie sich ihre Ansichten und Meinungen an.

Betrachten Sie Ihre Wahl als einen Akt staatsbürgerlicher Mitverantwortung und nicht als lästige Pflichtübung.

6. November

Werden Sie übersinnlich. Sie können auf vielfältige Art Kontakt zu übernatürlichen Formen der Realität aufnehmen. Und Sie brauchen nicht einmal daran zu «glauben» oder sie ernstzunehmen. Sie können sie als Unterhaltung betrachten, wie ein Theaterstück oder eine Show.

Für Sie geht es lediglich darum, ganz neue und ungewohnte Informationen und Erfahrungen zu sammeln. Sie können sich aus der Hand lesen oder sich aus den Karten Ihr Schicksal wahrsagen lassen. Sie können pendeln oder sich Ihr persönliches Horoskop erstellen lassen. Informieren Sie sich über den

Ruf des Wahrsagers oder der Astrologin, die Sie aufsuchen wollen. Es gibt viele Parapsychologen und Astrologen, die ernsthafte, geachtete Vertreter ihres Fachgebietes sind.

Nach der Auswertung Ihres Horoskops, nach der Deutung Ihres Schicksals, lassen Sie die Aussage eine gewisse Zeit auf sich wirken. Betrachten Sie sie nicht als mathematisch genau und wissenschaftlich fundiert. Sehen Sie darin eine von vielen Möglichkeiten. Was empfinden Sie darüber, daß Ihr Innenleben von einem anderen Menschen analysiert wurde? Denken Sie über die Frage nach, ob Wirklichkeit nicht doch über das hinausgehen kann, was durch unsere Sinne erfaßbar ist.

7. November

Besuchen Sie eine Geburtsklinik. Oder suchen Sie in Ihrem örtlichen Krankenhaus die Station für Neugeborene auf. Mischen Sie sich unter die Väter, Großeltern, Tanten und Onkel, die durch die Glasscheiben einen ersten Blick auf ihren Familienzuwachs werfen.

Achten Sie auf die Fürsorge, die den Neugeborenen zuteil wird. Wirken Schwestern und Pfleger auf Sie, als würden sie einen Job wie jeden anderen ausüben, oder vermitteln sie den Eindruck eines erhöhten Verantwortungsbewußtseins für die winzigen Wesen, die ihnen da anvertraut sind?

Denken Sie über den ganzen Umfang des Lebensprozesses nach. Welche Gefühle rufen die Babys in Ihnen wach? Sehen sie sich im Grunde alle gleich, oder können Sie bereits deutliche Unterschiede wahrnehmen? Wirken manche aktiv und lebhaft, während andere eher einen passiven und abgeklärten Eindruck machen? Sehen Sie sich ihre Hände und Finger an: So winzig und doch schon perfekt geformt.

Wenn Sie Kinder haben, versuchen Sie sich an deren Geburt zu erinnern. Wie wirkten sie auf Sie, als Sie sie zum ersten Mal sahen?

8. November

Bilden Sie sich beruflich weiter. Ganz unabhängig davon, auf welchem Gebiet Sie auch tätig sind: Lernen Sie etwas Neues hinzu, aktualisieren Sie Ihre Kenntnisse und Fähigkeiten. Halten Sie nach Fortbildungsseminaren, Weiterbildungskursen, Fachkolloquien Ausschau.

Sie mögen ein anerkannter Fachmann, eine hochgeachtete Fachfrau sein, aber man lernt nie aus. Das Leben ist eine Schule, die keinen Abschluß kennt. Sie bleiben ein Schüler, und alles, was Ihnen widerfährt, alles, was Sie auch unternehmen, ist der Lehrer.

9. November

Lösen Sie ein Problem durch Brainstorming. Das Thema ist unerheblich. Sie können sich mit Ihrer Familie zusammensetzen, um darüber zu diskutieren, wie Ihrem Hund das entnervende Bellen abgewöhnt werden kann. Sie können aber auch mit einer Freundin Pläne zur Rettung der Welt entwickeln oder mit Kollegen darüber beraten, durch welche Maßnahmen sich Ihre Firma erfolgreich gegen einen aggressiven Konkurrenten auf dem Markt durchsetzen kann. Der Anlaß für Ihr Brainstorming ist unwichtig. Wichtig ist, daß Sie ein Forum zur Entwicklung neuer Ideen schaffen.

Fassen Sie die Tagesordnung nicht zu eng. Lassen Sie zu, daß sich die Themen aus der Gesprächsrunde heraus entwickeln. Sie sollten sich zwar einen Gesprächsleiter wählen, aber nur, um die Diskussion nicht ausufern zu lassen. Achten Sie darauf, daß irgend jemand Protokoll führt.

Enthalten Sie sich jeder abwertenden Kritik der Gesprächsbeiträge und Vorschläge. Selbst die abwegigste Idee sollte ernstgenommen werden. Schaffen Sie eine Atmosphäre, in der sich die Teilnehmer dazu ermutigt fühlen, möglichst kreativ zu denken. Achten Sie darauf, daß jeder gehört wird und daß jeweils nur einer das Wort ergreift.

Sorgen Sie nach der Diskussion dafür, daß im Protokoll möglichst alle Beiträge und Vorschläge festgehalten sind. Stellen Sie fest, ob sich so etwas wie ein roter Faden durch das Resümee zieht. Ist vielleicht eine allgemeine Übereinstimmung erkennbar? Entspricht diese Ihren Erwartungen? Oder hatte die Diskussion ein gänzlich anderes Ergebnis?

10. November

Fördern Sie einen Künstler oder eine Künstlerin Ihrer Heimatstadt. Informieren Sie sich in der Kulturszene Ihrer Umgebung und suchen Sie den Künstler, der Sie am meisten anspricht. Es kann ein Holzschnitzer sein, eine Malerin, ein Graphiker, eine Illustratorin oder ein Bildhauer.

Wenn es Ihre Mittel erlauben, ein Werk dieses Künstlers zu erwerben, sollten Sie es auf jeden Fall tun. Aber es gibt auch andere, weniger kostspielige Möglichkeiten, einen Künstler in seiner Arbeit zu unterstützen.

Sie können Ihre Freunde, Bekannten und Kollegen beispielsweise auf seine Arbeit aufmerksam machen. Werben Sie für ihn, machen Sie ihn bekannt. Ermutigen Sie andere Leute, sich die Arbeiten anzusehen. Und Sie können sich zur Verfügung stellen, um bei Ausstellungen zu helfen und weitere Besucher einzuladen.

Am wichtigsten aber ist die moralische Unterstützung des Künstlers. Erweisen Sie sich als sein Mäzen. Lassen Sie keine Gelegenheit vergehen, ihn zu loben und zu ermutigen. Falls Sie Grund zur Kritik haben, äußern Sie sich spezifisch und konstruktiv.

11. November

Seien Sie heute besonders großzügig. Wenn Sie Trinkgeld geben, verdoppeln Sie es. Sind Sie eingeladen? Wählen Sie einen besonders schönen Blumenstrauß als Mitbringsel. Schenken Sie einer Kollegin, einem Freund, Ihrer Mutter, der Nachbarin spontan ein paar Blumen oder Süßigkeiten. Werfen Sie dem Obdachlosen auf der Straße eine größere Münze als sonst in den Hut.

Benützen Sie jede Gelegenheit, Dienstleistungen mit einer kleinen freiwilligen Gabe zu belohnen. Spenden Sie etwas an ein Hilfswerk, gehen Sie in eine Kirche und werfen Sie Geld in den Opferstock.

Fällt es Ihnen schwer, sich vom Geld zu trennen? Denken Sie oft, etwas weniger wäre auch genug? Wie schätzen Sie sich selber ein: großzügig oder eher sparbewußt?

Wie fühlen Sie sich am Abend? Zufrieden, daß Sie die Leistungen anderer gebührend anerkannt haben? Daß Sie ein wenig von sich selbst mit anderen geteilt haben? Großzügigkeit macht den Gebenden ebenso glücklich wie den Nehmenden!

12. November

Backen Sie einen Kuchen. Falls Sie regelmäßig backen, entschließen Sie sich zu einer für Sie höchst ungewöhnlichen Kreation oder zeigen Sie einem anderen, wie man einen Kuchen backt.

Falls Sie noch nie einen Kuchen produziert haben, dann ist jetzt der geeignete Zeitpunkt dafür. Lassen Sie sich nicht von den Wunderwerken einschüchtern, die Sie in den Auslagen eines Cafés oder einer Konditorei oder auch auf den Rezeptseiten anspruchsvoller Zeitschriften sehen. Fassen Sie den Beschluß, den köstlichsten Kuchen zustandebringen zu wollen, den Sie sich vorstellen können, und machen Sie sich an die Arbeit.

Sehen Sie sich ein paar Rezepte an und finden Sie heraus, welcher Kuchen Ihrer Stimmung und Ihrem Geschmack entspricht. Halten Sie sich unverdrossen vor Augen, daß Ihr Kuchen perfekt gelingt. Ist eine Schokoladentorte Ihre ganze Leidenschaft? Oder läßt Ihnen schon der Gedanke an einen Obstkuchen mit Baiserhaube das Wasser im Mund zusammenlaufen?

Lassen Sie sich ausreichend Zeit für Ihr Werk. Suchen Sie in aller Ruhe die Zutaten zusammen, die im Rezept angegeben sind. Stellen Sie sich vor, wie köstlich Ihr Kuchen schmecken wird, wieviel Freude es Ihnen und allen machen wird, die ein Stück davon essen.

Wenn Sie den Kuchen aus dem Backofen geholt haben, verzieren Sie ihn, als würden Sie mit ihm etwas feiern. Atmen Sie seinen Duft ein und genießen Sie dann jeden einzelnen Bissen. Zählen Sie jetzt bloß keine Kalorien. Es ist der ungeeignetste Zeitpunkt für Gewissensbisse.

13. November

Machen Sie Ihr Heim winterfest. Bereiten Sie sich durch geeignete Maßnahmen auf die kalte Jahreszeit vor – ob Sie nun in einer Mietwohnung oder im eigenen Haus wohnen.

Unternehmen Sie in Ihrer Mietwohnung einen kleinen Inspektionsgang. Schließen die Fenster zufriedenstellend, oder könnte der Winterwind durch die Ritzen pfeifen? Sprechen Sie gegebenenfalls mit Ihrem Hauseigentümer oder der Wohnungsbaugesellschaft über die notwendigen Reparaturen.

Falls Sie im eigenen Haus wohnen, stellen Sie fest, ob das Laub aus Dachrinnen und sonstigen Abflüssen im Garten entfernt ist. Haben Sie ausreichend Heizmaterial für den Winter? Noch ist es Zeit, sich rechtzeitig mit Öl oder Kohlen zu versorgen.

Räumen Sie Ihre Garderobe um: Ab mit den Sommersachen

ins Winterquartier, her mit den warmen Pullovern und Jacken. Falls Sie dabei auf Dinge stoßen, von denen Sie jetzt schon wissen, daß Sie sie im nächsten Jahr mit Sicherheit nicht mehr tragen werden, gehören sie in eine Altkleidersammlung.

Vorbereitungen für den Winter sind keinesfalls so deprimierend, wie es oft den Anschein hat. Wenn Sie sich rechtzeitig und optimal auf die dunkle und kalte Jahreszeit vorbereiten, verliert sie viel von ihrem Schrecken. Und vor allem: Der nächste Frühling kommt bestimmt!

14. November

Verlassen Sie sich ganz auf Ihre Nase. Für diesen Vorschlag brauchen Sie die Mithilfe eines Partners, aber die Durchführung wird Ihnen beiden sehr viel Spaß machen.

Lassen Sie sich mit verbundenen Augen von Ihrem Partner die verschiedensten Substanzen geben und identifizieren Sie diese allein am Geruch. Beispielsweise Nagellack, Kaffee, Tee, Parfüm, eine Hautcreme, verschiedene Gewürze, Brennspiritus oder Bohnerwachs. Die Zahl der Möglichkeiten ist unendlich. Je größer die Auswahl, desto besser.

Hier geht es vor allem um die Feststellung, wie intensiv Sie Ihren Geruchssinn nutzen, wie ausgeprägt er ist. Sind Sie Raucher? Vielleicht ergibt sich heute für Sie ein Anstoß, mit dem Rauchen aufzuhören: Ihr Geruchssinn leidet unter dieser Angewohnheit beträchtlich ...

Wiederholen Sie die Prozedur in einem oder zwei Monaten. Stellen Sie fest, ob sich Ihr Geruchssinn verbessert hat.

15. November

Werfen Sie sich in Gala und gehen Sie ganz groß aus. Nutzen Sie den heutigen Tag oder Abend, um aller Welt zu beweisen, wie elegant Sie sein können. Wo Sie das demonstrieren, bleibt Ihnen überlassen. Sie können einen Ball, eine Theaterpremiere oder ein Galakonzert besuchen, sich in Ihrem Feinsten aber auch ins Café des besten Hotels am Platz setzen, um einen Kaffee zu trinken.

Sie brauchen keinen Anlaß, um sich «fein zu machen» und auszugehen. Mitunter kann man das Gewöhnliche schon dadurch zum Außergewöhnlichen machen, daß man die Verpakkung ändert.

16. November

Betrachten Sie Ihre Wohnung, als sähen Sie diese zum ersten Mal. Ist sie so eingerichtet, wie Sie sich das immer erträumt haben? Ist sie wirklich ein Ausdruck der Persönlichkeit ihrer Bewohner? Was für Menschen leben hier? Können Sie sich mit Ihnen identifizieren? Was würden Sie aus Ihrer neuen, neutralen Sicht spontan ändern?

Die Dinge unserer täglichen Umgebung können so sehr zur Gewohnheit werden, daß wir gar nicht mehr spüren, ob sie uns noch voll entsprechen und ob sie ihren Zweck noch erfüllen.

Schauen Sie sich eingehend in Ihrer neuen Behausung um. Sie werden Tatsachen über sich selbst entdecken, die Ihnen so klar noch gar nicht bewußt geworden sind.

Denken Sie an die alte Weisheit: «Sage mir, wie du wohnst, und ich sage dir, wer du bist.»

17. November

Laden Sie alte Freunde als Übernachtungsgäste ein. Eine Übernachtung reicht völlig aus, aber zwei Nächte wären besser. Manche Menschen brauchen eine gewisse Zeit, um in einer ungewohnten Umgebung aus sich herausgehen zu können. Wenn Sie beispielsweise ein Wochenende für Ihr Zusammensein ansetzen, werden sich die Dinge ganz natürlich entwickeln können. Es entfällt unter anderem der Druck, einander das ganze bisherige Leben in einer Acht-Stunden-Marathonsitzung zu erzählen.

Wie ist es, nach langer Zeit wieder einmal zusammen zu sein? Haben Sie Ihren Jugendfreunden gegenüber die alten Empfindungen der Nähe, der Verbundenheit? Oder müssen Sie gegen eine gewisse Entfremdung ankämpfen? Haben Sie das Gefühl, zu diesen Menschen keinerlei Beziehung mehr zu haben? Können Sie das neue Beisammensein nutzen, den Grundstein für neue gemeinsame Erinnerungen zu legen?

18. November

Schreiben Sie einen Liebesbrief. Wenn es einen Empfänger dafür in Ihrem Leben gibt – wunderbar. Drücken Sie Ihre ganze Liebe und Zärtlichkeit in Worten aus!

Aber auch wenn das nicht der Fall ist: Versuchen Sie zu Papier zu bringen, was Sie einem geliebten Menschen gerne sagen würden. Sie fühlen sich dafür zu alt, zu spröde, zu weit weg von solchen romantischen Gefühlen? Schreiben Sie trotzdem. Spontan und ohne lange zu überlegen. Sie werden erstaunt sein, wieviel Romantik noch in Ihnen schlummert, wie vieles es gibt, das Sie unbewußt schon lange wieder einmal ausdrücken wollten.

Pflegen Sie die romantische Seite Ihres Selbst. Sie macht das Leben wärmer, reicher und schöner.

19. November

Machen Sie sich zum Narren. Lassen Sie jede Vernunft fahren, verschwenden Sie keinen einzigen Gedanken an das Bild oder Image von sich selbst, das Sie sonst so sorgsam pflegen. Wagen Sie das Undenkbare: Tun Sie Dinge, die ausgesprochen «unmöglich» sind. Ergründen Sie die Grenzen dessen, was man Ihnen durchgehen lassen wird, und überschreiten Sie diese Grenze bewußt.

Falls Sie Ihrem Chef oder Ihrer Chefin Ihren Dank für seine oder ihre Unterstützung und Anerkennung bislang nur insgeheim ausgedrückt haben, springen Sie heute einmal über Ihren Schatten: Umarmen Sie ihn unerwartet, oder geben Sie ihr ganz spontan einen Kuß auf die Wange. Haben Sie gerade einen lukrativen Geschäftsabschluß für Ihre Firma getätigt? Einen Prozeß für Ihr Anwaltsbüro gewonnen? Kaufen Sie Champagner und schmeißen Sie eine Runde.

Die Welt ist sehr viel toleranter, als wir oft annehmen. Wenn Sie jeden Tag auf Ihrem Schreibtisch tanzen, würde man Sie für verrückt halten. Aber wenn Sie es ausnahmsweise einmal tun, zeigen Sie sich und anderen, wie unbeschwert und spontan Sie sein können.

20. November

Besuchen Sie eine Theateraufführung. Erleben Sie ganz bewußt, Menschen auftreten, spielen, singen oder tanzen zu sehen.

Spüren Sie, was Bühnenpräsenz heißt und was für Gefühle es in Ihnen wachruft, wenn Menschen ihr ganzes Selbst zur Schau stellen, um Sie zu unterhalten und zu faszinieren. Empfinden Sie Sympathie für sie? Haben Sie jemals selbst auf einer Bühne gestanden? Können Sie die Leidenschaft und Energie der Darsteller nachfühlen? Können Sie ihre Hingabe an ihre Kunst, ihren Ehrgeiz verstehen?

Was macht eine gute Vorstellung aus? Eine großartige Vorstellung? Was unterscheidet die vielen durchschnittlichen Darsteller von der Handvoll Stars? Welche natürlichen Begabungen und Charaktereigenschaften müssen sie besitzen? Oder ist Talent gar keine natürliche Begabung, sondern das Ergebnis von Fleiß und Beharrlichkeit?

21. November

Besuchen Sie einen Flughafen. Planen Sie für den Besuch mehrere Stunden ein. Beobachten Sie die Menschen dort. Die Reisenden, das Personal, die vielen Hilfskräfte.

Setzen Sie sich in die Abflugs- oder Anflugshalle und versuchen Sie, Urlauber oder Geschäftsreisende zu erkennen. Auf welche Weise unterscheiden sie sich? Tagen sie Gepäck bei sich oder geben sie nahezu alles auf?

Wie verbringen die Menschen die Zeit bis zum Abflug oder den Zeitpunkt, an dem ihre Freunde oder Verwandten nach der Landung endlich auf sie zukommen? Welche Publikationen lesen die Wartenden? Wie ist es mit den Angestellten der Luftfahrtgesellschaften? Ist ihre Aufgabe für sie ein Job wie jeder andere, mit all den Ärgernissen und Irritationen, die der Arbeitsalltag nun einmal mit sich bringt?

Sehen Sie von der Aussichtsterrasse den Abflügen und Landungen zu. Studieren Sie die Informationstafeln. Betrachten Sie die Auslagen der Kioske und Geschäfte. Was würden Sie als Fremder Typisches von hier mitnehmen?

Falls Sie aber ganz abenteuerlustig sind, erfinden Sie für sich selbst eine andere Persönlichkeit. Stellen Sie sich vor, Sie kämen gerade aus Tokio oder Timbuktu oder flögen nach Australien. Dann fühlen Sie selbst etwas von der Erregung, die Sie rings um sich herum spüren.

22. November

Sehen Sie sich einen Bildband zu einem bestimmten Thema an. Es kann eine illustrierte Biographie, ein Buch über ein berühmtes Gebäude, eine Stadt, die Sie besonders lieben, das Universum, einen berühmten Maler oder auch Ihr Lieblingstier sein.

Haben Sie eine Leidenschaft für Rom? Setzen Sie sich mit ein paar Bildbänden über die Ewige Stadt in eine gemütliche Ecke. Versetzen die Fotos Sie in einen vergangenen Urlaub zurück? Oder vermitteln Ihnen die Bilder eine Stadt, in der Sie nie gewesen zu sein scheinen?

Schildern Fotografien die einzig wahre Realität oder zeigen sie durch verschiedene Blickwinkel auch verschiedene Wirklichkeiten? Erkennen Sie optische Tricks? Schulen Sie Ihr Auge dafür und schärfen Sie Ihr Wahrnehmungsvermögen.

23. November

Sehen Sie sich Häuser und Wohnungen an, selbst wenn Sie mit Ihrem Zuhause vollauf zufrieden sind und nicht im Traum daran denken, umzuziehen. Spielen Sie «als ob». Schauen Sie Häuser und Wohnungen an, die zu vermieten oder zu verkaufen sind. Natürlich dürfen Sie – da es Ihnen ja nicht ernst ist – andere Menschen damit nicht unzulässig belästigen, aber da der Besitzer oder ein Makler ohnehin den ganzen Tag anwesend ist, um auf potentielle Käufer zu warten, sollten in dieser Beziehung keine Probleme entstehen.

Informieren Sie sich, wie andere Menschen leben, wie andere Häuser und Wohungen aussehen. Läßt sich Ihre Wohnsituation mit den Beispielen vergleichen, die Sie in Augenschein nehmen? Kommen Sie auf Ihrem Erkundungsgang auf ganz neue Einrichtungsideen? Oder möchten Sie Ihre häusliche Umgebung lieber so belassen, wie Sie sie gestaltet haben?

Hält das Innere eines Hauses in allen Fällen das, was seine attraktive Fassade verspricht? Vergleichen Sie die Preise, die für die zum Verkauf stehenden Häuser verlangt werden. Sind sie überzogen oder realistisch? Zeigen sich die Makler zugänglich und kooperativ oder gehen sie kaum auf Ihre speziellen Fragen ein?

Könnten Sie sich vorstellen, Ihr Heim und Ihr Leben zu verändern, nachdem Sie ein paar andere Behausungen besichtigt haben?

24. November

Halten Sie eine Siesta. Planen Sie Ihren heutigen Tag so, daß Sie nach einem üppigen und köstlichen Mittagessen eine ausgedehnte Pause einlegen können, in der Sie ein gutes Buch lesen, schlafen, Musik hören oder mit Ihrem Partner zärtlich sein können – alles, was Sie wollen.

Dabei können Sie trotzdem Ihr übliches Arbeitspensum erledigen. Sie müssen sich den Tag nur anders einteilen, um Zeit für Ihre wohlverdiente Siesta zu haben. Arbeiten Sie abends länger oder fangen Sie morgens früher an.

Stellen Sie sich vor, Sie würden in Italien oder Spanien leben, wo die Siesta selbstverständlich ist. In diesem Zusammenhang ist es interessant zu erfahren, daß Italiener im Durchschnitt länger leben als Menschen in anderen westlichen Ländern, und daß ihre Selbstmordrate die niedrigste ist. Offenbar haben sie sich ihr Leben so eingerichtet, daß ihnen der Abschied schwerfällt.

25. November

Genießen Sie jeden Bissen, den Sie zu sich nehmen. Nehmen Sie das Essen, das vor Ihnen auf dem Tisch steht, ganz bewußt wahr. Kosten Sie die unterschiedlichsten Geschmacksrichtungen voll aus und machen Sie sich dabei ein paar Gedanken über sich selbst, über die menschliche Ernährung, über die Welt.

Finden Sie heraus, ob Essen nicht auch ein sehr sinnliches Vergnügen sein kann. Essen Sie genug, um wirklich satt zu werden. Übertreiben Sie ruhig ein wenig, wenn Ihnen der Sinn danach steht. Aber tun Sie es bewußt: Achten Sie sehr genau auf Ihre Empfindungen und Gefühle.

Lassen Sie sich durch die Unterhaltung bei Tisch nicht vom Essen ablenken. Speisen Sie langsam und mit Genuß. Machen Sie ruhig Pausen zwischen einzelnen Gängen. Konzentrieren Sie sich auf die Vielfalt des Angebots, auf die Art und Weise, wie die Nahrung angerichtet ist, auf die unterschiedlichen Persönlichkeiten der Menschen, die mit am Tisch sitzen.

26. November

Beginnen Sie mit der Lektüre eines langen Romans. Wählen Sie sich einen Wälzer mit wenigstens fünfhundert Seiten aus und entfliehen Sie Ihrem Alltag in eine total andere Welt.

Machen Sie sich keinerlei Gedanken darüber, wann Sie wohl auf der letzten Seite angekommen sein werden. Das ist völlig egal. Es wird Tage geben, an denen Sie stundenlang darin lesen, andere, an denen Sie das Buch gar nicht zur Hand nehmen, und wieder andere, an denen Sie nur ein paar Seiten umblättern.

Vor allem sollte die Lektüre Sie fesseln – ganz gleichgültig, ob Sie einen für Sie ganz neuen Roman lesen oder ein altes Lieblingsbuch hervorkramen.

Vertiefen Sie sich in die Lektüre. Verbeißen Sie sich buchstäblich in jede Seite. Versetzen Sie sich in eine der handelnden Figuren oder versuchen Sie, ohne hinten zu spicken, herauszubekommen, welchen Verlauf die Geschichte nehmen wird. Lassen Sie sich Zeit. Sie befinden sich in einer anderen Welt, und in der können Sie bleiben, so lange Sie wollen.

27. November

Essen Sie Salat mit Stäbchen. Es gibt absolut keinen Grund, warum Sie Eßstäbchen lediglich für chinesisches oder japanisches Essen benutzen sollten. Ob aus Holz oder Kunststoff gefertigt: Eßstäbchen sind für den Verzehr von Salat jeder Art perfekt geeignet. Bei Salaten sind alle Bestandteile meist mundgerecht vorgeschnitten, und wenn Sie ein bißchen Erfahrung mit Stäbchen haben, können Sie Ihre Talente vom Bewältigen einer Kanton-Ente auch auf einen ganz gewöhnlichen Salat ausdehnen.

28. November

Hören Sie Musik über Kopfhörer. Falls Sie keine Kopfhörer besitzen, können Sie welche kaufen (es gibt sie relativ preisgünstig) oder sich welche von Freunden, Verwandten oder Nachbarn ausleihen.

Kopfhörer vermitteln Ihnen ein besonders intensives Musikgefühl. Wenn Sie die Augen schließen, können Sie sich in Gedanken in einen Konzertsaal versetzen und glauben, Sie würden die Klänge tatsächlich live hören.

Wie hört sich Musik an, wenn sie direkt in Ihren Körper zu dringen scheint? Klingt sie intensiver, lebhafter? Geht sie Ihnen unter die Haut? Dringt sie in Ihr tiefstes Inneres ein?

29. November

Töten Sie nichts. Das ist sowohl im wörtlichen wie im übertragenen Sinn gemeint. Es betrifft Mücken, Fliegen und Kellerasseln ebenso wie Ideen und Überlegungen – ob diese nun von Ihnen oder anderen stammen.

Hegen und pflegen Sie statt dessen alles, womit Sie heute in Berührung kommen – eine Spinne ebenso wie die Vorstellung eines anderen Menschen.

Respektieren Sie die Rechte und Unverletzbarkeit aller fühlenden Wesen, jeder lebenden Kreatur. Machen Sie sich bewußt, daß sie das gleiche Recht auf Leben und Wohlergehen haben wie Sie, und daß es Ihrem Eigeninteresse nur dienlich sein kann, sich als ein Glied in der Kette zu sehen, die alle Geschöpfe verbindet.

30. November

Erkennen Sie den Zeitpunkt zum Aufgeben. Der alte Spruch, daß Sieger nie aufgeben und Aufgeber nie siegen, ist ein Märchen. Alle Sieger haben gewußt, wann die Zeit zum Aufgeben gekommen war, wann sie sich mit einer vorübergehenden Niederlage abzufinden hatten, um danach unverdrossen ihre Ziele weiterzuverfolgen.

Um mit Gelassenheit aufgeben zu können, muß man den Unterschied zwischen Scheitern und einer vorübergehenden Niederlage erkennen. Eine momentane Niederlage gestattet Ihnen, einen Schritt zurückzutreten, Bilanz zu ziehen und zu entscheiden, was da warum nicht funktioniert hat.

Um eine Lebenssituation zu ändern, die nicht zu Ihrem Besten ist, sollten Sie Mittel und Zweck überprüfen. Wenn Sie Ihre Arbeitsstelle (Mittel) angenommen haben, um ausgefüllt und zufrieden zu sein (Zweck), dann müssen Sie sich fragen, ob Ihre Tätigkeit diesem Ziel wirklich dient. Ist das nicht der

Fall, müssen Sie zu anderen Mitteln greifen – also kündigen –, wenn Sie an Ihrem Zweck festhalten wollen: der ausgefüllten Zufriedenheit.

Wenn Sie lernen, wann es Zeit zum Aufgeben ist – eines Jobs, einer Lebenssituation, einer Beziehung, eines Zukunftsziels –, können Sie sich leichter von Dingen trennen, die nicht zu Ihrer Zufriedenheit beitragen, um Platz für Besseres zu schaffen. Vergessen Sie aber nicht, die nötigen Lehren aus dem Aufgeben zu ziehen. Zahlen Sie den Preis: Vermeiden Sie es künftig, sich in ähnliche, letztendlich negative Situationen zu begeben.

Dezember

Aus Liebe handeln

Es gibt eine Theorie, die besagt, es gäbe nur zwei Wesenheiten im Universum – Liebe und Furcht. Wie paßt das zu Zufriedenheit und Glück? Wenn die menschliche Existenz von Angst bestimmt wird, von einem Gefühl von Mangel und Entbehrung und dem primitiven Instinkt, Gefahren zu vermeiden, dann ist es außerordentlich schwierig, sich ein glückliches Leben aufzubauen. Wenn jedoch unser ganzes Handeln von Liebe bestimmt ist, von einem echten Verlangen, sein Leben intuitiv und in Übereinstimmung mit dem zu führen, was wir für den Sinn unserer Existenz halten, wenn wir unsere einmaligen Begabungen und Talente achten und würdigen, dann können wir Glück und Zufriedenheit im Überfluß finden.

Es geht darum, aus positiven Gründen zu handeln, nicht aus negativen. Wenn Sie widerwillig handeln, Ihre Taten und Pflichten als Bürde empfinden, wenn Sie voller Mißtrauen sind oder mit der Absicht handeln, andere Menschen zu manipulieren, zu übervorteilen oder zu täuschen, werden Sie nicht nur scheitern, Sie werden auch keine positive Einstellung zu sich selbst, Ihrem Leben, Ihrer Zukunft gewinnen. Sie werden weder Menschen noch Situationen anziehen können, die gut für Sie sind. Sie werden sich mehr und mehr in dieser negativen Lebensstrategie gefangen fühlen, in der Ihre liebevollen Gedanken, Empfindungen und Fähigkeiten immer mehr verkümmern.

Ist Ihnen schon aufgefallen, daß manche Menschen das Leben in vollen Zügen genießen, während andere von einer Katastrophe in die nächste geraten? Woher kommt es, daß manche Leute ein Risiko nach dem anderen eingehen können, ohne den geringsten Schaden zu nehmen? Wenn Sie die richtigen Fragen stellen, werden Sie feststellen, daß ihre Lebenseinstellung von der Norm abweicht. Sie tun alles aus Liebe, handeln, weil sie handeln *wollen* und nicht, weil sie handeln *müssen*. Sie erwarten positive Ergebnisse. Sie erwarten nicht gerade, daß alles genauso eintrifft, wie sie es sich wünschen, aber doch, daß es zu ihrem Besten ist – auch wenn es auf den ersten Blick anders erscheint. Sie haben Vertrauen. Sie glauben an sich selbst und sind die Meister ihres Geschicks.

Glück ist eine Haltung, es ist Wahrnehmung und Interpretation. Es ist keine Ware, die darauf wartet, erworben und besessen zu werden. Es ist eine Lebenseinstellung: liebevoll, offen, flexibel, und voller Respekt den Chancen und Möglichkeiten gegenüber, die das Leben – ungeachtet aller Erwartungen – bietet.

1. Dezember

Freuen Sie sich auf das kalte Wetter. Anstatt über die sinkenden Temperaturen, die dunklen Tage, die kalten Winde, den Regen oder Schnee zu jammern und zu nörgeln, betrachten Sie den Winter als erregendes Abenteuer, als eine Zeit, in der die Natur sehr deutlich daran erinnert, daß immer noch sie auf der Erde das Sagen hat.

Selbst große Kälte kann eine Quelle des Vergnügens sein, wenn man auf sie vorbereitet ist, wenn man sich warm genug anzieht. Sehen Sie im Wetterumschwung ein Symbol der ständigen Veränderung. Denken Sie auch darüber nach, daß einmal große Flächen der Erde mit Eis bedeckt waren und daß ausbrechende Vulkane Beweise für den höchst aktiven Erdkern sind. Wir sind ebenso ein Teil des Universums wie der Mond, ein Sandkorn oder das Lächeln eines kleinen Kindes.

Alle Phänomene – auch «schlechtes» Wetter – gehören zu unserer Lebenserfahrung. Jammern Sie nicht. Genießen Sie das Abenteuer Leben.

2. Dezember

Wohnen Sie einem Prozeß bei. Die meisten Gerichtsverfahren sind für die Öffentlichkeit zugänglich. Im Gerichtsgebäude befindet sich ein Aushang darüber, welche Verhandlungen an diesem Tag in welchem Saal stattfinden.

Stellen Sie fest, auf welche Weise die Prozesse, die Sie im Fernsehen oder im Kino gesehen haben, mit der Wirklichkeit übereinstimmen. Rechnen Sie damit, daß nicht alle Verhandlungen vor Spannung knistern. Beobachten Sie die Beteiligten – Richter, Staatsanwälte, Angeklagte, Verteidiger, Gerichtsreporter, Geschworene, Saaldiener. Verfolgen Sie die Anklage, die Verteidigung, Strafanträge und Plädoyers. Ist Ihnen die Sprache der Juristen verständlich oder kommt es Ihnen vor, als spräche man vor den Schranken des Gerichts mit fremden Zungen?

Nehmen Sie die Atmosphäre in sich auf. Versuchen Sie, den Ausgang vorherzusagen. Können Sie sich vorstellen, daß der oder die Angeklagte das Verbrechen wirklich begangen hat, dessen er oder sie beschuldigt wird? Dem Angeklagten kann unter Umständen eine lange Haft bevorstehen. Versetzen Sie sich in seine Situation. Was würden Sie an seiner Stelle empfinden?

Bleiben Sie bis zur Urteilsverkündung und Urteilsbegründung. Erscheint Ihnen das Urteil gerecht? Ist die Verhältnismäßigkeit zwischen Straftat und Urteil gewahrt? Was bedeutet es, wenn wir sagen, wir leben in einem Rechtsstaat? Reicht das aus, unsere Rechte zu wahren?

3. Dezember

Geben Sie sich Ihrem Schmerz hin. Ganz unabhängig davon, ob es sich um einen physischen oder psychischen Schmerz handelt: Verdrängen Sie ihn nicht. Der Schmerz ist nicht Ihr Feind. Versuchen Sie nicht, ihn zu verbergen, laufen Sie nicht vor ihm davon, tun Sie nicht, als wäre er gar nicht da. Stellen Sie sich Ihrem Schmerz. Empfinden Sie ihn. Finden Sie heraus, was Ihnen Ihr Körper oder Ihre Seele mit diesem Schmerz mitteilen wollen.

Schmerz ist ein wesentlicher Bestandteil des Heilungsprozesses. Er sagt Ihnen, daß irgend etwas nicht stimmt, daß ein Teil von Ihnen nicht richtig funktioniert und daß daher das Ganze nicht so ist, wie es sein sollte. Wer Schmerz verdrängt, verdrängt die Realität.

Sollte es sich um körperliche Beschwerden handeln, dann finden Sie die Ursache heraus. Suchen Sie einen Arzt auf. Ihr Körper belügt Sie nicht.

Falls Sie an einem emotionalen Schmerz leiden, dann gehen Sie ihm auf den Grund. Kommen Sie Ihrem Leid auf die Spur und überwinden Sie es – entweder mit der Hilfe eines Psychiaters, eines Freundes, Ihres Partners oder, falls Sie das bevorzugen, ganz allein. Lesen Sie Bücher über Menschen, die ähnliche Erfahrungen machen mußten. Erkennen Sie, daß Sie kein Einzelfall sind, daß andere vor Ihnen einen Weg zur Heilung gefunden haben.

4. Dezember

Schreiben Sie alles auf, was Sie tun. Halten Sie heute jeden einzelnen Handgriff, jede Handlung, jede Aktivität schriftlich fest.

Häufig haben wir Vorstellungen von unseren Handlungen, die der Wirklichkeit nicht immer hundertprozentig entsprechen. Wenn wir einen Tag lang unsere Tätigkeiten peinlich genau dokumentieren und das vielleicht an anderen Tagen wiederholen, werden wir sehr schnell feststellen können, ob Image und Realität übereinstimmen.

Unter Umständen hadern Sie mitunter mit sich selbst, weil Sie nicht genug schaffen, weil Sie wertvolle Zeit vertrödeln. Wenn Sie alles genau aufzeichnen, was Sie so tun, werden Sie sehen, daß das keineswegs der Fall ist, daß Sie im Gegenteil höchst unternehmungslustig und produktiv sind. Vielleicht regt Sie Ihr Tätigkeitsnachweis sogar dazu an, ein bißchen kürzerzutreten.

Viele Menschen möchten etwas in ihrem Leben verändern, aber sie wissen nicht, wo sie anfangen sollen. Ein wichtiger erster Schritt dazu kann die genaue Kenntnis der aktuellen Lebenssituation sein. Ein detaillierter Nachweis der Dinge, die Ihre Zeit in Anspruch nehmen, kann Sie Ihr Leben sehr viel klarer und deutlicher erkennen lassen – ohne alle Illusionen und Verzerrungen.

5. Dezember

Lassen Sie sich treiben. Als wären Sie Wasser, das ausschließlich dem Weg des geringsten Widerstands folgt. Tun Sie nichts, was Ihnen widerstrebt, schwimmen Sie nicht gegen den Strom.

Lassen Sie sich heute wie Wasser von einer Aktivität zur nächsten treiben. Wenn Sie das Bedürfnis zum Telefonieren verspüren, dann tätigen Sie so viele Anrufe, wie Sie Lust haben, oder warten Sie ab, bis andere Leute anrufen. Wenn Ihnen der Sinn nach einfacher Beschäftigung steht, dann betätigen Sie sich zu Hause oder am Arbeitsplatz damit, ein bißchen aufzuräumen.

Für jede Stimmung, jede Laune gibt es entsprechende Aktivitäten. Sie brauchen lediglich herauszufinden, was Ihnen im Moment gerade zusagt, was Ihnen nicht gegen den Strich geht.

6. Dezember

Entwerfen Sie eine Werbekampagne. Dabei können Sie sich auf ein imaginäres Produkt oder eine ausgedachte Dienstleistung konzentrieren. Das Austüfteln einer Werbestrategie wird Ihre Überzeugungsfähigkeiten verbessern.

Vermutlich ist es am besten, mit einem Werbespot für den Rundfunk oder einer Zeitungsanzeige zu beginnen, auch wenn der Entwurf einer TV-Werbung mit Sicherheit die reizvollste Aufgabe ist. Fragen Sie sich zunächst: «Wen will ich mit meiner Werbung erreichen? Wer wird sich für mein Produkt oder meine Dienstleistung interessieren?» Wenn Sie auf diese Weise den Markt umrissen haben, stellen Sie fest, welcher Werbeträger – Fernsehen, Rundfunk, Zeitungen, Zeitschriften – Ihren potentiellen Kundenkreis am besten erreicht.

Dann denken Sie darüber nach, auf welche Weise Sie ihre Kunden in spe ansprechen wollen. Durch welche Argumente werden sie am erfolgreichsten zum Kauf motiviert? Falls Ihr Produkt teuer ist, sollten Sie Ihre künftigen Käufer vielleicht auf der emotionalen Ebene ansprechen, da kostspielige Artikel üblicherweise kaum aus Vernunftgründen gekauft werden. Doch wenn Ihr Erzeugnis preiswert und nützlich ist, können Vernunftargumente durchaus überzeugend sein.

Entwerfen Sie nun eine Anzeige. Der Leser sollte von ihr auf Anhieb gefesselt sein. Daher bieten sich graphische Darstellungen, Zeichnungen oder Fotos an, die aufmerksam machen. Sie brauchen Ihr Produkt nicht bis in alle Einzelheiten zu schildern. Erwecken Sie mit Ihrer Anzeige gerade soviel Interesse, daß der Leser neugierig wird und nach weiteren Informationen verlangt oder unverzüglich durch die Tür Ihres Geschäfts gestürmt kommt.

7. Dezember

Stellen Sie die unmöglichsten Fragen. Je absurder, desto besser. Tun Sie so, als wären Sie von krankhafter Neugierde geplagt. Fragen Sie Ihren Metzger heute einmal, warum der Qualitätsstempel auf dem Frischfleisch ausgerechnet violett sein muß.

Wie singen sie doch gleich in der TV-Sendung Sesamstraße? «Wer nicht fragt, bleibt dumm ...» Na bitte! Werden Sie wissensdurstig wie ein Kind. Stellen Sie Fragen, auf die Sie normalerweise nicht kommen würden. Erkundigen Sie sich bei Ihrem Mann oder Ihrer Frau nach dem Laserprinzip. Fragen Sie Ihre Freundin, an was sie denkt, während sie sich die Nägel lackiert. Verlangen Sie von Ihrer Mutter Auskunft darüber, ob sie sich eine Fahrkarte kaufen würde, wenn es Reisen zum Mond gäbe. Fragen Sie Ihren Chef, wer ihm die Socken kauft, und Ihre Cousine, ob in Sri Lanka Karneval gefeiert wird.

Durchbrechen Sie das Eis der Normalität, das Ihrem alltäglichen Leben Schranken setzt. Das schaffen Sie, indem Sie die Fragen laut stellen, die Ihnen so im Laufe des Tages durch den Kopf schießen. Mitunter erhalten Sie dadurch erstaunliche Informationen.

8. Dezember

Kaufen Sie Kleidung in einem Secondhandshop. Dort kann man oft fast neue Modellkleider zu einem Bruchteil des ursprünglichen Preises, ungewöhnlichen Modeschmuck oder ausgefallene Hüte kaufen. Diese Art von Läden gibt es nahezu in jedem Ort. Mittlerweile gibt es in größeren Städten auch Geschäfte, in denen Kleidung direkt vom Hersteller zu Sonderpreisen angeboten wird. Derartige Unternehmen sind der Gegenbeweis für die Behauptung, man brauche viel Geld, um sich modisch kleiden zu können.

Empfinden Sie gewisse Vorbehalte gegen diesen Vorschlag?

Ist ein Besuch dieser Geschäfte etwas, was für Sie nicht in Frage kommt? Etwas, was Ihrer Meinung nach immer nur andere Leute tun? Was für Menschen begegnen Sie in diesen Läden? Sind die anderen Kaufwilligen so, wie Sie es sich vorgestellt haben? Oder ganz anders?

Es gibt viele Mittel und Wege, sich nach der Decke zu strekken und sparsamer zu wirtschaften. Secondhandshops sind auch nicht mehr das, was sie einmal waren. Nach der Explosion von Herstellung und Konsum in den letzten Jahren befinden sich viele höchst interessante Dinge «auf Wanderschaft». Sie suchen neue Besitzer.

9. Dezember

Vergnügen Sie sich im Schnee. Falls bei Ihnen noch keine Flocken gefallen sein sollten, warten Sie auf die weiße Pracht oder fahren Sie ihr entgegen. Reisen Sie in die Berge.

Bauen Sie einen Schneemann, machen Sie eine Schneeballschlacht oder versinken Sie bei einem Spaziergang einfach nur bis zu den Knöcheln im Schnee. Sie können aber auch einen Hang oder Hügel hinunterrodeln oder die Langlaufskier anschnallen. Ziehen Sie sich warm an und bleiben Sie in Bewegung, damit Sie sich nicht erkälten.

Oder unternehmen Sie eine Fahrt mit dem Pferdeschlitten. Das ist besonders abends in einem Wintersportort faszinierend, wenn die Straßen und Wege so still sind, daß die Pferdehufe und die Schlittenglocken die einzigen Geräusche sind, die Sie hören können.

10. Dezember

Heißen Sie neue Nachbarn willkommen. Falls Sie in einem Miethaus wohnen, erkundigen Sie sich beim Vermieter oder der Verwaltung nach neu eingezogenen Mietern. Wenn Sie in einem Eigenheim leben, kümmern Sie sich um mögliche Zuzügler in Ihrer Nachbarschaft. Behalten Sie Ihre Umgebung im Auge, achten Sie auf Möbelwagen und Speditionsfahrzeuge.

Statten Sie Ihren neuen Nachbarn einen Besuch ab – allein oder an der Spitze eines kleinen Empfangskomitees. Nehmen Sie ein kleines Begrüßungsgeschenk mit, einen kleinen Korb mit dem traditionellen Brot und Salz, vielleicht auch eine Flasche Mineralwasser, Wein und Käse, und stellen Sie sich der neuen Familie vor. Selbst wenn Sie danach nur selten Kontakt zueinander haben, wird das warme Gefühl des Willkommenseins noch lange Zeit vorhalten.

11. Dezember

Stellen Sie sich vor, Sie hätten Ihren Ehepartner oder Ihre langjährige Freundin gerade erst kennengelernt. Vereinbaren Sie irgendwo ein «erstes» Rendezvous. Dabei geht es vor allem darum, einen sehr vertrauten Menschen mit ganz neuen Augen zu sehen.

Stellen Sie bei diesem Zusammensein fest, ob Ihre Empfindungen gegenüber Ihrem Partner so wie immer sind, oder ob Sie nicht doch das Gefühl entwickeln können, ihn oder sie zum ersten Mal zu treffen. Wie gut spielt er oder sie mit? Hält sie oder er sich mit persönlichen Enthüllungen so zurück, wie man es bei einem ersten Rendezvous gemeinhin tut?

Ertappen Sie sich dann und wann dabei, in Ihren Alltag zurückzuschlüpfen? Oder können Sie Ihre Rolle durchhalten? Gelingt es Ihnen, vorsichtig-tastende Fragen zu stellen? Wie weit läßt sich Ihr Partner dazu verleiten, über seine Gefühle Ihnen gegenüber zu sprechen?

Versuchen Sie, Ihre Rollen möglichst den ganzen Abend lang beizubehalten. Sprechen Sie später mit Ihrem Partner ausführlich über Ihr erstes Rendezvous. Was haben Sie beide dabei empfunden, Fremdheit vorzutäuschen, alles Vertraute beiseitezuschieben und einander ganz neu kennenlernen zu müssen? Ist es Ihnen gelungen, einen Moment der Überraschung wiederzubeleben, des Erstaunens, der Leidenschaft?

12. Dezember

Renovieren Sie Ihre Wohnung. Erneuern und verändern Sie Ihr Heim – ganz gleich, ob Sie in einem Einzimmer-Apartment oder einer Villa wohnen. Sie brauchen Ihre häusliche Umgebung zwar nicht komplett auf den Kopf zu stellen, aber zu ein paar entscheidenden Veränderungen sollten Sie sich schon entschließen. Mitunter können schon andersfarbige Vorhänge oder eine neutapezierte Diele die ganze Wohnung in einem anderen Licht erscheinen lassen.

Vielleicht reicht es völlig aus, die Wände neu streichen zu lassen oder in die Ecke Ihres Wohnzimmers eine Lampe zu stellen, die angenehmes zusätzliches Licht verbreitet.

Überprüfen Sie Ihr Budget. Vergessen Sie nicht, daß die Dinge für gewöhnlich mehr kosten, als man zunächst angenommen hat. Stellen Sie einen Grundetat auf, rechnen Sie aber fest damit, daß er sich mit Sicherheit erhöhen wird. Eine Veränderung in Ihrem Wohnbereich kann Sie auch in anderen Bereichen Ihres Lebens auf überraschende Ideen kommen lassen. Etwas Neues in Ihrem Heim kann durchaus der Beginn für größere Veränderungen sein.

13. Dezember

Gehen Sie in die Sauna, ins Dampfbad oder in den Whirlpool. Alle drei Möglichkeiten haben ihren ganz eigenen Reiz. Wenn Sie eine Wasserratte sind, dann steigen Sie in den Whirlpool. Lieben Sie die Tropen, dann suchen Sie ein Dampfbad auf. Gefällt Ihnen aber die trockene Luft der Wüste besser, dann ist eine Sauna für Sie der ideale Ort.

Spüren Sie, wie die Wärme Ihre Muskeln entspannt, wie sie Ihnen in die Knochen fährt. Achten Sie auf die Schweißperlen, die sich auf Ihrer Haut bilden, um dann den Körper hinunterzulaufen. Nehmen Sie die Geräusche wahr, die Gerüche, die gesamte Atmosphäre.

Legen Sie sich eine Zeitlang hin und ruhen Sie aus, bevor Sie wieder in Ihren Alltag zurückkehren. Oder krönen Sie Ihren Bad- oder Saunabesuch mit einer Massage.

14. Dezember

Reagieren Sie auf alles prompt und ohne Ausflüchte. Gehen Sie den gesamten Tag sofort auf alles ein, womit Kollegen, Freunde oder Verwandte auf Sie zukommen, selbst wenn Sie zugeben müssen: «Das weiß ich nicht» oder «Laß mich darüber nachdenken. Ich melde mich wieder.»

Beantworten Sie alle Anrufe sofort. Lassen Sie sich nicht von dem unbestimmten Gefühl erschrecken, es könnte für eine Entscheidung viel zu früh sein. Machen Sie Ihrem Gesprächspartner sofort Ihre Einstellung deutlich. Das ist besonders am Arbeitsplatz im Umgang mit Kollegen, Ihrem Chef oder Untergebenen, aber auch im Hinblick auf Ihre Kinder wichtig – unabhängig von deren Alter.

Anerkennen Sie, daß sich ein anderer Mensch mit einem Wunsch an Sie wendet, indem Sie unverzüglich auf ihn reagieren.

15. Dezember

Nehmen Sie ein Langzeitprojekt in Angriff und arbeiten Sie ab heute jeden Tag ein bißchen daran. Fassen Sie heute den Entschluß, Französisch- oder Klavierunterricht zu nehmen oder Kalligraphie lernen zu wollen. Setzen Sie sich keine Termine. Nehmen Sie sich fest vor, sich die Zeit zu lassen, die Sie brauchen – zwei Monate oder zwei Jahre –, aber auch, beharrlich und beständig am Erreichen Ihres Ziels zu arbeiten.

Falls Sie Ihrem Vorhaben nicht jeden Tag eine bestimmte Zeitspanne einräumen können, macht das nichts. Da Sie sich langfristig verpflichtet haben, können Sie sich immer dann Ihrem Projekt widmen, wenn Sie die Zeit dazu finden. Auch fünfzehn Minuten oder eine halbe Stunde an vier Tagen in der Woche summieren sich nach gewisser Zeit.

Überprüfen und bewerten Sie Ihre Erfolge nicht zu häufig. Fangen Sie erst einmal an und kontrollieren Sie dann in größeren Abständen immer mal wieder, wie weit Sie gekommen sind. Ein paar Minuten am Tag mögen nicht viel sein, aber diese Methode erweist sich auf lange Sicht als sehr viel erfolgreicher als eine anfängliche Gewaltleistung.

Arbeiten Sie beständig. Bleiben Sie bei der Sache. Gerade dann, wenn Sie den Eindruck haben, Ihre Zeit recht nutzlos zu verschwenden, erfolgt meist ein Durchbruch.

16. Dezember

Betrachten Sie sich die Welt von oben. Falls Sie Berge in der Nähe haben, besteigen Sie den höchsten Gipfel. Wenn Sie in einer Stadt wohnen, klettern Sie auf das höchste Gebäude oder einen Aussichtsturm und werfen von dort aus einen Blick auf die Vorgänge tief unter Ihnen.

Wie ist die Aussicht? Können Sie Leute erkennen? Erspähen Sie vertraute Gebäude oder Punkte in der Landschaft, die Ihnen aus dieser Perspektive ganz fremd vorkommen? Können Sie sich vorstellen, wie die Schau eines Vogels ist? Aus der Höhe können Sie eine ganz neue Lebensperspektive gewinnen.

17. Dezember

Schmücken Sie Ihr Heim weihnachtlich. Gestalten Sie Ihre Umgebung festlich. Dekorieren Sie Ihre Räume so, daß man gern über die Schwelle tritt, um die schönste Zeit des Jahres in ihnen zu verbringen. Weihnachtsvorbereitungen machen soviel Freude und Spaß, daß man sie voll auskosten soll. Besorgen Sie Weihnachtsschmuck, den Christbaum, Kränze oder Gestecke, Kerzen, Rauschgoldengel, Strohsterne, Lackäpfel, Glaskugeln und die unterschiedlichsten Tannenzapfen.

Widmen Sie Düften besondere Aufmerksamkeit. Der Geruchssinn gehört zu unseren intensivsten Sinnen. Wenn Sie für weihnachtliche Düfte sorgen, verzaubern Sie Ihre Umgebung und schaffen eine Atmosphäre, an die man sich auch lange nach den Feiertagen noch gern erinnern wird. Backen Sie Weihnachtsgebäck, Christstollen und Lebkuchen. Stecken Sie Gewürznelken dicht an dicht in eine Orange und hängen Sie sie irgendwo im Raum auf. Bereiten Sie Glühwein zu, machen Sie Bratäpfel. Zünden Sie Bienenwachskerzen an.

18. Dezember

Blättern Sie mit Muße in einem Kunstband und betrachten Sie die Gemälde und Skulpturen, die eine bestimmte Epoche repräsentieren.

Von welcher Stilrichtung fühlen Sie sich angezogen? Weshalb gefallen Ihnen gerade diese Kunstwerke? Wegen der Themenwahl, der Farben oder des Gesamteindrucks? Welche Bilder gefallen Ihnen besonders? Abstrakte Werke, Landschaften,

Stilleben, Porträts? Versuchen Sie herauszubekommen, warum jedes der Gemälde als Meisterwerk betrachtet wird. Was hebt sie aus der Masse anderer Bilder heraus? Was macht sie zum Meisterwerk?

Achten Sie darauf, daß es in einer Epoche auch verschiedene Stilrichtungen geben kann. Stellen Sie fest, was die unterschiedlichsten Künstler eint.

Entdecken Sie in der von Ihnen geschätzten Kunstepoche vielleicht sogar einen Lieblingsmaler oder -bildhauer? Wenn das so ist, kaufen Sie sich ein Buch über diesen Künstler, machen Sie sich näher mit der Fülle seines Schaffens und mit seinem Leben vertraut. Informieren Sie sich über seine Entwicklung von den Jugendjahren bis zum reifen Alter.

19. Dezember

Bitten Sie Ihr Kind, einen neuen Freund mitzubringen. Machen Sie aus dieser Einladung ein besonderes Ereignis für Ihre Tochter oder Ihren Sohn. Bereiten Sie etwas zur Unterhaltung der Kinder vor, damit sie möglichst viel Spaß miteinander haben können. Informieren Sie die Eltern Ihres kleinen Gastes über die Einladung, damit diese wissen, wo sich ihr Kind aufhält.

Vermitteln Sie Ihrem Besuch das Gefühl, zur Familie zu gehören. Begrüßen Sie ihn besonders liebenswürdig, stellen Sie ihm ein paar interessante Fragen – allerdings nicht zu viele, denn Kinder können eigentümlich spröde reagieren, wenn die Eltern Ihrer Freunde allzu neugierige Fragen stellen – und gehen Sie, wenn möglich, auf seine Wünsche ein. Achten Sie darauf, daß Ihr Kind nicht zu kurz kommt, daß es ebenfalls etwas von der Besonderheit dieses Tages spürt – vor allem, wenn es normalerweise nicht gerade häufig Freunde bei sich zu Gast hat.

Es ist wichtig, Kinder schon früh dazu anzuregen, gute Gastgeber zu sein, in ihnen ein Interesse daran zu wecken, anderen den Aufenthalt bei ihnen so angenehm wie möglich zu machen. Viele der Dinge, die das Leben lebenswert machen, haben mit der Fürsorge für andere Menschen zu tun.

Damit Ihr Kind lernt, sich sowohl als Gastgeber wie auch als Gast wohlzufühlen, sorgen Sie auf irgendeine Weise dafür, daß eine Gegeneinladung ausgesprochen wird.

20. Dezember

Spendieren Sie anderen überraschend etwas. Kaufen Sie Ihre Zeitung am Kiosk? Kaufen Sie zwei und geben eine dem nächsten Kunden. Oder spendieren Sie einem Kind ein Eis oder Kaugummi. Benutzen Sie öffentliche Verkehrsmittel? Spendieren Sie jemandem das Fahrgeld – einem völlig Fremden selbstverständlich. Bezahlen Sie einer Unbekannten die Zeit an der Parkuhr oder laden Sie jemanden, dem Sie nie zuvor im Leben begegnet sind, zu einer Tasse Kaffee ein.

Wenn Sie sich einem Fremden gegenüber auf verblüffende Weise großzügig zeigen, haben Sie beide ein ungewöhnliches Erlebnis.

21. Dezember

Nehmen Sie eine feierliche Verbrennung vor. In grauer Vorzeit war die Wintersonnenwende ein Tag, an dem Opfer dargebracht und verbrannt wurden. Bei Ihren «Opfern» geht es um Dinge in Ihrem Leben, die Sie gern loswerden würden.

Schreiben Sie sich alles von der Seele. Notieren Sie die schlechten Angewohnheiten, Ängste, Untugenden und «Gegebenheiten», von denen Sie sich lieber heute als morgen trennen würden. Falls Sie einen offenen Kamin haben, nehmen Sie Ihre Liste oder Listen und werfen Sie sie ins Feuer. Wenn nicht, nehmen Sie eine Schüssel und verbrennen das Papier darin. Beobachten Sie, wie Ihre Ängste und Befürchtungen vom Feuer verzehrt werden. Fühlen Sie sich nicht augenblicklich sehr viel unbelasteter, freier und fähiger, Ihr Leben in die eigenen Hände zu nehmen?

22. Dezember

Machen Sie einen Nachtspaziergang. In den Sommermonaten würden Sie an diesem Vorschlag bestimmt nichts Besonderes finden. Aber wagen Sie sich heute hinaus, mitten im kalten Winter. Tun Sie so, als wäre es das Natürlichste von der Welt, sich bei unwirtlicher Witterung in stockfinsterer Nacht ins Freie zu begeben.

Wie fühlen Sie sich in der Winternacht? Welche Empfindungen oder Erinnerungen aus der Kindheit weckt dieser Spaziergang in Ihnen? Falls Sie das Glück haben, durch fallenden Schnee laufen zu können – um so besser. Setzen Sie sich den Elementen aus, der Kälte, dem beißenden Wind, dem Schneegestöber.

Dehnen Sie Ihren Aufenthalt in der dunklen Dezemberkälte nicht allzu lange aus. Und vergessen Sie nicht: Von heute an werden die Tage wieder länger, es geht langsam, aber stetig auf den Frühling zu.

23. Dezember

Verändern Sie Ihr Verhalten gegenüber Ihren Kindern. Erklären Sie Ihrem Nachwuchs, gleich welchen Alters, Sie würden sich ihm gegenüber anders verhalten – auch wenn es nur für einen Tag ist.

Sehen Sie in dieser Vorweihnachtszeit, in der Familien häufiger zusammen sind und mitunter gewisse Spannungen entstehen, in Ihrem Kind zunächst den eigenständigen Menschen und dann erst Ihre Tochter oder Ihren Sohn. Begegnen Sie ihr oder ihm so, wie Sie jedem anderen Menschen begegnen würden – ohne jeden Anspruch, unbedingt erzieherisch tätig werden zu müssen.

Fragen Sie Ihre Kinder nach ihren Wünschen. Gehen Sie nicht davon aus, Sie wüßten am besten, was gut für sie ist. Finden Sie heraus, was sie dazu bringen kann, liebevoll und liebenswürdig zu sein, ihre Fähigkeiten zu erkennen. Zeigen Sie sich zärtlich und um ihr Wohlergehen besorgt, geben Sie ihnen aber auch die zu ihrer Entwicklung notwendigen Freiheiten.

Hören Sie aufmerksam auf das, was sie Ihnen sagen, was sie von Ihnen wollen, und bemühen Sie sich, ihren Wünschen entgegenzukommen.

24. Dezember

Machen Sie jedem Ihnen nahestehenden Menschen ein einmaliges Geschenk: eine Liebeserklärung. Heute ist ein ganz besonderer Tag. Ein Tag, dessen Wirkung ein ganzes Jahr lang anhalten sollte, bis zur nächsten Weihnacht. Die Einmaligkeit und Individualität eines Menschen ganz selbstverständlich zu akzeptieren – auch darin liegt die Bedeutung des Festes.

Achten Sie diese Individualität. Beginnen Sie damit mit Ihrem Ehepartner oder Ihrem Lebensgefährten, setzen Sie es bei Ihren Kindern und allen Menschen fort, die Ihnen etwas bedeuten. Machen Sie ihnen allen eine Liebeserklärung: Sagen Sie ihnen, wie glücklich es sie macht, daß sie zu Ihrem Leben gehören, wieviel sie Ihnen bedeuten. Bringen Sie die berühmten drei Worte über Ihre Lippen. Wenn Sie es nicht fertigbringen, lassen Sie es durch Ihre Worte und Taten spüren.

Verbringen Sie diesen Tag mit den Menschen, die Sie lieben, unterhalten Sie sich intensiv mit ihnen. Nutzen Sie die Zeit, endlich einmal so richtig zufrieden und glücklich zu sein.

25. Dezember

Lassen Sie sich leicht begeistern. Seien Sie einen Tag lang ein Mensch, der einfach alles wunderbar, beeindruckend, geradezu unglaublich findet. Begeistern Sie sich für die kleinste Leistung, die unbedeutendste Entwicklung. Leben Sie heute so, als würde jeder einzelne Augenblick den Keim künftiger Größe in sich tragen.

Bringen Sie zu Hause Ihre Liebe und Zuneigung für Ihre Familie durch lobende Worte und Handlungen zum Ausdruck. Zeigen Sie allen, wie glücklich Sie sich schätzen, ihre Mutter, ihr Vater, ihr Bruder oder ihre Tochter zu sein.

Tun Sie so, als entspringe jede Anregung, jede Idee, die Ihnen heute begegnet, direkt dem Born genialer Weisheit, selbst wenn Sie nicht hundertprozentig davon überzeugt sein sollten. Sehen Sie in allem und jedem die Schönheit, die Intelligenz, die Weisheit. Machen Sie den heutigen Tag zu einem Tag der Erkenntnis für sich selbst sowie der Ermutigung und Unterstützung für alle Menschen Ihrer Umgebung.

26. Dezember

Ordnen Sie Ihre Bücherregale. Wie oft haben Sie die Suche nach einem bestimmten Buch als nutzloses Unterfangen vorzeitig abgebrochen? Wie oft haben Sie schon gedacht, nur ein Bibliothekar könne Ordnung in das Durcheinander bringen? Stellen Sie sich vor, Sie selbst wären dieser Bibliothekar. Die Aufgabe ist einfacher, als Sie vielleicht glauben.

Falls Ihre Bücher wahllos über alle Räume Ihrer Wohnung oder Ihres Hauses verteilt sind, sollten Sie diejenigen, die Sie besonders interessieren, dort deponieren, wo Sie sich am häufigsten und liebsten aufhalten. Daraus ergibt sich eine gewisse räumliche Ordnung. Dann sortieren Sie Ihre Bücher nach Sachgebieten – Belletristik, Geschichte, Erziehung, Wirtschaft,

Ernährung und so weiter – und legen Sie eine Kartei an. Nun ordnen Sie Ihre Bücher in den entsprechenden Sachgebieten alphabetisch nach den Autorennamen in die Regale ein und Sie haben eine Bibliothek, in der Sie jedes Werk jederzeit und mit Leichtigkeit finden können.

Das ist eine hervorragende Betätigung für Feiertage, da Ihnen wahrscheinlich viele hilfreiche Hände zur Verfügung stehen und Sie die notwendige Zeit haben.

Falls Sie bei Ihrer Arbeit auf Bücher stoßen, die Sie seit Jahren nicht mehr in der Hand hatten, die Sie auch nicht mehr interessieren, dann schenken Sie diese einer gemeinnützigen Organisation oder bringen Sie sie in ein Antiquariat. Sie sind nichts weiter als Staubfänger. Andere Menschen finden unter Ihren ausrangierten Büchern vielleicht genau das, wonach sie suchen.

27. Dezember

Tun Sie gar nichts. Nehmen Sie sich fest vor, nichts zu tun. Sorgen Sie dafür, daß Sie nichts tun. Falls Sie jemand fragt, was Sie heute vorhaben, dann sagen Sie, Sie hätten nichts vor.

Heute haben Sie keine Pläne, keine Termine, keine Verpflichtungen, keine Verabredungen, keine unerledigten Aufgaben. Heute ist der Tag, an dem Sie eigentlich gar keinen Grund haben, das Bett zu verlassen. Nichts und niemand stellt Forderungen an Sie, erheischt Ihre Zeit oder Ihre Aufmerksamkeit.

Und was tun Sie statt dessen? Was ist Tun überhaupt? Was ist der Unterschied zwischen Tun und Nichtstun? Lassen Sie sich vom Augenblick beherrschen. Tun Sie nur das, was Ihnen Ihre Stimmung eingibt. Geben Sie sich ausschließlich Ihren Neigungen hin. Achten Sie darauf, daß Sie bei allem, was Sie tun, im Grunde nichts tun.

28. Dezember

Ändern Sie die Ansage Ihres Anrufbeantworters. Es ist Zeit, alle Welt wissen zu lassen, daß Sie im Hinblick auf das neue Jahr jeden Aspekt Ihres Lebens überprüfen, selbst die Botschaft, die Sie für die Zeit Ihrer Abwesenheit hinterlassen.

Denken Sie sich eine möglichst originelle Ansage aus. Bringen Sie die Anrufer zum Lächeln, wenn sie schon – für den Moment – auf ein Gespräch mit Ihnen verzichten müssen. Machen Sie Ihre Botschaft zur rühmlichen Ausnahme unter den staubtrockenen und zunehmend einfallsloser werdenden Ansagen auf den Anrufbeantwortern. Aber fassen Sie sich trotzdem kurz. Auch die Ansage kostet Geld!

29. Dezember

Spielen Sie Scharaden. Laden Sie wenigstens sechs Gäste ein und sorgen Sie dafür, daß es eine Mischung aus erfahrenen und weniger erfahrenen Spielern ist.

Sie können sich für Film- oder Buchtitel entscheiden, für Sprichwörter oder allgemein bekannte Begriffe. Stellen Sie jedes Wort oder jede Silbe dar. Je dramatischer, desto besser. Kosten Sie das Gefühl aus, wie auf einer Bühne im Zentrum der Aufmerksamkeit zu stehen. Erleben Sie, wie es ist, wenn alle Augen auf einen gerichtet sind, wenn man Menschen allein durch Gesten verständlich machen will, was man meint.

Scharaden bringen die komischen Seiten an Menschen zum Vorschein – selbst an solchen, die nicht gerade als Spaßvögel bekannt sind. Je ausdrucksvoller Sie agieren, desto mehr werden Sie ein Teil der Gruppenenergie. Derartige Ratespiele vermitteln aber auch Kenntnisse einiger grundsätzlicher Verständigungssignale. Hauptsache aber ist der gemeinsame Spaß.

30. Dezember

Lesen und hören Sie nur positive Nachrichten. Versuchen Sie einen ganzen Tag lang, alles Negative von sich fernzuhalten. Lesen Sie in der Zeitung nur die Nachrichten, die etwas Neutrales oder Positives melden. Schauen Sie im Fernsehen nur heitere Filme und Beiträge an. Wählen Sie als Lektüre nur unbeschwerte, aufrichtende Bücher. Und verscheuchen Sie jeden negativen Gedanken, der sich bei Ihnen einnisten will.

Erzählen Sie anderen nur angenehme Dinge – über sich, die Mitmenschen, die Welt. Erledigen Sie nur Probleme, Fragen, Anliegen, die sich positiv lösen lassen.

Haben Sie am Abend das Gefühl, etwas verpaßt zu haben? Fühlen Sie sich gelöst, befriedigt oder eher gelangweilt oder angestrengt? Denken Sie über den Sinn von Gut und Böse und Ihre ehrliche Einstellung dazu nach.

31. Dezember

Denken Sie über den Sinn und Zweck Ihres Lebens nach. Falls Sie noch keinen Gedanken daran verschwendet haben oder nach entsprechenden Überlegungen zu dem Schluß gekommen sein sollten, Sie fänden keinen, denken Sie daran, daß jeder Mensch eine Bestimmung hat. Der Unterschied zwischen denen, die ihre Bestimmung zugeben und jenen, die das nicht tun, ist lediglich eine Frage der Erkenntnis.

Lassen Sie sich heute, wo Sie sich auf den Silvesterabend und ein neues Jahr vorbereiten, von der Frage begleiten: «Was ist der Sinn meines Lebens?» Obwohl es eine sehr umfassende, breitgefächerte Fragestellung ist, werden Sie irgendwann feststellen können, daß Ihre Gedanken sich in eine ganz bestimmte Richtung zentrieren, unter Umständen sogar eine Antwort finden. Spielen Sie mit der Frage wie mit einem Fußball, den Sie willkürlich kreuz und quer über das gesamte Spielfeld kicken.

Hüten Sie sich vor allen voreiligen Schlüssen. Nehmen Sie die Frage in sich auf, lassen Sie sich von ihr durchdringen und verwandeln.

Kein Mensch gleicht einem anderen, und die Hochs und Tiefs, die Freuden und Leiden, die guten wie die schlechten Tage erhalten sofort eine Bedeutung, wenn wir sie in einem größeren Zusammenhang sehen. In einem Zusammenhang, der die Tatsache mit einbezieht, daß kein anderes Individuum auf dieser Welt Ihre einmalige und unverwechselbare Bestimmung je übernehmen oder kopieren kann.

Glücklichsein kann man lernen

Glück ist nichts, was einem in die Wiege gelegt wird, auch wenn die Fähigkeit zum Glücklichsein angeboren ist und es die natürliche Bestimmung des Menschen ist, nach Glück zu streben. Die Schwierigkeiten kommen erst, wenn Menschen vor dieser Tatsache die Augen verschließen, wenn sie sich einreden, es gäbe nun einmal Glückspilze und Pechvögel. Dann lassen sie ihre Fähigkeit zum Glücklichsein verkümmern, weil sie sich, ohne nachzudenken und sich anzustrengen, in die Reihe der Pechvögel einordnen.

Glück und Zufriedenheit wird durch Erkenntnis und Übung gefördert und vertieft, durch Disziplin, durch Beharrlichkeit – auch dann, wenn man meint, es ginge überhaupt nicht voran. Der Weg zur Steigerung unserer Glücksfähigkeit ist kein stetiger Aufstieg und kein Raketenstart. Meist kommt man am Anfang noch gut voran. Dann aber verlangsamt sich das Tempo, und man glaubt manchmal, es ginge überhaupt nicht mehr weiter. In solchen Phasen ist es am schwierigsten, bei der Stange zu bleiben und sein Ziel beharrlich weiterzuverfolgen. Die Annahme, man sei an seine Grenzen gestoßen, ist nur allzu verständlich. Aber lassen Sie sich nicht entmutigen: Wenn der richtige Zeitpunkt gekommen ist, werden Sie Ergebnisse spüren können und reich belohnt werden.

Falls Sie Vater, Mutter, Lehrer, Tante, Onkel, Großmutter oder Großvater sind, zeigen Sie den Kindern in Ihrem Leben, wie man lernt, glücklich zu sein. Nehmen Sie die Prinzipien und Vorschläge in diesem Buch auf, die Ihnen sinnvoll erscheinen, und benutzen Sie sie bei Ihrem Umgang mit Kindern. Zeigen Sie Ihren Kindern durch Ihr eigenes, zufriedenes, erfülltes und glücklich gelebtes Leben, was Glück und Zufriedenheit bedeuten. Reden Sie nicht darüber, was Glück sein *könnte*. Handeln Sie!